社会学概论

SHEHUIXUEGAILUN

◎主　编：尚德机构学术中心
◎编委会：欧　蓬　刘通博　夏　俊　程昕辉
◎编　者：任丽丽　冯子栋　孙　涛　闫佳琦

（2020年版）

课程代码：00034

企业管理出版社
ENTERPRISE MANAGEMENT PUBLISHING HOUSE

图书在版编目（CIP）数据

社会学概论 / 尚德机构学术中心主编. — 北京：
企业管理出版社，2019.1（2020.7重印）

ISBN 978-7-5164-1866-6

Ⅰ. ①社… Ⅱ. ①尚… Ⅲ. ①社会学—概论
Ⅳ. ①C91

中国版本图书馆CIP数据核字（2019）第012992号

书　　名：社会学概论
主　　编：尚德机构学术中心
责任编辑：陈　静
书　　号：ISBN 978-7-5164-1866-6
出版发行：企业管理出版社
地　　址：北京市海淀区紫竹院南路17号　　邮编：100048
网　　址：http://www.emph.cn
电　　话：编辑部 (010) 68701661　发行部 (010) 68701816
电子信箱：78982468@qq.com
印　　刷：河北宝昌佳彩印刷有限公司
经　　销：新华书店
规　　格：787毫米 × 1092毫米　16开本　17.75印张　356千字
版　　次：2019年2月第1版　2020年7月第2次印刷
定　　价：48.00元

前言

知己知彼——了解《社会学概论》

“社会学概论”是公共管理类等近20个专业本科生和专科生的必修课之一。它的内容包括社会学的基本概念、基本观点、基本理论和基本知识，是社会学的入门课程。

社会学概论是一门应用性十分广泛的科学理论知识，也是研究人类在社会中的各种活动、社会交往、社会工作、社会结构、社会发展等方方面面的社会现象和社会问题。

本课程以马克思列宁主义、毛泽东思想、邓小平理论、“三个代表”重要思想、科学发展观、习近平新时代中国特色社会主义思想为指导，结合中国社会主义建设，特别是改革开放的推进和全球化演进的实践，系统阐述和介绍了社会学的基本概念、基本观点、基本理论和基本知识，从社会整体的角度分析了个人与社会关系的各个层面、各种表现及其变化发展的规律。学习社会学可以帮助人们更自觉地在实践中以科学的态度处理个人与社会之间的关系，指导学习、生活、工作；帮助人们运用科学的方法进行选择、决策，提高工作效率和生活质量；帮助人们建立正确的人生观、社会观和价值观，促进人的全面发展。简而言之，学习社会学有助于人们认识社会，改造社会。

本书在高等教育自学考试（简称自考）大纲的基础上，进一步梳理归纳了该学科的知识点、易考点，并结合历年真题进行训练巩固。本书很适合考生自学备考，有利于其了解、掌握易考点和常考点，有利于其增强创新意识，形成自学能力，最终学以致用。

全书思维导图

全书思维导图为考生呈现了本书的整体知识脉络，通过导图可以清晰地了解每章需要掌握的主要知识点。学习的过程是对框架充实的过程，犹如亲手为树干添加一片片的绿叶，是树干的收获也是考生的收获。同样，对于考前复习来说，导图是功不可没的。沿着框架，以点带线，由线及面，能够帮助考生快速地将知识点串联起来，一本书由厚变薄，知识点就都装进考生脑中了。

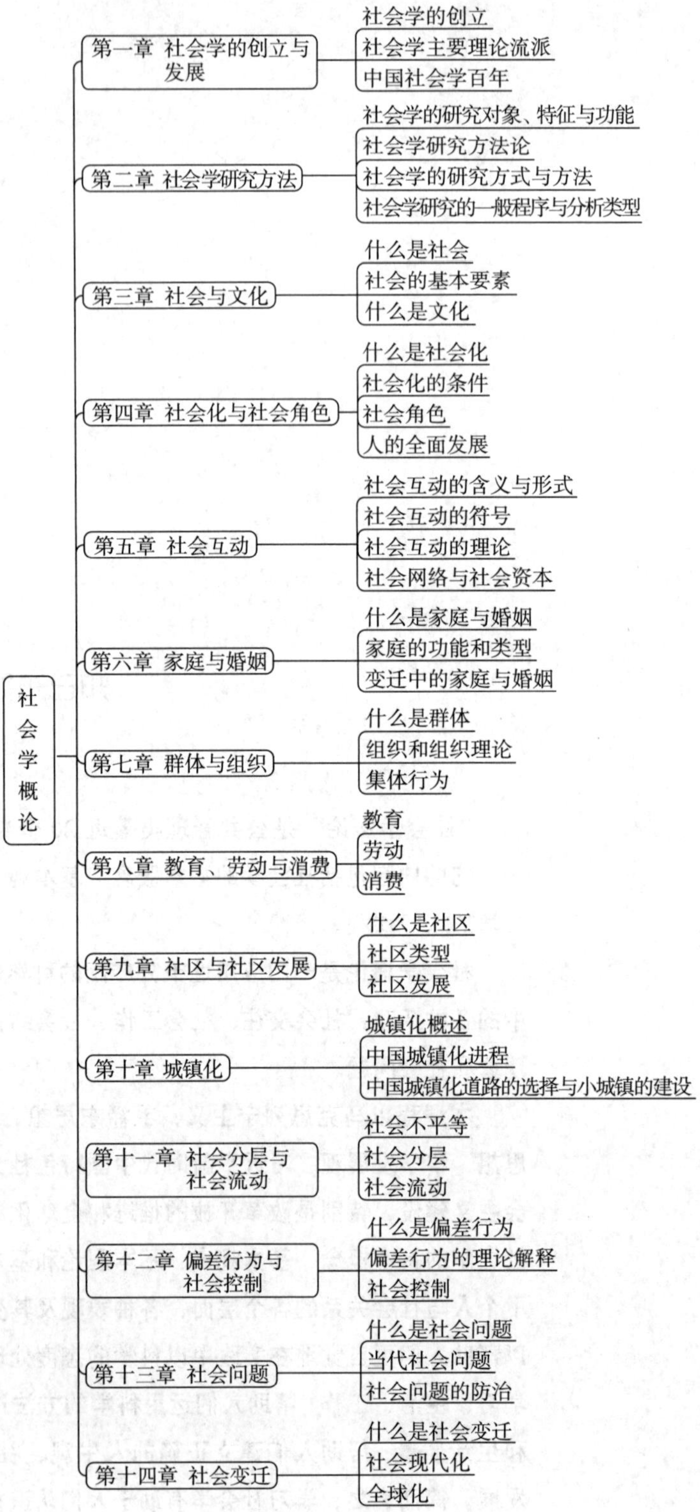

目 录

第一章 社会学的创立与发展……1
第一节 社会学的创立……3
第二节 社会学主要理论流派……7
第三节 中国社会学百年……15
第二章 社会学研究方法……21
第一节 社会学的研究对象、特征与功能……23
第二节 社会学研究方法论……27
第三节 社会学的研究方式与方法……32
第四节 社会学研究的一般程序与分析类型……41
第三章 社会与文化……47
第一节 什么是社会……49
第二节 社会的基本要素……53
第三节 什么是文化……58
第四章 社会化与社会角色……69
第一节 什么是社会化……71
第二节 社会化的条件……77
第三节 社会角色……81
第四节 人的全面发展……86
第五章 社会互动……89
第一节 社会互动的含义与形式……91

第二节　社会互动的符号……95
第三节　社会互动的理论……99
第四节　社会网络与社会资本……102

第六章　家庭与婚姻……109

第一节　什么是家庭与婚姻……111
第二节　家庭的功能和类型……114
第三节　变迁中的家庭与婚姻……119

第七章　群体与组织……123

第一节　什么是群体……125
第二节　组织和组织理论……130
第三节　集体行为……137

第八章　教育、劳动与消费……143

第一节　教育……145
第二节　劳动……151
第三节　消费……157

第九章　社区与社区发展……163

第一节　什么是社区……165
第二节　社区类型……172
第三节　社区发展……175

第十章　城镇化……181

第一节　城镇化概述……183
第二节　中国城镇化进程……190
第三节　中国城镇化道路的选择与小城镇的建设……192

第十一章　社会分层与社会流动……197

第一节　社会不平等……199
第二节　社会分层……202
第三节　社会流动……208

第十二章　偏差行为与社会控制……………………………………………………… 213
第一节　什么是偏差行为…………………………………………………………… 215
第二节　偏差行为的理论解释……………………………………………………… 218
第三节　社会控制…………………………………………………………………… 221
第十三章　社会问题……………………………………………………………………… 229
第一节　什么是社会问题…………………………………………………………… 231
第二节　当代社会问题……………………………………………………………… 235
第三节　社会问题的防治…………………………………………………………… 239
第十四章　社会变迁……………………………………………………………………… 243
第一节　什么是社会变迁…………………………………………………………… 245
第二节　社会现代化………………………………………………………………… 249
第三节　全球化……………………………………………………………………… 254
模拟卷（一）……………………………………………………………………………… 259
模拟卷（一）答案及解析………………………………………………………………… 263
模拟卷（二）……………………………………………………………………………… 267
模拟卷（二）答案及解析………………………………………………………………… 272

第一章　社会学的创立与发展

社会学是一门独立的社会科学，创立和发展时期均有社会学家的不懈努力。本章主要介绍了社会学发展进程中的主要代表和学术流派以及社会学本土化在中国的曲折历程与教训。

一、【历年考情直击】

考　　点	考纲要求	考试题型	重要程度
社会学的创立	识记、领会、简单应用	单选、多选、名词解释、简答	★★★
社会学主要理论流派	识记、领会、简单应用、综合应用	单选、多选、名词解释、简答	★★★
中国社会学百年	识记、领会、简单应用、综合应用	单选、多选、名词解释、简答、论述	★★

二、【本章思维导图】

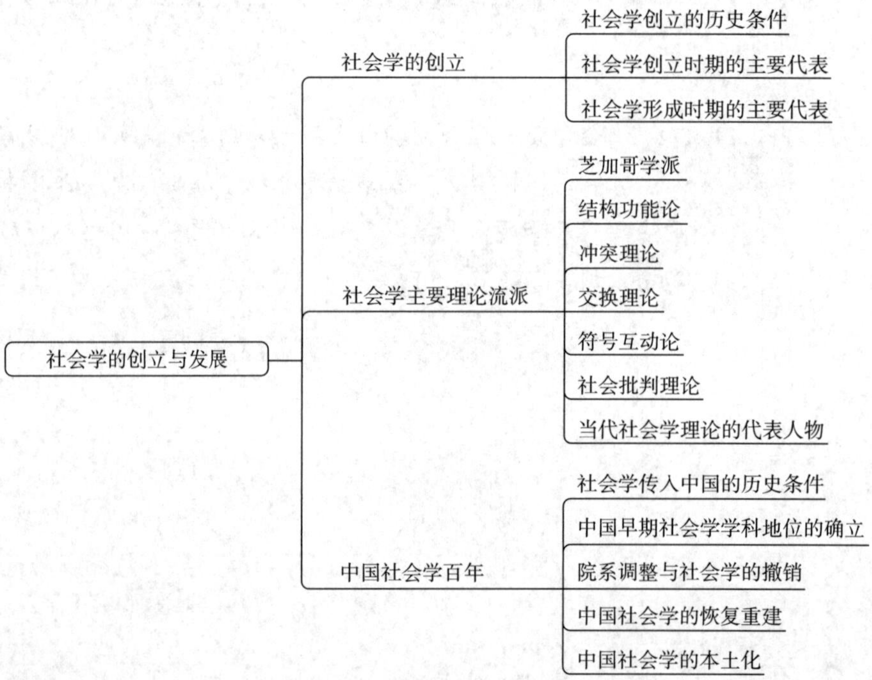

第一节　社会学的创立

本节内容提要

本节主要讲述了社会学创立的历史条件、社会学创立时期和形成时期的主要代表。

知识点 1

社会学创立的历史条件☆

（1）社会变革的需要（直接根源和关键因素）。

（2）自然科学发展的推动（原理和方法论）。

（3）社会经验研究的积累。

（4）社会研究先驱奠定的社会思想基础。

知识解读

本知识点的考查题型一般为客观题。

着重注意社会学创立的四个历史条件。

真题小练

多选题

（2011 年 4 月全国）社会学创立的历史条件有（　　）

A. 社会变革的需要　　B. 自然科学发展的推动

C. 社会经验研究的积累　　D. 阶级斗争的需要

E. 解决社会问题的需要

答案及解析：ABC。社会学创立的历史条件：①社会变革的需要；②自然科学发展的推动；③社会经验研究的积累；④社会研究先驱奠定的社会思想基础。

小试牛刀

单选题

下列选项中不属于社会学创立的历史条件的是（　　）

A. 社会变革的需要　　B. 地理大发现

C. 社会经验研究的积累　　D. 社会研究先驱奠定的社会思想基础

答案及解析：B。社会学创立的历史条件：①社会变革的需要；②自然科学发展的推动；③社会经验研究的积累；④社会研究先驱奠定的社会思想基础。

知识点 2

社会学创立时期的主要代表☆☆☆

1. 奥古斯特·孔德（1798—1857）

（1）法国人，实证主义的权威代表，被称为“社会学之父”，代表作是《实证哲学教程》。

孔德致力于实证哲学体系研究，1838 年在《实证哲学教程》六卷本的第四卷首次提出社会学这一概念，标志着社会学的诞生。

（2）孔德的社会学思想。

①科学的分类。社会学居于科学的最高层次，是科学之“皇后”，所有其他科学都为它的建立做了准备。

②社会学的研究对象。孔德把社会学分为社会静力学和社会动力学两个部分。

“秩序”和“进步”是孔德实证主义社会学的两个核心概念，是社会学研究的两大主题。

③研究方法。孔德创造的实证方法是观察法、实验法、比较法和历史法。

2. 卡尔·马克思（1818—1883）

（1）德国人，主要代表著作有《1844 年经济学哲学手稿》《德意志意识形态》《共产党宣言》《政治经济学批判》《资本论》等。

（2）马克思对社会学的贡献。

①马克思是社会学的主要奠基人。马克思的《资本论》是人类思想史上的一部划时代的经济学和社会学巨著。

②马克思创立了社会学的基础理论。马克思将科学理论应用于社会历史领域，创立了历史唯物主义。

③马克思的社会学理论注重实际。马克思注重社会调查，把实际材料作为理论研究的必要前提。

3. 赫伯特·斯宾塞（1820—1903）

（1）英国人，主要社会学代表著作有《社会静力学》《社会学研究》《社会学原理》。

（2）斯宾塞的社会学理论主要围绕社会有机体和社会进化两个方面展开，他认为社会学的主要目的是发现社会有机体的形态学和生理学原理。

①社会有机体论。斯宾塞认为，社会同生物一样也是一个有机体，存在结构分化和功能分化，不同部分之间相互影响；但社会不是简单的有机体而是“超有机体”。

②社会进化论。

知识解读

本知识点的考查题型一般为客观题。

着重掌握每个人物的代表作、主要理论内容及成就。

真题小练

单选题

1.（2013 年 4 月全国）孔德认为，居于科学的最高层次的是（　　）

A. 社会学　　B. 哲学　　C. 生物学　　D. 数学

答案及解析：A。社会学居于科学的最高层次，是科学之“皇后”，所有其他科学都为它的建立做了准备。

2.（2017 年 4 月全国）马克思的代表著作是（　　）

A.《社会分工论》　　B.《资本论》

C.《社会学研究》　　D.《社会静力学》

答案及解析：B。马克思的《资本论》是人类思想史上的一部划时代的经济学和社会学巨著，它深刻地剖析了资本主义社会产生、演变的过程及其社会结构和人与人的社会关系。

3.（2011 年 4 月全国）社会同生物一样也是一个有机体，但社会不是简单的有机体而是“超有机体”，持这种观点的社会学者是（　　）

A. 斯宾塞　　B. 涂尔干　　C. 韦伯　　D. 孔德

答案及解析：A。斯宾塞认为，社会同生物一样也是一个有机体，存在结构分化和功能分化，不同部分之间相互影响；但社会不是简单的有机体而是“超有机体”。

小试牛刀

单选题

1. 第一个提出“社会学”概念并创立社会学，被人们称为“社会学之父”的学者是（　　）

A. 孔德　　B. 斯宾塞　　C. 涂尔干　　D. 马克思

答案及解析：A。孔德致力于实证哲学体系研究，1838 年在《实证哲学教程》六卷本的第四卷首次提出社会学这一概念，标志着社会学的诞生。同时他宣告，区别于旧哲学的一种新思维，即新视野的社会学理论诞生了。由此，孔德被人们称为“社会学之父”。

2. 斯宾塞认为，社会同生物一样也是一个有机体，但社会不是简单的有机体而是（　　）

A. 大有机体　　B. 超有机体　　C. 进化有机体　　D. 聚合有机体

答案及解析：B。斯宾塞认为，社会同生物一样也是一个有机体，存在结构分化和功能分化，不同部分之间相互影响；但社会不是简单的有机体而是“超有机体”。

知识点 3

社会学形成时期的主要代表☆☆☆

1. 埃米尔·涂尔干（1858—1917）

（1）法国人，代表作有“三论”:《社会分工论》《社会学方法的准则》《自杀论》。

（2）涂尔干的社会学观点。

①社会学的研究对象。涂尔干提出社会学的特殊对象是社会事实。

②社会团结理论。社会团结是指以吸引为特征的把个人与个人、个人与群体、群体与群体协调、合作、结合在一起的社会联系状态。

③失范理论。

④社会学研究方法准则。《自杀论》一书是涂尔干用一种社会事实（社会整合）去解释另一种社会事实（自杀）的范例。

⑤功能分析和历史分析方法。系统的社会学功能分析推理方法是由涂尔干创建的。他明确地划分出历史探讨模式与功能探讨模式、功能结果与个人动机之间的区别。

2. 马克斯·韦伯（1864—1920）

（1）德国人，主要著作有《新教伦理与资本主义精神》《经济与社会》等。

（2）理论内容。

①理解社会学。韦伯认为，社会学的研究对象就是社会行动。韦伯提出，对社会行动的研究的根本方法是理解。

②社会行动类型。合理性是韦伯社会学理论的核心概念。

③理想类型。韦伯为了避免德国人文学派和历史学派的个体化和特殊化的研究方法，提出一个关键性的概念工具——理想类型。

④科层制理论。

知识解读

本知识点的考查题型一般为客观题。

着重掌握每个人物的代表作、主要理论内容及成就。

真题小练

单选题

1.（2018 年 4 月全国）涂尔干提出社会学的特殊对象是（　　）

A. 社会现象　　B. 社会问题　　C. 社会事实　　D. 社会行为

答案及解析：C。涂尔干提出社会学的特殊对象是社会事实。

2.（2014 年 4 月全国）马克斯·韦伯认为，社会学的研究对象是（　　）

A. 社会发展　　B. 社会行动　　C. 社会心态　　D. 社会问题

答案及解析：B。韦伯认为，社会学的研究对象就是社会行动。韦伯提出，对社会行动的研究的根本方法是理解。

名词解释题

3.（2013 年 4 月全国）社会团结

答案：社会团结是指以吸引为特征的把个人与个人、个人与群体、群体与群体协调、合作、结合在一起的社会联系状态。

小试牛刀

单选题

1. 马克斯·韦伯提出的是（　　）

A. 理解社会学　　B. 历史社会学　　C. 解释社会学　　D. 科学社会学

答案及解析：A。马克斯·韦伯提出理解社会学。韦伯认为，社会学的研究对象就是社会行动。韦伯提出，对社会行动的研究的根本方法是理解。

2. 系统的社会学功能分析推理方法的创建者是法国社会学家（　　）

A. 卢卡奇　　B. 涂尔干　　C. 托马斯　　D. 孔德

答案及解析：B。系统的社会学功能分析推理方法是由涂尔干创建的。他明确地划分出历史探讨模式与功能探讨模式、功能结果与个人动机之间的区别。

第二节　社会学主要理论流派

本节内容提要

本节内容主要讲述了七大主要理论流派及其主要学术成就。

知识点 1

芝加哥学派☆☆

（1）社会学起源于欧洲，但世界上第一个社会学系是在美国成立的。著名社会学家 A.W. 斯莫尔于 1892 年在美国芝加哥大学创办了社会学系。

（2）所谓芝加哥学派，就是指以芝加哥大学社会学系师生为主而形成的社会学流派。

（3）芝加哥学派的主要学术成就如下图所示。

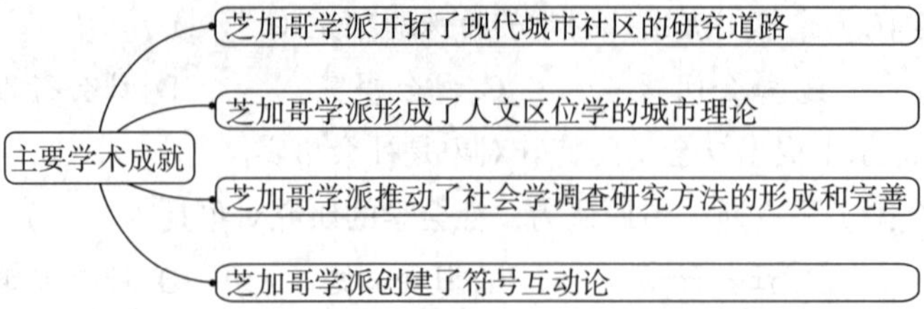

知识解读

本知识点的考查题型一般为主观题。

着重注意芝加哥学派的起源、主要学术成就。

真题小练

单选题

1.（2011 年 7 月全国）世界上第一个社会学系在（　　）

A. 纽约大学　　B. 牛津大学

C. 哥伦比亚大学　　D. 芝加哥大学

答案及解析：D。社会学起源于欧洲，但世界上第一个社会学系是在美国成立的。著名社会学家 A.W. 斯莫尔于 1892 年在美国芝加哥大学创办了社会学系。

2.（2009 年 7 月全国）在 20 世纪初的美国，开拓了现代城市社区研究，使社区研究进入了一个新阶段的是（　　）

A. 芝加哥学派　　B. 哈佛学派　　C. 地理学派　　D. 功能学派

答案及解析：A。芝加哥学派开拓了现代城市社区的研究道路。

简答题

3.（2012 年 4 月全国）简述芝加哥学派的主要学术成就。

答案：第一，芝加哥学派开拓了现代城市社区的研究道路。第二，芝加哥学派形成了人文区位学的城市理论。第三，芝加哥学派推动了社会学调查研究方法的形成和完善。第四，芝加哥学派创建了符号互动论。

小试牛刀

单选题

社会学起源于欧洲，但世界上第一个社会学系是在（　　）成立的。

A. 法国　　B. 美国　　C. 阿根廷　　D. 中国

答案及解析：B。社会学起源于欧洲，但世界上第一个社会学系是在美国成立的。

知识点 2

结构功能论☆☆

1. 时间及关注焦点

时间：兴起于20世纪30年代；关注焦点：社会均衡是如何维持和不断修复的。

2. 塔尔科特・帕森斯

（1）美国哈佛大学教授，代表著作有《社会行动的结构》和《社会系统》。帕森斯的理论贡献十分广泛，其中AGIL功能分析图式是理解其结构功能理论的重要内容。

（2）他认为任何社会若要生存就必须具备维持系统所必需的一般条件，这些必要功能条件包括了四个方面：适应（经济承担）、达鹄（政治承担）、整合（社会共同体承担）、维模（教育宗教等承担）。

3. 罗伯特・默顿

（1）代表著作有《社会理论与社会结构》。

（2）一种社会安排不会仅仅只具有一种功能，通常总是同时发挥着各种功能。

①显功能：有些功能是社会所期望和认识到的。

②潜功能：有些功能是社会所不期望或尚未认识到的。

知识解读

本知识点的考查题型一般为主观题和客观题。

着重注意塔尔科特・帕森斯和罗伯特・默顿的代表著作及主要理论内容。

真题小练

单选题

1.（2018年4月全国）帕森斯的结构功能理论的重要内容是（　　）

A. 理想类型　B. 社会交换　C. 社会冲突　D.AGIL功能分析图式

答案及解析：D。帕森斯的理论贡献十分广泛，其中AGIL功能分析图式是理解其结构功能理论的重要内容。

2.（2017年10月全国）帕森斯认为，任何社会若要生存就必须具备维持系统所必需的一般条件，这些必要功能条件包括了（　　）

A. 两个方面　B. 三个方面　C. 四个方面　D. 五个方面

答案及解析：C。帕森斯认为任何社会若要生存就必须具备维持系统所必需的一般条件，这些必要功能条件包括了四个方面：适应、达鹄、整合、维模。

名词解释题

3.（2014年10月全国）显功能

答案：一种社会安排不会仅仅只具有一种功能，通常总是同时发挥着各种功能。其中有些功能是社会所期望和认识到的，默顿称之为显功能。

小试牛刀

单选题

1. 塔尔科特·帕森斯的代表著作有（　　）

A.《社会行动的结构》　　B.《社会理论与社会结构》

C.《冲突的社会功能》　　D.《工业社会的阶级和阶级矛盾》

答案及解析：A。塔尔科特·帕森斯是美国哈佛大学教授，代表著作有《社会行动的结构》和《社会系统》。

2. 罗伯特·默顿的代表著作有（　　）

A.《社会行动的结构》　　B.《社会理论与社会结构》

C.《冲突的社会功能》　　D.《工业社会的阶级和阶级矛盾》

答案及解析：B。罗伯特·默顿师从于帕森斯，代表著作有《社会理论与社会结构》。

知识点 3

冲突理论☆☆

（1）冲突理论渊源于马克思的社会思想，马克思的阶级斗争理论被认为是最早，也是最深刻和最系统的冲突论。

（2）功能冲突论。由刘易斯·A. 科塞提出，其是美国社会学家，代表著作有《冲突的社会功能》。

（3）辩证冲突论。由德国社会学家达伦多夫提出，其代表著作有《工业社会的阶级和阶级矛盾》。

知识解读

本知识点的考查题型一般为客观题。

着重注意科塞的功能冲突论和达伦多夫的辩证冲突论。

真题小练

单选题

1.（2016 年 4 月全国）科塞提出的冲突理论是（　　）

A. 功能冲突论　　B. 结构冲突论　　C. 辩证冲突论　　D. 唯物冲突论

答案及解析：A。刘易斯·A. 科塞（1913—2003），美国社会学家。他在其《冲突的社会功能》一书中指出：社会冲突不只是具有破坏性的反功能，也具有正功能。在一定的条件下，一定限度内的社会冲突有助于促进社会整合、加强内部团结，也有助于防止社会系统僵化，提高社会系统的内部协调能力和对外适应能力。由于这一解释是在功能分析框架下展开的，因此称为功能冲突论。

2.（2014 年 4 月全国）达伦多夫的代表著作是（　　）

A.《社会行动的结构》　　B.《社会理论与社会结构》

C.《冲突的社会功能》　　D.《工业社会的阶级和阶级矛盾》

答案及解析：D。辩证冲突论由德国社会学家达伦多夫（1929—2009）提出，其代表著作是《工业社会的阶级和阶级矛盾》。

小试牛刀

单选题

社会学主要理论流派中的冲突理论渊源于马克思的社会思想，被认为是最早，也是最深刻和最系统的冲突论是马克思的（　　）

A. 历史唯物主义　B. 辩证法　C. 阶级斗争理论　D. 政治经济学

答案及解析：C。冲突理论渊源于马克思的社会思想，马克思的阶级斗争理论被认为是最早、也是最深刻和最系统的冲突论。

知识点 4

交换理论☆

（1）交换理论是美国社会学家霍曼斯（1910—1989）所建立的，他认为人类的相互交往和社会联合都是一种交换行为。

（2）布劳（1918—2002）对霍曼斯的交换理论进行了修正和发展。其代表著作有《社会生活中的交换与权力》。他认为交换常常是在资源和权力分配的不平等基础上展开的。

知识解读

本知识点的考查题型一般为客观题。

着重注意霍曼斯和布劳的主要理论观点。

真题小练

单选题

1.（2013 年 4 月全国）《社会生活中的交换与权力》一书的作者是社会学家（　　）

A. 米德　B. 霍曼斯　C. 弗洛伊德　D. 布劳

答案及解析：D。布劳对霍曼斯的交换理论进行了修正和发展。他在其著作《社会生活中的交换与权力》中指出，交换常常是在资源和权力分配的不平等基础上展开的。

多选题

2.（2012 年 7 月全国）交换理论的创立者与发展者是社会学家（　　）

A. 戈夫曼　B. 科塞　C. 布劳

D. 霍曼斯　E. 帕森斯

答案及解析：CD。交换理论是美国社会学家霍曼斯所建立的，布劳对霍曼斯的交换理论进行了修正和发展。

小试牛刀

单选题

美国社会学家霍曼斯和布劳创立的社会学理论是（　　）

A. 冲突理论　　B. 结构理论　　C. 交换理论　　D. 后现代理论

答案及解析：C。交换理论是美国社会学家霍曼斯所建立的。布劳对霍曼斯的交换理论进行了修正和发展。

知识点 5

符号互动论☆

（1）符号互动论源于美国社会学家乔治·赫伯特·米德，主要代表人物有赫伯特·布鲁默和欧文·戈夫曼。

（2）符号互动论的基本观点：人类的互动是以符号为中介的，对共享的符号的理解是社会互动的基础。

知识解读

本知识点的考查题型一般为客观题。

着重注意社会学符号互动论的主要代表人物。

小试牛刀

单选题

1.（2013 年 7 月全国）符号互动论的主要代表人物是（　　）

A. 布劳　　B. 霍曼斯　　C. 阿多诺　　D. 戈夫曼

答案及解析：D。符号互动论源于美国社会学家乔治·赫伯特·米德，主要代表人物有赫伯特·布鲁默和欧文·戈夫曼。

2.（2017 年 10 月全国）社会学符号互动论的主要代表人物之一是（　　）

A. 吉登斯　　B. 布鲁默　　C. 默顿　　D. 布劳

答案及解析：B。符号互动论源于美国社会学家乔治·赫伯特·米德，主要代表人物有赫伯特·布鲁默和欧文·戈夫曼。

小试牛刀

单选题

（　　）的基本观点：人类的互动是以符号为中介的，对共享的符号的理解是社会互动的基础。

A. 交换理论　　B. 符号互动论　　C. 冲突理论　　D. 结构功能论

答案及解析：B。符号互动论的基本观点：人类的互动是以符号为中介的，对共享的符号的理解是社会互动的基础。

知识点 6

社会批判理论☆

（1）社会批判理论是法兰克福学派所主张的理论道路。

（2）法兰克福学派是以德国法兰克福大学社会研究中心为中心的一批社会学家和哲学家构成的学术群体。

（3）时间：兴起于 20 世纪 30 ～ 40 年代。

（4）主要代表人物：本雅明、霍克海默、阿多诺、马尔库塞、哈贝马斯等。

知识解读

本知识点的考查题型一般为客观题。

着重注意社会批判理论是法兰克福学派所主张的理论道路。

真题小练

单选题

1.（2015 年 4 月全国）法兰克福学派所主张的理论道路是（　　）

A. 社会批判理论　　B. 常人方法学　　C. 交换理论　　D. 结构功能论

答案及解析：A。社会批判理论是法兰克福学派所主张的理论道路。

2.（2016 年 10 月全国）主张社会批判理论的学术群体是（　　）

A. 法兰克福学派　　B. 芝加哥学派　　C. 哥伦比亚学派　　D. 功能学派

答案及解析：A。社会批判理论是法兰克福学派所主张的理论道路。

小试牛刀

单选题

法兰克福学派是以（　　）法兰克福大学社会研究中心为中心的一批社会学家和哲学家构成的学术群体。

A. 美国　　B. 德国　　C. 法国　　D. 英国

答案及解析：B。法兰克福学派是以德国法兰克福大学社会研究中心为中心的一批社会学家和哲学家构成的学术群体。

知识点 7

当代社会学理论的代表人物☆☆

人　　物	主 要 理 论	代 表 著 作
艾尔弗雷德·舒茨	现象学社会学	《社会世界的现象学》《生活世界的结构》
米歇尔·福柯	关注知识与权力的关系	《疯癫与文明》《词与物》《规训与惩罚》《性史》
安东尼·吉登斯	结构化理论	《社会的构成》《民族—国家与暴力》《现代性的后果》《第三条道路》
尤尔根·哈贝马斯	沟通行动理论	《公共领域的结构转型》《作为意识形态的科学技术》《合法性危机》《交往行动理论》
皮埃尔·布迪厄	生成结构主义	《实践理论大纲》《区隔》《国家精英》《实践与反思》

知识解读

本知识点的考查题型一般为客观题。

着重注意每个人物的代表著作。

真题小练

单选题

1.（2018 年 4 月全国）创立现象学社会学的是（　　）

A. 米歇尔·福柯　　B. 艾尔弗雷德·舒茨

C. 安东尼·吉登斯　　D. 皮埃尔·布迪厄

答案及解析：B。艾尔弗雷德·舒茨（1899—1959），出生于奥地利，后移民美国。舒茨深受现象学哲学的影响，创立了现象学社会学。

2.（2013 年 7 月全国）安东尼·吉登斯的代表著作是（　　）

A.《实践理论大纲》　　B.《合法性危机》

C.《第三条道路》　　D.《词与物》

答案及解析：C。安东尼·吉登斯，英国社会学家，著作颇丰，主要有《社会的构成》《民族—国家与暴力》《现代性的后果》《第三条道路》等。

3.（2013 年 4 月全国）尤尔根·哈贝马斯的主要著作是（　　）

A.《实践与反思》　　B.《国家精英》

C.《公共领域的结构转型》　　D.《社会的构成》

答案及解析：C。尤尔根·哈贝马斯（1929— ），德国社会学家，法兰克福学派后期代表人物，主要著作有《公共领域的结构转型》（1962）、《作为意识形态的科学技术》（1968）、《合法性危机》（1975）、《交往行动理论》（1981）等。

小试牛刀

单选题

1. 艾尔弗雷德·舒茨创立了（　　）

A. 现象学社会学　　B. 后现代社会学

C. 理解社会学　　D. 符号社会学

答案及解析：A。艾尔弗雷德·舒茨，出生于奥地利，后移民美国。舒茨深受现象学哲学的影响，创立了现象学社会学，其代表著作有《社会世界的现象学》《生活世界的结构》。

2.《区隔》一书的作者是法国社会学家（　　）

A. 米歇尔·福柯　　B. 尤尔根·哈贝马斯

C. 皮埃尔·布迪厄　　D. 艾尔弗雷德·舒茨

答案及解析：C。皮埃尔·布迪厄（1930—2002），法国社会学家，主要著作有《实践理论大纲》《区隔》《国家精英》《实践与反思》等。

第三节　中国社会学百年

本节内容提要

本节主要讲述了社会学传入中国的历史条件，社会学学科地位的确立、撤销、重建及本土化。

知识点 1

社会学传入中国的历史条件☆☆

（1）社会学传入中国的途径：西方传教士、出国留学人员和译著。

（2）社会学传入的历史条件：优秀的传统文化土壤、现实社会发展需要。

（3）代表人物如下表所示。

人　物	主要贡献
康有为	在广州长兴里万木草堂开设“群学”，将其列入“经世之学”
谭嗣同	首次提出“社会学”之名

续表

人物	主要贡献
严复	（1）最早译介西方社会学论著，翻译了斯宾塞的《社会学研究》 （2）全书于 1903 年以《群学肄言》为书名出版面世 （3）在 1895 年发表的《原强》一文已介绍了斯宾塞的社会学
章太炎	翻译出版日本岸本能武太的《社会学》

知识解读

本知识点的考查题型一般为客观题。

着重注意康有为、谭嗣同、严复、章太炎所做的贡献。

真题小练

单选题

1.（2018 年 4 月全国）在社会学传入中国之时，首次提出“社会学”之名的是（　　）

A. 谭嗣同　　B. 康有为　　C. 严复　　D. 章太炎

答案及解析：A。谭嗣同在其所著《仁学》第一篇“仁学界说”里首次提出了“社会学”之名。

2.（2014 年 4 月全国）在广州长兴里万木草堂开设“群学”的是（　　）

A. 康有为　　B. 梁启超　　C. 章太炎　　D. 谭嗣同

答案及解析：A。康有为在广州长兴里万木草堂开设“群学”，将其列入“经世之学”，与“政治原理学”等并列。

3.（2013 年 7 月全国）翻译出版了日本女子大学社会学教授岸本能武太的《社会学》的学者是（　　）

A. 梁启超　　B. 康有为　　C. 严复　　D. 章太炎

答案及解析：D。章太炎翻译出版了日本女子大学社会学教授岸本能武太的《社会学》，该书综合介绍了斯宾塞的社会进化论和吉登斯（又译作吉丁斯）的早年社会心理学。

小试牛刀

单选题

被严复翻译成中文《群学肄言》的社会学著作是斯宾塞的（　　）

A.《社会静力学》　　B.《社会学原理》

C.《社会学研究》　　D.《伦理学原理》

答案及解析：C。1897 年，严复用古雅的文字将斯宾塞的《社会学研究》的前两章翻译为“砭愚篇”和“倡学篇”，并在上海《国闻报》上发表。全书于 1903 年以《群学肄言》为书名出版面世。

知识点 2

中国早期社会学学科地位的确立☆

（1）队伍和制度化建设，包括社会学队伍的形成、学校教育的制度化、学术团体的建立、期刊和论著的出版。

（2）社会调查的兴起，包括早期自主的社会调查和中国社会学者新视野的实地调查。

（3）马克思主义社会学的传入与实践。李达的《现代社会学》和《社会学大纲》两本书具有代表性，后者是在前者的基础上重新撰写的，影响最大。

知识解读

本知识点的考查题型一般为客观题。

着重注意李达的代表作。

真题小练

单选题

（2018 年 4 月全国）李达的代表性著作之一是（　　）

A.《大众哲学》　　B.《中国社会学》

C.《唯心主义的破产》　　D.《社会学大纲》

答案及解析：D。李达的《现代社会学》和《社会学大纲》两本书具有代表性，后者是在前者的基础上重新撰写的，影响最大。

小试牛刀

多选题

早期社会学队伍和制度化建设有（　　）。

A. 社会学队伍的形成　　B. 学校教育的制度化

C. 学术团体的建立　　D. 期刊和论著的出版

E. 确定研究方法

答案及解析：ABCD。早期社会学队伍和制度化建设有社会学队伍的形成、学校教育的制度化、学术团体的建立、期刊和论著的出版。

知识点 3

院系调整与社会学的撤销

1. 维护与撤销

（1）中华人民共和国成立之初，全国 205 所高等学校中有社会学系 19 个，人类学系 1 个。中央人民政府为建立新的教育制度进行院系调整。

（2）撤销的原因有二：第一，照搬苏联模式；第二，自身存在错误认识。

2. 重提与厄运

（1）重提。1956 年，中国共产党重视知识分子，毛泽东提出了“百家争鸣，百花齐放”的方针。在 1957 年的政协会议上，也提出了恢复社会学建议。

（2）厄运。正当社会学者们热情高涨地谋划在中国恢复社会学的时候，反“右派”运动骤然烽火连天。

知识点 4

中国社会学的恢复重建☆☆

1. 正名

（1）1979 年 3 月 15 ～ 18 日，全国哲学社会科学规划会议筹备处在北京召开“社会学座谈会”，共同探讨社会学的恢复和重建问题。

（2）在座谈会上，当时的中国社会科学院院长胡乔木代表党中央为社会学正名，从科学上、政治上恢复了社会学的名誉。

2.“五脏六腑”说

由费孝通提出，借用中医学的术语，比喻社会学的建设。

（1）五脏是指学会组织、专业研究机构、各大学的社会学系、图书资料中心和出版物。

（2）六腑是指一个社会学专业至少要有六门基础课程，它们是社会学概论、社会调查研究方法、社会心理学、城乡社会学（社区概论）、文化人类学和国外社会学说。

3. 作用

30 多年来，经过广大社会学工作者的共同努力，社会学已在中国这块土地上扎根、生长、开花、结果，为中华民族的振兴贡献了一份力量。

知识解读

本知识点的考查题型一般为客观题。

着重注意社会学正名的时间、人物；“五脏六腑”说的提出者及其主要内容。

真题小练

单选题

1.（2010 年 7 月全国）1979 年，全国哲学社会科学规划会议筹备处在北京召开“社会学座谈会”，共同探讨社会学的恢复和重建问题。在座谈会上，代表党中央为社会学正名的是（　　）

A. 杨河清　　B. 邓小平　　C. 费孝通　　D. 胡乔木

答案及解析：D。1979 年 3 月 15 ～ 18 日，全国哲学社会科学规划会议筹备处在北京召开“社会学座谈会”，共同探讨社会学的恢复和重建问题。在座谈会上，当时的中国社会科学院院长胡乔木代表党中央为社会学正名，从科学上、政治上恢复了社会学的名誉。

2.（2014 年 10 月全国）在中国社会学的恢复和重建过程中，“五脏六腑”被用来比喻社会学的建设，其提出者是（　　）

A. 杨庆堃　　B. 费孝通　　C. 孙本文　　D. 吴文藻

答案及解析：B。“五脏六腑”是费孝通借用中医学的术语，比喻社会学的建设。

小试牛刀

多选题

1.“五脏六腑”是费孝通借用中医学的术语，比喻社会学的建设。其中“六腑”包括（　　）

A. 社会学概论　　B. 文化人类学

C. 社会心理学　　D. 国外社会学说

E. 社会调查研究方法

答案及解析：ABCDE。所谓六腑，是说一个社会学专业至少要有六门基础课程。它们是社会学概论、社会调查研究方法、社会心理学、城乡社会学（社区概论）、文化人类学、国外社会学说。

2. 在中国社会学的恢复和重建过程中，费孝通借用中医学的术语“五脏六腑”来比喻社会学的建设，属于“五脏”的有（　　）

A. 社会学概论　　B. 学会组织

C. 图书资料中心　　D. 专业研究机构

E. 社会心理学

答案及解析：BCD。“五脏六腑”是费孝通借用中医学的术语，比喻社会学的建设。所谓五脏，是指学会组织、专业研究机构、各大学的社会学系、图书资料中心和出版物。

知识点 5

中国社会学的本土化☆☆

（1）社会学本土化是一种使外来社会学与本土的优秀传统文化和现实社会的实际相结合，形成具有本土特色的社会学理论与研究方法的学术过程。

（2）社会学中国化的基本做法如下。

①应当以马克思列宁主义、毛泽东思想、邓小平理论、“三个代表”重要思想、科学发展观、习近平新时代中国特色社会主义思想作为自己的行动指南，认真地开展社会现象研究。

②把研究经济社会协调发展和人的社会化作为社会学的基本任务。

③立足中国社会的现实，坚持理论联系实际，宏观和微观相结合，理论研究和经验研究相结合，使社会学的教学与研究能切实为我国的社会主义建设事业服务。

④采取积极的态度，在借鉴国外社会学和中国过去社会学的优秀成果的基础上，进行

创新，逐步建立中国社会学的理论知识体系，形成中国社会学学派。

⑤造就一支愿意并有能力为之奋斗的社会学专业队伍。

知识解读

本知识点的考查题型一般为主观题。

着重注意社会学本土化的含义及社会学中国化的基本做法。

真题小练

名词解释题

1.（2012 年 7 月全国）社会学本土化

答案：社会学本土化是一种使外来社会学与本土的优秀传统文化和现实社会的实际相结合，形成具有本土特色的社会学理论与研究方法的学术过程。

简答题

2.（2014 年 4 月全国）简述如何实现社会学本土化目标。

答案：

（1）应当以马克思列宁主义、毛泽东思想、邓小平理论、“三个代表”重要思想、科学发展观、习近平新时代中国特色社会主义思想作为自己的行动指南，认真地开展社会现象研究。

（2）把研究经济社会协调发展和人的社会化作为社会学的基本任务。

（3）立足中国社会的现实，坚持理论联系实际，宏观和微观相结合，理论研究和经验研究相结合，使社会学的教学与研究能切实为我国的社会主义建设事业服务。

（4）采取积极的态度，在借鉴国外社会学和中国过去社会学的优秀成果的基础上，进行创新，逐步建立中国社会学的理论知识体系，形成中国社会学学派。

（5）造就一支愿意并有能力为之奋斗的社会学专业队伍。

第二章　社会学研究方法

社会学研究方法是社会学学科的重要基础知识，是区别于其他学科的重要标志。人们在渴望获得社会学知识的时候，常常提出“社会学是怎样研究社会的”，也就是“社会学用什么方法论和方法研究社会”这样的问题。在回答这个问题之前，我们首先要了解“什么是社会学”及其相关问题。只有明确了社会学的研究对象，我们才能了解应该怎样去研究它。

一、【历年考情直击】

考　　点	考纲要求	考试题型	重要程度
社会学的研究对象、特征与功能	识记、领会、简单应用、综合应用	单选、多选、简答	★★★
社会学研究方法论	识记、领会、简单应用、综合应用	单选、多选、简答	★
社会学的研究方式与方法	识记、领会、简单应用、综合应用	单选、名词解释、简答、论述	★★★
社会学研究的一般程序与分析类型	识记、领会、简单应用、综合应用	单选、名词解释、简答、论述	★★

二、【本章思维导图】

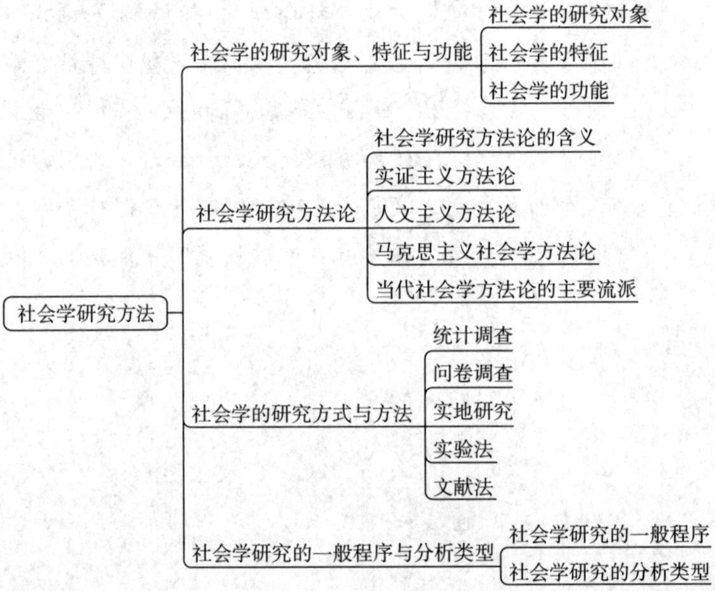

第一节　社会学的研究对象、特征与功能

本节内容提要

社会学是研究个人与社会的关系的一门社会科学。本节主要讲述社会学的研究对象、特征与功能。

知识点 1

社会学的研究对象☆

（1）社会学是研究个人与社会的关系的一门社会科学。

（2）关于社会学研究对象的问题，历来有不同的回答。孔德认为社会学是研究社会的科学，涂尔干认为社会学是研究社会事实的科学，韦伯认为社会学是研究社会行动的科学，索罗金认为社会学是研究社会关系的科学，等等。

（3）本书赞同德国社会学家格奥尔格·齐美尔的观点，即认为社会学是研究个人与社会的关系的一门社会科学。

（4）社会学直面社会生活，追求社会和谐，探寻人与人、人与社会的协调发展，也就自然地把个人与社会的关系看作是本学科的研究对象。

知识解读

本知识点的考查题型一般为客观题。

着重注意格奥尔格·齐美尔的观点。

真题小练

单选题

1.（2012 年 4 月全国）齐美尔认为，社会学这门社会科学的研究对象是（　　）

A. 社会结构　　B. 社会行为

C. 个人与社会的关系　　D. 社会事实

答案及解析：C。齐美尔认为社会学是研究个人与社会的关系的一门社会科学。

2.（2018 年 4 月全国）社会学的研究对象是（　　）

A. 个人与个人的关系　　B. 个人与社会的关系

C. 群体与群体的关系　　D. 个人与群体的关系

答案及解析：B。社会学是研究个人与社会的关系的一门社会科学。

小试牛刀

填空题

涂尔干认为，社会学研究的特殊对象是________。

答案及解析：社会事实。关于社会学研究对象的问题，历来有不同的回答。孔德认为社会学是研究社会的科学，涂尔干认为社会学是研究社会事实的科学，韦伯认为社会学是研究社会行动的科学，索罗金认为社会学是研究社会关系的科学，等等。

知识点 2

社会学的特征☆☆

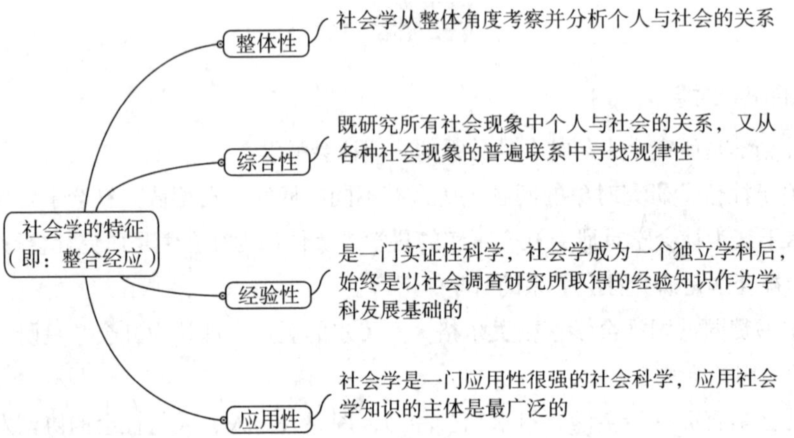

知识解读

本知识点的考查题型一般为客观题和主观题。

着重注意社会学的特征。

真题小练

多选题

1.（2017 年 4 月全国）社会学的特征包括（　　）

A. 整体性　　B. 综合性　　C. 经验性

D. 应用性　　E. 特殊性

答案及解析：ABCD。社会学的特征包括整体性、综合性、经验性、应用性。

简答题

2.（2008 年 7 月全国）简述社会学的特征。

答案：社会学的特征包括整体性、综合性、经验性、应用性。

小试牛刀

单选题

社会学成为一门独立学科后，始终是以社会调查研究所取得的经验知识作为学科发展基础的，这是社会学的（　　）

A. 整体性特征　　B. 综合性特征　　C. 经验性特征　　D. 应用性特征

答案及解析：C。社会学的经验性：社会学是一门实证性科学。社会学创立之初就特别强调实证，当初不强调实证就不会有社会学，没有早期大量的实证研究（社会调查）也不会有社会学。社会学成为一个独立学科后，始终是以社会调查研究所取得的经验知识作为学科发展基础的。

知识点 3

社会学的功能☆☆☆

1. 研究功能

（1）描述性功能：为了解和掌握发生了什么事、什么情况而进行的探索性研究。

（2）解释性功能：对影响社会事实发生、变化的主客观因素，从其因果联系上加以说明的过程。

（3）预测性功能：提示将来的社会事件和状态是怎样的。

（4）规范性功能：回答“应该怎么样”的问题。

2. 教育功能

（1）帮助人们自觉地完成社会化。

（2）帮助人们合理选择。

3. 社会管理功能

（1）建立规范。社会管理需要一套合理完善的规范，没有规范则无从管理，规范不健全，管理也会出漏洞。

（2）提供模式。模式是一种相对稳定的秩序性安排，包括组织结构模式和行为模式。

（3）反馈信息。管理是个动态过程，需要不断地进行自上而下和自下而上的信息沟通。社会学进行社会调查，将下面的情况反映给决策层，提高管理的质量和效率。

4. 社会批评功能

（1）对旧的思想、旧的观念和阻碍社会进步的事物、行为进行揭露，实事求是地进行理论分析，提出克服和解决问题的意见与建议。

（2）通过矛盾的分析，更好地调整人与人之间的关系、人与社会的关系、现实与未来的关系，促进社会的稳定与发展。

知识解读

本知识点的考查题型一般为客观题和主观题。

着重注意社会学功能的具体内容。

真题小练

单选题

1.（2013 年 7 月全国）社会学在教育方面的功能表现在（　　）

A. 帮助人们自觉地完成社会化　　B. 建立规范

C. 反馈信息　　D. 社会批评

答案及解析：A。社会学在教育方面的功能：帮助人们自觉地完成社会化；帮助人们合理选择。

2.（2016 年 10 月全国）在社会学的研究功能中，对影响社会事实发生、变化的主客观因素，从其因果联系上加以说明的过程称为（　　）

A. 预测性功能　　B. 规范性功能　　C. 解释性功能　　D. 描述性功能

答案及解析：C。本题考查社会学的功能中的研究功能。研究功能主要包括：描述性功能、解释性功能、预测性功能和规范性功能。其中解释性功能是指对影响社会事实发生、变化的主客观因素，从其因果联系上加以说明的过程。

多选题

3.（2018 年 4 月全国）社会学的社会管理功能主要表现在（　　）

A. 帮助人们自觉地完成社会化　　B. 帮助人们合理选择

C. 建立规范　　D. 提供模式

E. 反馈信息

答案及解析：CDE。社会管理功能包括：建立规范、提供模式和反馈信息。

简答题

4.（2018 年 4 月全国）简述社会学的社会批评功能。

答案：

（1）社会学参与社会的另一个方面，就是对旧的思想、旧的观念和阻碍社会进步的事物及行为进行揭露，实事求是地进行理论分析，提出克服和解决问题的意见与建议。这种研究我们称之为“社会批评”。

（2）它的目的是通过矛盾的分析，更好地调整人与人之间的关系、人与社会的关系、现实与未来的关系，促进社会的稳定与发展。

小试牛刀

单选题

1. 在社会学的研究功能中，要提示将来的社会事件和状态是怎样的，这属于（　　）

A. 预测性功能　　B. 规范性功能　　C. 解释性功能　　D. 描述性功能

答案及解析：A。预测性功能是要提示将来的社会事件和状态是怎样的。

2. 为了解和掌握发生了什么事、什么情况而进行的探索性研究属于社会学研究功能中的（　　）

A. 预测性功能　　B. 规范性功能　　C. 解释性功能　　D. 描述性功能

答案及解析：D。描述性功能是指那些为了解和掌握发生了什么事、什么情况而进行的探索性研究。

多选题

3. 社会学的教育功能的主要表现有（　　）

A. 建立规范　　B. 提供模式

C. 帮助人们自觉地完成社会化　　D. 帮助人们合理选择

E. 反馈信息

答案及解析：CD。社会学在教育方面的功能：帮助人们自觉地完成社会化；帮助人们合理选择。本题中 ABE 选项是社会管理功能的主要表现。

第二节　社会学研究方法论

本节内容提要

本节主要了解社会学方法论的含义，实证主义方法论、人文主义方法论、马克思主义社会学方法论以及当代社会学方法论的主要流派。

知识点 1

社会学方法论的含义☆

（1）社会学方法论是关于认识社会和改造社会的方法理论。

（2）社会学方法论探讨的主要问题如下图所示。

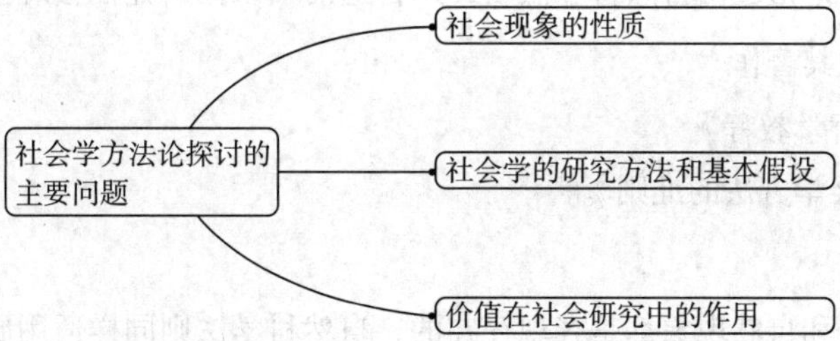

知识解读

本知识点的考查题型一般为主观题。

着重注意社会学方法论探讨的主要问题。

真题小练

简答题

（2013 年 7 月全国）简述社会学方法论探讨的主要问题。

答案：（1）社会现象的性质；（2）社会学的研究方法和基本假设；（3）价值在社会研究中的作用。

小试牛刀

单选题

1. 社会学方法论探讨的主要问题不包括（　　）

A. 社会现象的性质　　B. 社会学的研究方法和基本假设

C. 价值在社会研究中的作用　　D. 社会学方法论的主要流派

答案及解析：D。社会学方法论探讨的主要问题：（1）社会现象的性质；（2）社会学的研究方法和基本假设；（3）价值在社会研究中的作用。

2.（　　）是关于认识社会和改造社会的方法理论。

A. 社会改造论　　B. 社会概论

C. 社会学方法论　　D. 社会方法探索

答案及解析：C。社会学方法论是关于认识社会和改造社会的方法理论。

知识点 2

实证主义方法论☆

1. 概念

实证主义方法论指遵循自然科学法则，用普遍的因果律研究社会现象的方法理论。

2. 代表人物及其著作

孔德：《实证哲学教程》。

涂尔干：《社会学方法的准则》。

3. 基本观点

（1）社会现象和自然现象都是客观存在的，自然科学法则同样适用研究社会现象。

（2）科学的目的在于对现象的因果性做出说明，以及在此基础上对现象的未来发展趋势做出预测。

（3）提倡经验研究和社会调查。

（4）以数学和统计学为取向，特别注重量化的研究方法。

知识解读

本知识点的考查题型一般为客观题。

着重注意实证主义方法论的概念。

真题小练

单选题

（2014 年 10 月全国）在社会学研究方法论中，遵循自然科学法则，用普遍的因果律研究社会现象的方法理论，被称为（　　）

A. 人文主义方法论　　B. 马克思主义社会学方法论

C. 实证主义方法论　　D. 功能主义方法论

答案及解析：C。实证主义方法论指遵循自然科学法则，用普遍的因果律研究社会现象的方法理论。

小试牛刀

单选题

用普遍的因果律研究社会现象的方法理论是（　　）

A. 人文主义方法论　　B. 实证主义方法论

C. 马克思主义社会学方法论　　D. 现代主义方法论

答案及解析：B。实证主义方法论指遵循自然科学法则，用普遍的因果律研究社会现象的方法理论。

知识点 3

人文主义方法论☆

1. 概念

人文主义方法论又称反实证主义方法论，是对社会行动过程及结果予以主观意义理论的方法。

2. 主要代表人物

德国哲学家威廉·狄尔泰和社会学家马克斯·韦伯。

3. 基本观点

（1）强调自然科学与社会科学的区别。

（2）社会学理论研究的目的在于“理解”而非“说明”。

（3）社会学研究应该立足于微观层面，从日常的、平凡的事物出发。

知识解读

本知识点的考查题型一般为客观题。

着重注意人文主义方法论的概念。

真题小练

单选题

1.（2018 年 4 月全国）在社会学研究方法论中，被称为反实证主义方法论的是（　　）

A. 马克思主义社会学方法论　　B. 后现代主义方法论

C. 诠释方法论　　D. 人文主义方法论

答案及解析：D。人文主义方法论，又称反实证主义方法论，是对社会行动过程及结果予以主观意义理论的方法。

2.（2015 年 4 月全国）在社会学研究方法论中，对社会行动过程及结果予以主观意义理论的方法是（　　）

A. 人文主义方法论　　B. 马克思主义社会学方法论

C. 实证主义方法论　　D. 功能主义方法论

答案及解析：A。人文主义方法论，又称反实证主义方法论，是对社会行动过程及结果予以主观意义理论的方法。

小试牛刀

单选题

1. 下列不属于人文主义方法论的基本观点的是（　　）

A. 强调自然科学与社会科学的区别　　B. 社会学理论研究的目的在于"理解"而非"说明"

C. 承认客观的社会规律　　D. 社会学研究应该立足于微观层面

答案及解析：C。人文主义方法论的基本观点：（1）强调自然科学与社会科学的区别；（2）社会学理论研究的目的在于"理解"而非"说明"；（3）认为社会学研究应该立足于微观层面，从日常的、平凡的事物出发，研究人类对社会现象做出的解释以及赋予它们的意义，而不是简单地还原到自然规律的水平。

多选题

2. 人文主义方法论的主要代表包括（　　）

A. 韦伯　　B. 马尔库塞　　C. 狄尔泰

D. 默顿　　E. 哈贝马斯

答案及解析：AC。人文主义方法论，又称反实证主义方法论，是对社会行动过程及结果予以主观意义理论的方法。其主要代表是德国哲学家威廉·狄尔泰和社会学家马克斯·韦伯。

知识点 4

马克思主义社会学方法论

（1）列宁说马克思的唯物主义和唯物辩证法第一次使科学的社会学的出现成为可能。

（2）基本观点有：承认客观的社会规律；社会是不断发展、变化的，社会进程是人与人之间相互作用的结果；唯物史观，即强调人类的历史实践活动，注重制约人的行动的社会物质环境。

知识点 5

当代社会学方法论的主要流派☆

1. 后实证主义

（1）20世纪后期,波普尔的证伪理论、科学哲学家库恩的“科学革命论”和“范式理论”占主导地位。

（2）代表人物：布东、亚历山大、瑞泽尔等。

2. 新人文主义

（1）20世纪80年代后期，在欧洲兴起新人文主义，又称新韦伯主义。

（2）反对实证主义的“本质”观和“深层结构”观。

（3）未形成一个统一的学派。

3. 批判诠释理论

（1）伽达默尔的《真理与方法》被称为“用历史诠释学观点考察真理”的里程碑。

（2）哈贝马斯的《交往行动理论》一书将批判理论与释义学综合，被称为“批判的诠释学”。

4. 后现代主义

后现代主义是20世纪80年代在文化、文学领域形成的一种哲学思潮，对社会学产生了重要影响。

知识解读

本知识点的考查题型一般为客观题。

着重注意当代社会学方法论的四大主要流派。

真题小练

多选题

（2016年4月全国）当代社会学方法论的主要流派有（　　）

A. 后实证主义　　B. 新人文主义　　C. 批判诠释理论

D. 后现代主义　　E. 马克思主义

答案及解析：ABCD。当代社会学方法论的主要流派，包括后实证主义、新人文主义、批判诠释理论、后现代主义。

小试牛刀

单选题

1. 当代社会学方法论的主要流派不包括（　　）

A. 后实证主义　　B. 新人文主义　　C. 后现代主义　　D. 凯恩斯主义

答案及解析：D。当代社会学方法论的主要流派：后实证主义、新人文主义、批判诠释理论、后现代主义。

2.（　　）是20世纪80年代在文化、文学领域形成的一种哲学思潮，对社会学产生了重要影响。

A. 后实证主义　　B. 新人文主义

C. 批判诠释理论　　D. 后现代主义

答案及解析：D。后现代主义是20世纪80年代在文化、文学领域形成的一种哲学思潮，对社会学产生了重要影响。其主要观点：（1）反对研究主体和客体之分；（2）反对现代科学的时空观，反对现存的以整体观对时空、对历史的认识；（3）反对现代科学的真理观；（4）反对表象和本质二元论，强调差异性、独特性；（5）反对实体论，认为社会现实是虚构的，是因人而异的，与个人精神活动相联系。

3. 下列被称为“用历史诠释学观点考察真理”的里程碑的著作是（　　）。

A.《真理与方法》　　B.《交往行动理论》

C.《符号理论》　　D.《社会学原理》

答案及解析：A。伽达默尔的《真理与方法》被称为“用历史诠释学观点考察真理”的里程碑。哈贝马斯的《交往行动理论》一书将批判理论与释义学综合，被称为“批判的诠释学”。

第三节　社会学的研究方式与方法

本节内容提要

社会学的研究方式与方法主要有统计调查、问卷调查、实地研究、实验法、文献法。

知识点 1

统计调查☆☆

1. 统计调查简介

（1）含义：统计调查是根据调查目的与要求，运用科学的调查方法，有计划、有组织地搜集数据信息资料的统计工作过程。

（2）基本原则：准确性、及时性和完整性。

（3）常用方式：普遍调查、抽样调查和统计报表，一般采用问卷调查收集资料。

2. 普遍调查

（1）含义：普遍调查又称全面调查，简称普查，指为特定目的而专门组织的一次性或周期性的总体调查，是统计调查的组织形式之一。

（2）组织方式：①建立专门的普查机构，配备大量的普查人员，对调查单位进行直接的登记，如人口普查；②利用调查单位的原始记录和核算资料，颁发调查表，由登记单位填报，如物资库存普查等。

3. 抽样调查

（1）含义：抽样调查是非全面调查的一种，它是从总体中按一定的方法抽选一部分单位进行调查，并据以对总体调查研究对象做出估计和推断的一种调查方法。

（2）类别：概率抽样和非概率抽样。在我国，习惯将概率抽样称为抽样调查。

4. 统计报表

含义：统计报表是按统一规定的表格形式，统一的报送程序和报表时间，自下而上提供基础统计资料，是一种具有法律性质的报表制度。

知识解读

本知识点的考查题型一般为主观题和客观题。

注重区分并掌握不同调查方法的含义，了解不同调查方法的类别、方式等。

真题小练

单选题

1.（2017年4月全国）统计调查的常用方式之一是（　　）

A. 问卷调查　　B. 文件法

C. 非介入性研究法　　D. 统计报表

答案及解析：D。统计调查的常用方式是普遍调查、抽样调查和统计报表，一般采用问卷调查收集资料。

名词解释题

2.（2017年10月全国）统计调查

答案：统计调查是根据调查的目的与要求，运用科学的调查方法，有计划、有组织地搜集数据信息资料的统计工作过程。

3.（2016年4月全国）普遍调查

答案：普遍调查又称全面调查，简称普查，指为特定目的而专门组织的一次性或周期性的总体调查，是统计调查的组织形式之一。

小试牛刀

单选题

1. 在统计调查中，从总体中按一定的方法选取一部分单位进行调查，并据以对总体调查研究对象做出估计和推断的调查方法，被称为（　　）

A. 问卷调查　　B. 抽样调查　　C. 普遍调查　　D. 统计报表

答案及解析：B。抽样调查是非全面调查的一种，它是从总体中按一定的方法抽选一部分单位进行调查，并据以对总体调查研究对象做出估计和推断的一种调查方法。

2. 根据调查的目的与要求，运用科学的调查方法，有计划、有组织地搜集数据信息资料的统计工作过程指的是（　　）

A. 问卷调查　　B. 实地研究　　C. 抽样调查　　D. 统计调查

答案及解析：D。统计调查是根据调查的目的与要求，运用科学的调查方法，有计划、有组织地搜集数据信息资料的统计工作过程。

名词解释题

3. 统计报表

答案：统计报表是按统一规定的表格形式，统一的报送程序和报表时间，自下而上提供基础统计资料，是一种具有法律性质的报表制度。

知识点 2

问卷调查☆

（1）含义：以一组问题获得相关、有效信息的一种方法。

（2）问卷的内容：个人基本情况、行为和态度。

（3）问卷的主要类型：自填式和代填式。

知识解读

本知识点的考查题型一般为客观题。

着重注意问卷的主要类型。

真题小练

单选题

（2013 年 4 月全国）问卷的主要类型有（　　）

A. 结构式和非结构式　　B. 自填式和代填式

C. 典型式和非典型式　　D. 参与式和非参与式

答案及解析：B。问卷的主要类型有自填式和代填式两种。

小试牛刀

单选题

1.（　　）是以一组问题获得相关、有效信息的一种方法。

A. 问卷调查　　B. 抽样调查　　C. 普遍调查　　D. 统计调查

答案及解析：A。解析：问卷调查是以一组问题获得相关、有效信息的一种方法。

多选题

2. 问卷调查的主要类型有（　　）

A. 访谈式　　B. 记录式　　C. 自填式

D. 代填式　　E. 统计式

答案及解析：CD。问卷的主要类型有自填式和代填式两种。

知识点 3

实地研究☆☆☆

1. 实地研究的含义

（1）实地研究又称田野调查，是一种深入研究对象内部，以参与观察和非结构访问的方式收集资料，并通过这些资料进行定性分析，解释社会现象的一种研究方法。

（2）怎样做好实地研究？

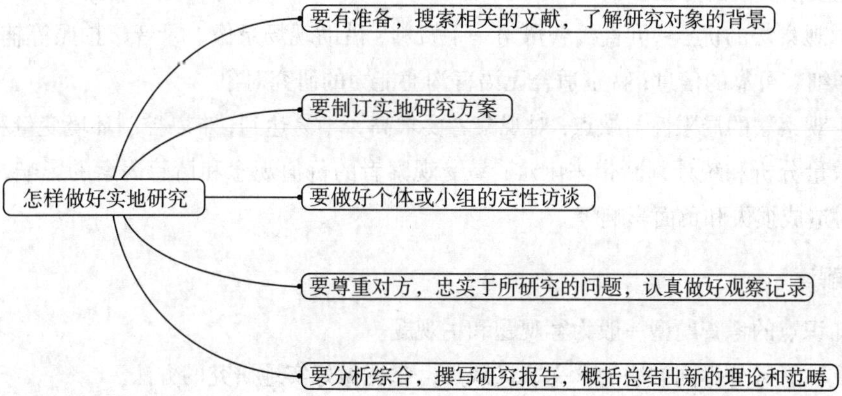

2. 个案研究

（1）含义：个案研究是一种以某个社会单位或案例为一个整体，进行详细考察的方法。

（2）范例：林耀华的《金翼》。

3. 典型调查

（1）含义：典型调查是个案研究的扩展，具有个案研究的特质，但又有所不同，它强调一定的代表性。

（2）性质：是在研究对象中，有意识地选取个别或少数具有代表性的典型社会单位进行深入和周密的实地调查研究，以推断调查总体的一种研究方法。

（3）分类：典型调查可分为先进的、中间的、落后的三种。

（4）典型调查的优点与不足。

①优点：可用较少的人力物力，在较短的时间内，对事物做较深入的研究，特别适用于对新情况和新问题的调查研究。

②局限性：一是典型的选择容易受主观意识的诱导，二是所获取的资料难以标准化，三是结论的客观性和普遍性易受到较多的质疑。

4. 访谈法和观察法

（1）访谈法指研究者通过有计划、有目的地与被研究者交谈，进行调查和收集资料的方法。

类别：结构访谈和非结构访谈。

（2）观察法指研究者有计划、有目的地用感官来考察事物或现象的知觉过程。

特点：自然性、直接性、广泛性。

类别：参与观察和非参与观察。

①参与观察指研究者在某种程度上置身于观察对象的环境和社会活动中，努力使自己真正地与被研究群体相通，通过亲身感受和观察，直接获取资料的方法。

②非参与观察指研究者始终与被观察者保持一定的距离，即以“局外人”的身份靠自己的知觉获取资料的方法。

（3）观察法的优点：可直接获得第一手资料；借助现场录像、录音、拍照等辅助手段，可获得详细、可靠的信息；特别适合无语言沟通能力的研究对象。

（4）观察法的局限性与缺点：对观察者要求高，不易达到；难以控制环境变量和时间变量，给数量分析和统计判断带来困难；易受观察者的价值观念和情感因素的影响，容易给收集资料造成损失和负面影响等。

知识解读

本知识点的考查题型一般为客观题和主观题。

着重注意区分不同方法的含义、优缺点，掌握做好实地研究的方法。

真题小练

单选题

1.（2015 年 10 月全国）在社会学的研究方法中，以某个社会单位或案例为一个整体，进行详细考察的方法是（　　）

A. 个案研究　　B. 文献法　　C. 实验法　　D. 统计调查

答案及解析：A。个案研究是一种以某个社会单位或案例为一个整体，进行详细考察的方法。

2.（2017 年 4 月全国）研究者通过有计划、有目的地与被研究者交流，进行调查和收集资料的方法是（　　）

A. 访谈法　　B. 典型调查　　C. 观察法　　D. 个案研究

答案及解析：A。访谈法指研究者通过有计划、有目的地与被研究者交谈，进行调查和收集资料的方法。

名词解释题

3.（2010 年 7 月全国）实地研究

答案：实地研究又称田野调查，是一种深入研究对象内部，以参与观察和非结构访问的方式收集资料，并通过这些资料进行定性分析，解释社会现象的一种研究方法。

简答题

4.（2015 年 10 月全国）简述怎样做好实地研究。

答案：

（1）要有准备，搜索相关的文献，了解研究对象的背景。

（2）要制订实地研究方案。

（3）要做好个体或小组的定性访谈。

（4）要尊重对方，忠实于所研究的问题，认真做好观察记录。

（5）要分析综合，撰写研究报告，概括总结出新的理论和范畴。

小试牛刀

单选题

1. 研究者在某种程度上置身于观察对象的环境和社会活动中，使自己成为被研究群体中的一员，这种观察方法被称为（　　）

A. 社会实验　　B. 参与观察　　C. 问卷调查　　D. 文献研究

答案及解析：B。参与观察指研究者在某种程度上置身于观察对象的环境和社会活动中，努力使自己真正地与被研究群体相通，通过亲身感受和观察，直接获取资料的方法。

2. 在研究对象中，有意识地选取个别或少数具有代表性的典型社会单位进行深入和周密的实地调查研究，以推断调查总体的研究方法，被称为（　　）

A. 访谈法　　B. 典型调查　　C. 观察法　　D. 个案研究

答案及解析：B。典型调查是在研究对象中，有意识地选取个别或少数具有代表性的典型社会单位进行深入和周密的实地调查研究，以推断调查总体的一种研究方法。

3. 在社会学的研究方法中，田野调查指的是（　　）

A. 实验法　　B. 问卷调查　　C. 文献法　　D. 实地研究

答案及解析：D。实地研究又称田野调查，是一种深入研究对象内部，以参与观察和非结构访问的方式收集资料，并通过这些资料进行定性分析，解释社会现象的一种研究方法。

简答题

4. 简述典型调查的优点与不足。

答案：

（1）优点。可用较少的人力物力，在较短的时间内，对事物做较深入的研究，特别适用于对新情况和新问题的调查研究。

（2）不足。典型的选择容易受到主观意识的诱导，所获取的资料难以标准化，结论的客观性和普遍性易受到较多的质疑。

知识点 4

实验法☆

1. 实验法的含义与类别

（1）含义：根据一定的研究假设，在有控制的条件下，通过观察、记录和分析，以发现或证实变量间或社会现象间因果关系的方法。

（2）类别。①按实验环境可分为实地实验和实验室实验；②按实验方法可分为标准实验、准实验、控制实验和双盲实验。

2. 实验法的作用

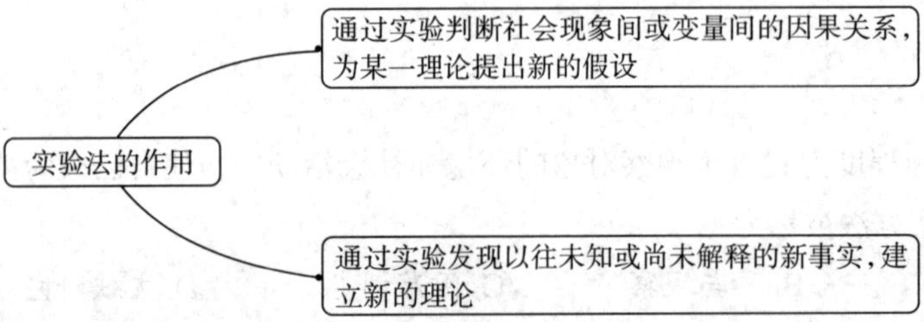

3. 社会实验的优缺点

（1）优点：把实验变量与它带来的影响分离开来；省时省力省钱；可重复实验，增强了效度和信度。

（2）缺点：实验环境的人为性；实验过程的反应性；实验对象的有限性；实验结果的适应性。

4. 社会学实验与自然科学实验的区别

（1）实验的对象是小群体和人类的活动，而不是物，实验者和被实验者会相互影响。

（2）研究的主题是社会现象或人的态度、行为特征，而不是自然现象。

（3）实验的条件与措施难以控制，一是实验对象难以控制，二是实验情景难以控制。

知识解读

本知识点的考查题型一般为客观题和主观题。

着重注意实验法的含义、作用及优缺点。

真题小练

单选题

1.（2017 年 10 月全国）社会学研究中实验法的不足之处主要是（　　）

A. 实验过程的自然性　　B. 实验对象的重复性

C. 研究过程的广泛性　　D. 实验环境的人为性

答案及解析：D。实验法的不足：实验环境的人为性；实验过程的反应性；实验对象的有限性；实验结果的适应性。

简答题

2.（2016 年 10 月全国）简述实验法的作用。

答案：一是通过实验判断社会现象间或变量间的因果关系，为某一理论提出新的假设；二是通过实验发现以往未知或尚未解释的新事实，建立新的理论。

小试牛刀

单选题

1. 在社会学的研究方法中，根据一定的研究假设，在有控制的条件下，通过观察、记录和分析，以发现或证实变量间或社会现象间因果关系的方法是（　　）

A. 文献法　　B. 问卷调查　　C. 实验法　　D. 实地研究

答案及解析：C。实验法是指根据一定的研究假设，在有控制的条件下，通过观察、记录和分析，以发现或证实变量间或社会现象间因果关系的方法。

多选题

2. 社会实验的不足主要是（　　）

A. 实验环境的人为性　　B. 实验过程的反应性

C. 实验对象的有限性　　D. 实验对象的无限性

E. 实验结果的适应性

答案及解析：ABCE。社会实验的缺点：实验环境的人为性；实验过程的反应性；实验对象的有限性；实验结果的适应性。

知识点 5

文献法☆☆

1. 文献法的含义及文献的来源

（1）含义：文献法又称文件法、文案法和非介入性研究法，通过搜集现存的以文字、数字、符号、语音、画面等信息形式出现的文献资料，在不影响研究对象的情况下，分析和探讨个人与社会关系现象的方法。

（2）文献的来源：官方文献、个人文献、大众传播媒介。

2. 文献法的优缺点

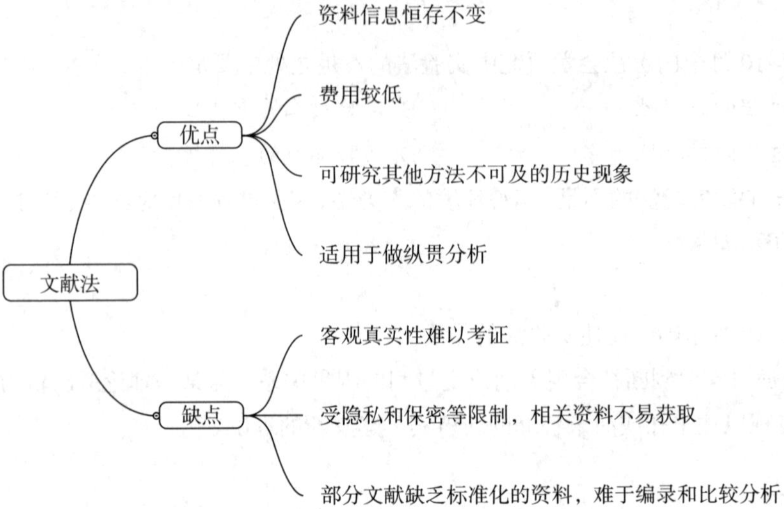

知识解读

本知识点的考查题型一般为客观题。

着重注意文献法的含义及优缺点。

真题小练

单选题

1.（2018 年 4 月全国）非介入性研究法又称为（　　）

A. 实验法　　B. 个案法　　C. 文献法　　D. 统计法

答案及解析：C。文献法，又称文件法、文案法和非介入性研究法，通过搜集现存的以文字、数字、符号、语音、画面等信息形式出现的文献资料，在不影响研究对象的情况下，分析和探讨个人与社会关系现象的方法。

2.（2017 年 10 月全国）社会研究中文献法的优点之一是（　　）

A. 文献资料的客观真实性易于考证　　B. 文献法可直接获得第一手资料

C. 文献均有标准化的资料　　D. 文献法适于做纵贯分析

答案及解析：D。文献法的优点：（1）文献法的资料信息恒存不变；（2）文献法的费用较低；（3）文献法可以研究其他方法不可及的历史现象；（4）文献法适于做纵贯分析。

小试牛刀

单选题

1. 在社会学研究的文献法中，文献的来源有（　　）

A. 三大类　　B. 四大类　　C. 五大类　　D. 六大类

答案及解析：A。文献的来源：官方文献、个人文献、大众传播媒介。

2. 通过收集现存的以文字、数字、符号、语音、画面等信息形式出现的文献资料，分析和探讨各种个人与社会的关系及社会现象的一种研究方法，被称作（　　）

A. 问卷调查　　B. 实地研究　　C. 社会实验　　D. 非介入性研究

答案及解析：D。文献法又称文件法、文案法和非介入性研究法。文献法是通过搜集现存的以文字、数字、符号、语音、画面等信息形式出现的文献资料，在不影响研究对象的情况下，分析和探讨个人与社会关系现象的方法。

第四节　社会学研究的一般程序与分析类型

本节内容提要

本节主要讲述社会学研究的一般程序与分析类型。

知识点 1

社会学研究的一般程序☆

1. 筹划阶段

社会学研究成果要经得起实践检验，它要遵守一定的程序。

程序保证研究成果的科学性，是检验研究成果的一种依据。

筹划阶段的主要工作如下。

（1）选择研究题目，应有新意，要适中，可操作。

（2）初步探索，收集相关文献资料，接触研究对象，做到“心中有底”。

（3）建立研究假设，做出理论解释，明确概念。

（4）制订研究方案，明确研究内容、目的和意义，选择调查地点，确定调查对象和研究单位，确定研究方式与方法，制订调查问卷、量表和访谈提纲，准备调查工具，统筹与预算研究经费。

（5）组织工作，包括研究人员的组成和培训，以及与协作单位的沟通等。

2. 实施阶段

实施阶段是将研究方案付诸行动，依据研究方案的要求去收集资料，采用问卷调查或实地调查、文献或口述等方法。

3. 总结阶段

任务是将收集到的资料进行整理，使之条理化和系统化，然后进行统计分析和思维加工，检验理论假设，提出新问题，最终撰写调查报告，结束该课题的研究等。

知识解读

本知识点的考查题型一般为客观题和主观题。

着重注意社会学研究的一般程序、筹划阶段的主要工作。

真题小练

单选题

1.（2015年4月全国）社会学研究的一般程序包括（　　）

A. 两个阶段　　B. 三个阶段　　C. 四个阶段　　D. 五个阶段

答案及解析：B。社会学研究的一般程序包括：筹划阶段、实施阶段和总结阶段。

简答题

2.（2016年4月全国）简述社会学研究的一般程序。

答案：

（1）筹划阶段。社会学研究成果要经得起实践检验，它要遵守一定的程序。

（2）实施阶段。实施阶段是将研究方案付诸行动，依据研究方案的要求去收集资料，采用问卷调查或实地调查、文献或口述等方法。

（3）总结阶段。总结阶段的任务是将收集到的资料进行整理，使之条理化和系统化，然后进行统计分析和思维加工，检验理论假设，提出新问题，最终撰写调查报告，结束该课题的研究等。

小试牛刀

单选题

1. 社会学研究的一般程序不包括（　　）

A. 筹划阶段　　B. 实施阶段　　C. 总结阶段　　D. 评价阶段

答案及解析：D。社会学研究的一般程序包括：筹划阶段、实施阶段和总结阶段。

简答题

2. 简述社会学研究筹划阶段的主要工作。

答案：社会学研究筹划阶段的主要工作如下。

（1）选择研究题目，应有新意，要适中，可操作。

（2）初步探索，收集相关文献资料，接触研究对象，做到“心中有底”。

（3）建立研究假设，做出理论解释，明确概念。

（4）制订研究方案，明确研究内容、目的和意义，选择调查地点，确定调查对象和研究单位，确定研究方式与方法，制订调查问卷、量表和访谈提纲，准备调查工具，统筹与预算研究经费。

（5）组织工作，包括研究人员的组成和培训，以及与协作单位的沟通等。

知识点 2

社会学研究的分析类型☆☆☆

1. 定性分析

（1）含义：定性分析是对收集到的资料进行归纳、分类、比较，进而对某个或某类现象的性质和特征做出概括的一种分析方法。定性分析偏重人文主义，通过深度比较分析，揭示社会现象的本质特征。

（2）资料的来源：实地源和文献源。资料的整理：审查、分类和汇总。

（3）意义与不足：一般来说，实地研究和非介入性研究属于定性方法。

①没有或缺乏数量分析的纯定性研究，结论往往具有概括性和较浓的思辨色彩。

②建立在定量分析的基础上的更高层次的定性研究。

2. 定量分析

（1）含义：对社会现象的数量特征、数量关系与数量变化进行分析的一种方法。定量分析偏重经验实证主义的原则，强调量化的科学性、准确性。

（2）类别：问卷调查和实验方法。

（3）资料的来源：实地源和文献源。资料的整理：审查、分类和编码、汇总。

（4）定量分析的软件系统：社会科学统计程序包（简称 SPSS）、统计分析系统（简称 SAS）。

3. 定性分析与定量分析的关系

（1）定性分析与定量分析实质性的区别体现为数据化或非数据化。具体区别如下表所示。

不　　同	定 性 分 析	定 量 分 析
着重点	着重事物质的方面	着重事物量的方面
依据	大量历史事实和生活经验资料	调查得到的现实资料数据
手段	逻辑推理、历史比较法	经验测量、统计分析和建立模型
学科基础	逻辑学、历史学	概率论、社会统计学
结论表述形式	文字描述为主	数据、模型、图形

（2）联系。

①在实际研究中，定性分析与定量分析是互补的，经常配合使用。

②定性方法是定量方法的基础，是它的指南，但只有同时运用定量方法，才能在精确定量的根据下准确定性。

知识解读

本知识点的考查题型一般为客观题和主观题。

着重注意定性分析与定量分析的含义、类别及关系。

真题小练

单选题

1.（2017 年 4 月全国）对收集到的资料进行归纳、分类、比较，进而对某个或某类现象的性质和特征做出概括的分析方法称为（　　）

A. 问卷分析　　B. 定量分析　　C. 实验分析　　D. 定性分析

答案及解析：D。定性分析是对收集到的资料进行归纳、分类、比较，进而对某个或某类现象的性质和特征做出概括的一种分析方法。

2.（2016 年 10 月全国）在社会学研究的分析类型中，偏重经验实证主义原则的是（　　）

A. 定量分析　　B. 定性分析　　C. 实地研究　　D. 非介入性研究

答案及解析：A。定性分析偏重人文主义，通过深度比较分析，揭示社会现象的本质特征。定量分析偏重经验实证主义的原则，强调量化的科学性、准确性。

3.（2015 年 10 月全国）定性分析资料整理的三个步骤是（　　）

A. 审查、分类和汇总　　B. 汇总、分类和审查

C. 审查、汇总和分类　　D. 分类、审查和汇总

答案及解析：A。定性资料的主要来源有二：一是“实地源”，包括非结构式访问和观察的记录；二是“文献源”，是以文字形式叙述的各种档案、文书和个人的传记、日记、信件，以及调查报告和研究论文等。由于资料来源和种类的不同，资料整理的方法也有所不同，但都要经过审查、分类和汇总三个步骤。

论述题

4.（2013 年 4 月全国）论述定性分析与定量分析的关系。

答案：

（1）区别。定性分析与定量分析实质性的区别体现为数据化或非数据化。

①着重点不同。定性分析着重事物质的方面；定量分析着重事物量的方面。

②依据不同。定量分析依据的是调查得到的现实资料数据；定性分析依据的是大量历史事实和生活经验资料。

③手段不同。定量分析主要使用经验测量、统计分析和建立模型等方法；定性分析则主要运用逻辑推理、历史比较法等方法。

④学科基础不同。定量分析是以概率论、社会统计学为基础；定性分析则以逻辑学、历史学为基础。

⑤结论表述形式不同。定量分析主要以数据、模型、图形等来表述，具有概括性和精确性的特征；定性分析结论多以文字描述为主，具有深入细致地反映社会现象本质的特征。

（2）联系。

①在实际研究中，定性分析与定量分析是互补的，经常配合使用。

②定性方法是定量方法的基础，是它的指南，但只有同时运用定量方法，才能在精确定量的根据下准确定性。

小试牛刀

单选题

1. 在社会学研究的分析类型中，对社会现象的数量特征、数量关系与数量变化进行分析的一种方法是（　　）

A. 定量分析　　B. 统计分析　　C. 定性分析　　D. 实证分析

答案及解析：A。定量分析是对社会现象的数量特征、数量关系与数量变化进行分析的一种方法。

2. 定量分析的资料整理的步骤是（　　）

A. 审查、分类和编码、汇总　　B. 汇总、分类和编码、审查

C. 审查、汇总、分类和编码　　D. 分类和编码、审查、汇总

答案及解析：A。定量分析的资料整理要经过审查、分类和编码、汇总三个步骤。

3. 在社会学研究方法中，属于定性方法的是（　　）

A. 介入性研究　　B. 问卷调查

C. 社会实验方法　　D. 实地研究

答案及解析：D。一般来说，实地研究和非介入性研究属于定性方法。

4. 现在广泛采用的统计性软件包中，统计分析系统简称为（　　）

A. SAR　　B. SAS　　C. SPSS　　D. SRS

答案及解析：B。现在广泛采用的统计性软件包是“社会科学统计程序包”（简称 SPSS）和统计分析系统（简称 SAS）。

名词解释题

5. 定性分析

答案：定性分析是对收集到的资料进行归纳、分类、比较，进而对某个或某类现象的性质和特征做出概括的一种分析方法。

第三章　社会与文化

社会学是关于社会的学说，而文化是人类社会特有的现象。因此，学习社会学不能不对社会有一个总体上的认知，也不能不对渗透到社会生活各个领域的文化有一个较为深刻的理解。本章分析社会与文化的内涵、类型与本质特征，揭示文化与社会的相互作用等。

一、【历年考情直击】

考　　点	考纲要求	考试题型	重要程度
什么是社会	识记、领会、简单应用、综合应用	单选、多选、名词解释、简答	★★
社会的基本要素	识记、领会、简单应用、综合应用	单选、多选、名词解释	★
什么是文化	识记、领会、简单应用、综合应用	单选、名词解释、论述	★★★

二、【本章思维导图】

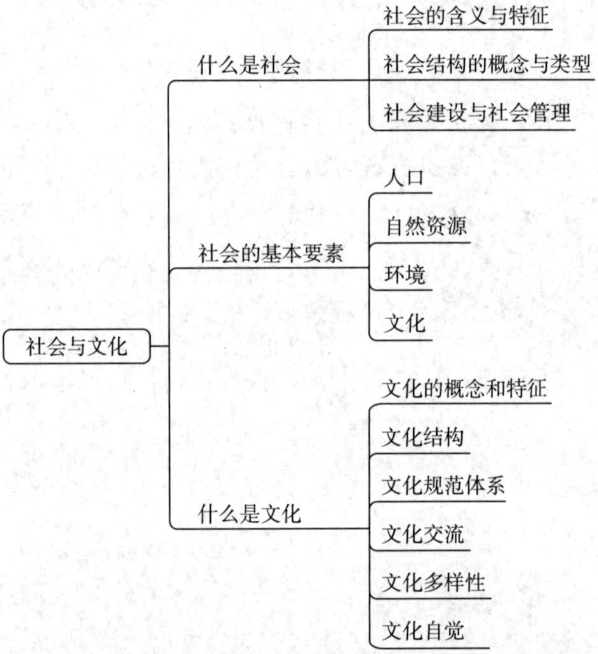

第一节　什么是社会

本节内容提要

社会是人们交互作用中产生的各种社会关系的总和。社会结构是指社会诸要素之间在相互作用过程中形成的相对稳定的关系。

知识点 1

社会的含义与特征☆☆

（1）含义：社会是人们交互作用中产生的各种社会关系的总和。

（2）两大派别：社会唯实论和社会唯名论。

（3）社会的特征如下图所示。

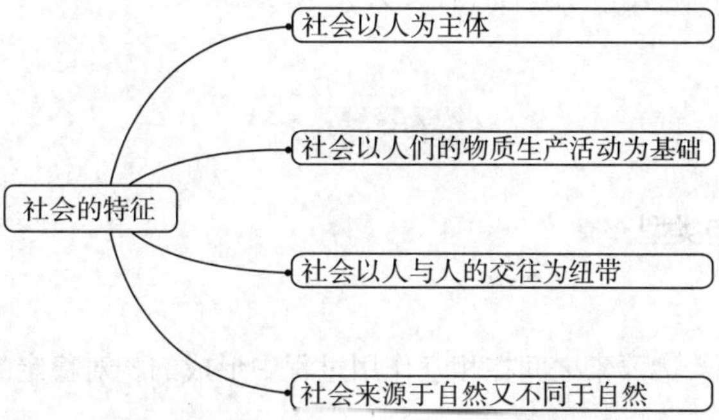

知识解读

本知识点的考查题型一般为主观题和客观题。

着重注意社会的含义与特征。

真题小练

单选题

1.（2018 年 4 月全国）人们交互作用中产生的各种社会关系的总和被称为（　　）

A. 社会　　B. 人口　　C. 环境　　D. 社会结构

答案及解析：A。社会是人们交互作用中产生的各种社会关系的总和。

简答题

2.（2017 年 10 月全国）简述社会的特征。

答案：

（1）社会以人为主体。

（2）社会以人们的物质生产活动为基础。

（3）社会以人与人的交往为纽带。
（4）社会来源于自然又不同于自然。

小试牛刀

多选题

1. 社会的基本特征有（　　）

A. 社会以群体为基础　B. 社会以人为主体
C. 社会以人们的物质生产活动为基础　D. 社会以人与人的交往为纽带
E. 社会来源于自然又不同于自然

答案及解析：BCDE。社会的特征：社会以人为主体；社会以人们的物质生产活动为基础；社会以人与人的交往为纽带；社会来源于自然又不同于自然。

名词解释题

2. 社会

答案：社会是人们交互作用中产生的各种社会关系的总和。

知识点 2

社会结构的概念与类型☆☆

1. 概念

社会结构是指社会诸要素之间在相互作用过程中形成的相对稳定的关系。

2. 类型

（1）关系性社会结构：指社会结构按照一定的秩序和一定的相互关系组合，这种相互关系是社会结构的本质。

（2）实体性社会结构：指社会结构由一些作为社会实体的基本单元和要素构成。

（3）规范性社会结构：指社会结构中的各种社会实体同时作为社会规范而存在着。

知识解读

本知识点的考查题型一般为客观题和主观题。

着重注意社会结构的概念与类型。

真题小练

单选题

1.（2016 年 10 月全国）在社会结构类型中，由一些作为社会实体的基本单元和要素构成的社会结构是（　　）

A. 实体性社会结构　B. 关系性社会结构
C. 规范性社会结构　D. 整体性社会结构

答案及解析：A。实体性社会结构是指社会结构由一些作为社会实体的基本单元和要素构成。

多选题

2.（2017 年 4 月全国）社会结构的类型包括（　　）

A. 制度性社会结构　　B. 文化性社会结构

C. 关系性社会结构　　D. 实体性社会结构

E. 规范性社会结构

答案及解析：CDE。社会结构的类型：关系性社会结构；实体性社会结构；规范性社会结构。

名词解释题

3.（2016 年 4 月全国）社会结构

答案：社会结构是指社会诸要素之间在相互作用过程中形成的相对稳定的关系。

▶ 小试牛刀

单选题

1. 社会诸要素之间在相互作用过程中形成的相对稳定的关系是（　　）

A. 社会关系　　B. 社会结构　　C. 社会互动　　D. 社会交换

答案及解析：B。社会结构是指社会诸要素之间在相互作用过程中形成的相对稳定的关系。

2. 在社会结构类型中，按照一定的秩序和一定的相互关系组合而成的社会结构是（　　）

A. 实体性社会结构　　B. 关系性社会结构

C. 规范性社会结构　　D. 整体性社会结构

答案及解析：D。关系性社会结构是指社会结构按照一定的秩序和一定的相互关系组合，这种相互关系是社会结构的本质。

名词解释题

3. 规范性社会结构

答案：规范性社会结构是指社会结构中的各种社会实体同时作为社会规范而存在着。

知识点 3

▶ 社会建设与社会管理☆☆

社会建设就是在社会领域不断建立和完善各种能够合理配置资源和机会的社会体制和运行机制。

社会管理是政府和社会组织为促进社会系统协调运行，对社会系统的组成部分、社会生活的不同领域以及社会发展的各个环节进行组织、协调、监督和控制的过程。

> **知识点补充** 中国共产党十六届四中全会明确地采用了社会建设概念，由原来的经济建设、政治建设、文化建设三位一体，扩展为经济建设、政治建设、文化建设、社会建设四位一体，使社会主义建设事业得以更全面、更完善地体现。

知识解读

本知识点的考查题型一般为客观题。

着重注意社会建设的概念及明确地采用社会建设概念的时间。

真题小练

单选题

1.（2018 年 4 月全国）我国明确地采用社会建设概念是在中国共产党的（　　）

A. 十五届三中全会　　B. 十六届三中全会

C. 十六届四中全会　　D. 十七届四中全会

答案及解析：C。中国共产党十六届四中全会明确地采用了社会建设概念，由原来的经济建设、政治建设、文化建设三位一体，扩展为经济建设、政治建设、文化建设、社会建设四位一体，使社会主义建设事业得以更全面、更完善地体现。

2.（2017 年 4 月全国）政府和社会组织为促进社会系统协调运行，对社会系统的组成部分、社会生活的不同领域以及社会发展的各个环节进行组织、协调、监督和控制的过程称为（　　）

A. 社会建设　　B. 社会管理　　C. 社会治理　　D. 社会整合

答案及解析：B。社会管理是政府和社会组织为促进社会系统协调运行，对社会系统的组成部分、社会生活的不同领域以及社会发展的各个环节进行组织、协调、监督和控制的过程。

小试牛刀

单选题

1. 在社会领域不断建立和完善各种能够合理配置资源和机会的社会体制和运行机制被称作（　　）

A. 社会建设　　B. 社会建构　　C. 社会管理　　D. 社会治理

答案及解析：A。社会建设就是在社会领域不断建立和完善各种能够合理配置资源和机会的社会体制和运行机制。

名词解释题

2. 社会管理

答案：社会管理是政府和社会组织为促进社会系统协调运行，对社会系统的组成部分、社会生活的不同领域以及社会发展的各个环节进行组织、协调、监督和控制的过程。

第二节 社会的基本要素

本节内容提要

社会的基本要素主要有：人口、自然资源、环境、文化。

知识点 1

人口☆☆

1. 人口的概念及属性

（1）概念：人口是指在特定地域内，由一定社会关系联系起来的、一定数量和质量的有生命的个人所组成的总体。

（2）人口具有两重属性：自然属性和社会属性。

2. 人口数量和人口质量

人口数量是对人口的量的规定性，指一定时间和一定地区有生命的个体总和，通常人口数量指的是人口规模。

人口质量也称人口素质，是对人口的质的规定性，包括人口的身体素质、科学文化素质和思想素质等。

3. 人口问题

（1）人口素质问题。

（2）人口流动迅猛。

（3）人口分布失衡。

（4）人口老龄化加速。

（5）人口性别失衡。

知识解读

本知识点的考查题型一般为客观题和主观题。

着重注意人口的概念及其两重属性。

真题小练

单选题

1.（2010 年 4 月全国）人口资源具有两重属性，即自然属性和（　　）

A. 社会属性　　B. 群体属性　　C. 资源属性　　D. 价值属性

答案及解析：A。人口具有两重属性：自然属性和社会属性。

2.（2016 年 10 月全国）人口数量通常是指（　　）

A. 人口素质　　B. 人口规模　　C. 人口结构　　D. 人口分布

答案及解析:B。人口数量是对人口的量的规定性,指一定时间和一定地区有生命的个体总和,通常人口数量指的是人口规模。

名词解释题

3.(2016年10月全国)人口

答案:人口是指在特定地域内,由一定社会关系联系起来的、一定数量和质量的有生命的个人所组成的总体。

小试牛刀

单选题

1. 在特定地域内具有一定数量、质量和关系的人的总称是（　　）

A. 人力资本　　B. 人口资本　　C. 人力资源　　D. 人口

答案及解析:D。人口是指在特定地域内,由一定社会关系联系起来的、一定数量和质量的有生命的个人所组成的总体。

名词解释题

2. 人口数量

答案:人口数量是对人口的量的规定性,指一定时间和一定地区有生命的个体总和,通常人口数量指的是人口规模。

知识点 2

自然资源☆☆

1. 概念

自然资源是指与人类活动相关联的全部自然条件的总和,是社会赖以生存和发展的外部条件。

2. 自然资源的分类

(1)环境资源,包括自然界中的光、热、空气、水和土地等。

(2)生物资源,指自然界中的动植物和微生物等。

(3)矿产资源,包括铜、铁、锡、钨、铝等金属矿产和石油、天然气、黏土、石墨等非金属矿产。

3. **自然资源的特征及在社会发展中的地位**

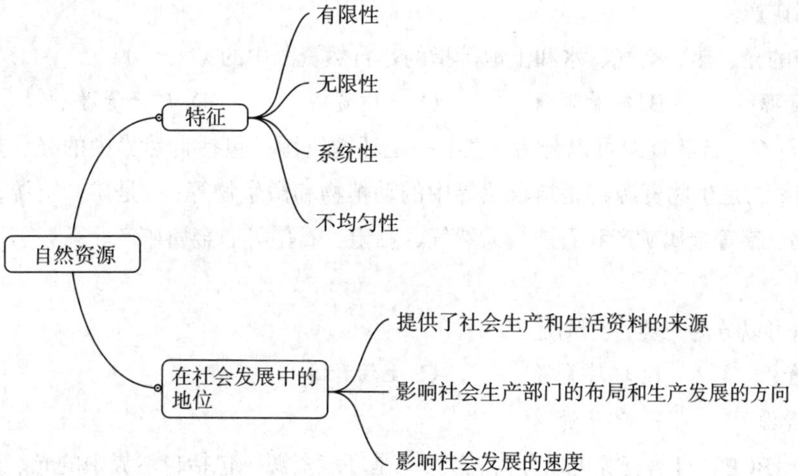

知识解读

本知识点的考查题型一般为客观题。

着重注意自然资源的特征及类别。

真题小练

单选题

1.（2014 年 10 月全国）与人类活动相关联的全部自然条件的总和，被称为（　　）

A. 矿产资源　　B. 环境资源　　C. 生物资源　　D. 自然资源

答案及解析：D。自然资源是指与人类活动相关联的全部自然条件的总和，是社会赖以生存和发展的外部条件。

2.（2010 年 7 月全国）在自然资源的分类中，空气属于（　　）

A. 生物资源　　B. 环境资源　　C. 矿产资源　　D. 替代资源

答案及解析：B。自然资源可以分为三类：一是环境资源，包括自然界中的光、热、空气、水和土地等；二是生物资源；三是矿产资源。

多选题

3.（2018 年 4 月全国）自然资源的特征有（　　）

A. 有限性　　B. 无限性　　C. 发展性

D. 系统性　　E. 不均匀性

答案及解析：ABDE。自然资源的特征：有限性、无限性、系统性和不均匀性。

小试牛刀

单选题

1. 在自然资源的分类中，天然气属于（　　）

A. 矿产资源　　B. 环境资源　　C. 生物资源　　D. 替代资源

答案及解析：A。矿产资源包括铜、铁、锡、钨、铝等金属矿产和石油、天然气、黏土、石墨等非金属矿产。

2. 自然界中的光、热、空气、水和土地等指的是自然资源中的（　　）

A. 生物资源　　B. 能量资源　　C. 环境资源　　D. 矿产资源

答案及解析：C。自然资源可以分为三类：一是环境资源，包括自然界中的光、热、空气、水和土地等；二是生物资源，是指自然界中的动植物和微生物等；三是矿产资源，包括铜、铁、锡、钨、铝等金属矿产和石油、天然气、黏土、石墨等非金属矿产。

多选题

3. 自然资源可以分为三类，分别是（　　）

A. 能量资源　　B. 环境资源　　C. 生物资源

D. 地质资源　　E. 矿产资源

答案及解析：BCE。自然资源可以分为三类：一是环境资源，包括自然界中的光、热、空气、水和土地等；二是生物资源，是指自然界中的动植物和微生物等；三是矿产资源，包括铜、铁、锡、钨、铝等金属矿产和石油、天然气、黏土、石墨等非金属矿产。

名词解释题

4. 自然资源

答案：自然资源是指与人类活动相关联的全部自然条件的总和，是社会赖以生存和发展的外部条件。

文字题

5. 简述自然资源在社会发展中的地位。

答案：

（1）自然资源提供了社会生产和生活资料的来源 。

（2）自然资源影响社会生产部门的布局和生产发展的方向。

（3）自然资源影响社会发展的速度。

知识点 3

环境☆

1. 概念

环境是指围绕在人类周围的其他生物和非生命物质等因素所构成的人类的生存环境。它是影响人类生存和发展的所有外界条件的总和。

2. 环境的功能

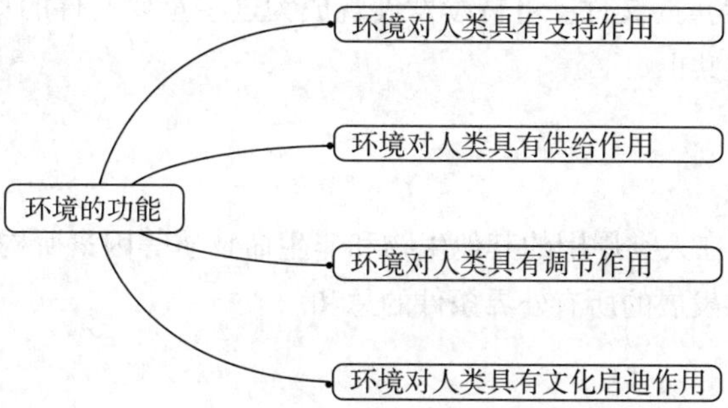

快速记忆：支持、供给、调节、文化启迪

3. 环境的利用与保护

（1）人类对自然环境的改造和利用除了取决于人类改造自然的能力以外，还取决于人类对自然规律的认识程度，认识得越正确、越深刻，对自然界的改造和利用就越成功;反之，如果违背了自然规律，严重破坏了生态平衡，就势必会遭到大自然无情的报复。

（2）1992 年，联合国环境与发展大会制定并通过了《21 世纪议程》和《里约环境与发展宣言》等重要文件。可持续发展观成为这些重要文件的指导方针，并获得了世界范围内人们的广泛共识。

知识解读

本知识点的考查题型一般为客观题。

着重注意环境的功能。

真题小练

多选题

（2015 年 4 月全国）环境的功能表现在（　　）

A. 环境对人类具有支持作用　　B. 环境对人类具有供给作用

C. 环境对人类具有抑制作用　　D. 环境对人类具有调节作用

E. 环境对人类具有文化启迪作用

答案及解析：ABDE。环境的功能：环境对人类具有支持作用；环境对人类具有供给作用；环境对人类具有调节作用；环境对人类具有文化启迪作用。

小试牛刀

单选题

1. 联合国环境与发展大会制定并通过《21 世纪议程》和《里约环境与发展宣言》的时间是（　　）。

A.1991 年　　B.1992 年　　C.1993 年　　D.1994 年

答案及解析：B。1992 年，联合国环境与发展大会制定并通过了《21 世纪议程》和《里约环境与发展宣言》等重要文件。可持续发展观成为这些重要文件的指导方针，并获得了世界范围内人们的广泛共识。

名词解释题

2. 环境

答案：环境是指围绕在人类周围的其他生物和非生命物质等因素所构成的人类的生存环境。它是影响人类生存和发展的所有外界条件的总和。

知识点 4

文化

文化也是社会的基本要素，详见下节。

第三节　什么是文化

本节内容提要

文化是指人类创造出来的一切物质产品和非物质产品的总和。

知识点 1

文化的概念和特征☆☆

1. 概念

文化是指人类创造出来的一切物质产品和非物质产品的总和。

2. 文化的特征

（1）创造性。

纯自然的东西不是文化，只有人类制造出来或经过人类加工出来的东西才是文化。例如，石头不是文化，用石头做出来的石器才是文化；水不是文化，自来水才是文化；刮风不是文化，利用风力发电才是文化；人的大脑不是文化，大脑创造的思想才是文化；等等。

（2）习得性。

文化不是先天遗传的本能，而是后天通过学习和模仿获得的知识、经验、技能和习惯等。例如，男人和女人不是文化，只有男人和女人按照一定的婚姻制度结婚才是文化；吐痰不是文化，吐痰入盂才是文化；吃饭不是文化，吃什么、怎样吃才是文化；等等。

（3）共享性。

例如，语言、习俗、社会规范、行为模式、社会价值观等，都是社会全体成员共同认可、共同遵守的，个别人的偏好不能成为文化。

（4）累积性。

文化是一个连续不断的积累和创新过程。

（5）特殊性和共性。

知识解读

本知识点的考查题型一般为客观题和主观题。

着重注意文化的概念和特征。

真题小练

单选题

1.（2014 年 4 月全国）人类创造出来的一切物质产品和非物质产品的总和被称为（　　）

A. 自然资源　　B. 文化　　C. 人口　　D. 环境

答案及解析：B。文化是指人类创造出来的一切物质产品和非物质产品的总和。

多选题

2.（2008 年 7 月全国）文化的特征包括（　　）

A. 创造性　　B. 习得性　　C. 共享性

D. 累积性　　E. 特殊性和共性

答案及解析：ABCDE。文化的特征：创造性、习得性、共享性、累积性、特殊性和共性。

名词解释题

3.（2014 年 10 月全国）文化

答案：文化是指人类创造出来的一切物质产品和非物质产品的总和。

小试牛刀

单选题

1.“文化不是先天遗传的本能，而是后天通过学习和模仿获得的知识、经验、技能和习惯等”，这是指文化的（　　）

A. 创造性　　B. 习得性　　C. 共享性　　D. 累积性

答案及解析：B。文化不是先天遗传的本能，而是后天通过学习和模仿获得的知识、经验、技能和习惯等，这是指文化的习得性。

2.“刮风不是文化，利用风力发电才是文化”，指的是文化的（　　）

A. 创造性　　B. 习得性　　C. 共享性　　D. 累积性

答案及解析：A。创造性。文化，不论是物质形态的文化还是精神形态的文化，都不是天生的，而是人类在长期共同生活中创造出来或衍生出来的。纯自然的东西不是文化，只有人类制造出来或经过人类加工出来的东西才是文化。比如刮风不是文化，利用风力发电才是文化。

3. “吃饭不是文化，吃什么、怎样吃才是文化”，指的是文化的（　　）

A. 创造性　　B. 习得性　　C. 共享性　　D. 累积性

答案及解析：B。习得性。文化不是先天遗传的本能，而是后天通过学习和模仿获得的知识、经验、技能和习惯等。例如，男人和女人不是文化，只有男人和女人按照一定的婚姻制度结婚才是文化；吐痰不是文化，吐痰入盂才是文化；吃饭不是文化，吃什么、怎样吃才是文化。

4. “水不是文化，自来水才是文化”，指的是文化的（　　）

A. 创造性　　B. 习得性　　C. 共享性　　D. 累积性

答案及解析：A。创造性。文化，不论是物质形态的文化还是精神形态的文化，都不是天生的，而是人类在长期共同生活中创造出来或衍生出来的。纯自然的东西不是文化，只有人类制造出来或经过人类加工出来的东西才是文化。比如水不是文化，自来水才是文化。

知识点 2

文化结构☆☆☆

1. 文化特质

文化特质是组成文化的最小单位，也称文化元素。例如，一只茶杯、一张弓、一辆马车、一个符号等都是文化特质。

2. 文化集丛

功能上互相整合的一组文化特质，它们结合起来共同发挥一项功能，以满足人的某种需要，这些文化特质就组成一个文化集丛。例如有茶文化集丛、酒文化集丛等。日本的茶道是一个著名的文化集丛。

3. 文化模式

文化模式是指由许多文化集丛结合而成的一个文化整体，而与其他文化模式互相区别。

知识解读

本知识点的考查题型一般为客观题。

着重注意掌握文化特质、文化集丛、文化模式的含义。

真题小练

单选题

1.（2014 年 10 月全国）由许多文化集丛结合而成的一个文化整体，被称为（　　）

A. 文化市场　　B. 文化模式　　C. 文化特质　　D. 文化产业

答案及解析：B。文化模式是指由许多文化集丛结合而成的一个文化整体，而与其他文化模式互相区别。

2.（2017 年 4 月全国）组成文化的最小单位是（　　）

A. 文化集丛　　B. 文化模式　　C. 文化特质　　D. 文化产业

答案及解析：C。文化特质是组成文化的最小单位，也称文化元素。

3.（2017 年 10 月全国）功能上互相整合的一组文化特质，它们结合起来共同发挥一项功能，以满足人的某种需要，这些文化特质组成一个（　　）

A. 文化集丛　　B. 文化模式　　C. 文化市场　　D. 文化产业

答案及解析：A。功能上互相整合的一组文化特质，它们结合起来共同发挥一项功能，以满足人的某种需要，这些文化特质就组成一个文化集丛。

小试牛刀

单选题

1. 日本的茶道是一个著名的（　　）

A. 文化元素　　B. 文化集丛　　C. 文化特质　　D. 文化模式

答案及解析：B。功能上互相整合的一组文化特质，它们结合起来共同发挥一项功能，以满足人的某种需要，这些文化特质就组成一个文化集丛。例如有茶文化集丛、酒文化集丛等。日本的茶道是一个著名的文化集丛。

多选题

2. 文化的结构包括（　　）

A. 文化特质　　B. 文化脉络　　C. 文化集丛

D. 文化功能　　E. 文化模式

答案及解析：ACE。文化结构包括文化特质、文化集丛、文化模式。

知识点 3

文化规范体系☆☆

1. 习俗

（1）习俗是一种最古老最普遍的文化现象，几乎与人类历史一样长久。人们因自然环境和生产力的发展水平形成的生活式样，以及人们之间互相沟通形成的价值观、语言、行为规范等，被反复实践，逐渐形成习俗。

（2）习俗作为调整人们行为的重要社会规范，它的调整范围最普遍，在社会生活的各个领域发挥作用，这是任何其他社会规范无法相比的。

2. 道德

道德是由习俗演化而来的。无论从治理国家的角度看，还是从提高人民生活质量的角度看，道德建设都是必不可少的。

3. 法律

法律是最具有强制力的社会行为规范，有其自身的显著特征：公正性和强制性。

法律的社会功能包括惩罚功能、威慑功能和教育功能。

4. 宗教

宗教从本质上说是人们对超人类、超自然的神的幻想、敬畏与信仰，是现实世界在人的头脑里的歪曲反映。

知识解读

本知识点的考查题型一般为客观题和主观题。

着重注意习俗、道德、法律及宗教的内容。

真题小练

单选题

1.（2012 年 4 月全国）历代相沿积久而成的被人们普遍遵守的行为模式是（　　）

A. 宗教　　B. 法律　　C. 道德　　D. 习俗

答案及解析：D。习俗是一种最古老最普遍的文化现象，几乎与人类历史一样长久。人们因自然环境和生产力的发展水平形成的生活式样，以及人们之间互相沟通形成的价值观、语言、行为规范等，被反复实践，逐渐形成习俗。

2.（2010 年 7 月全国）法律的特征表现在公正性和（　　）

A. 强制性　　B. 公平性　　C. 公开性　　D. 惩罚性

答案及解析：A。法律具有公正性和强制性。

名词解释题

3.（2010 年 4 月全国）宗教

答案：宗教从本质上说是人们对超人类、超自然的神的幻想、敬畏与信仰，是现实世界在人的头脑里的歪曲反映。宗教作为集信仰、观念、组织、制度等于一体的复合体，是人类社会发展历史中形成的重要文化现象，也是调整人们社会行为的重要规范，并将在历史发展过程中长期存在。

小试牛刀

单选题

1. 体现统治阶级意志，最具有强制力的社会行为规范被称为（　　）

A. 习俗　　B. 道德　　C. 法律　　D. 宗教

答案及解析：C。法律是最具有强制力的社会行为规范。

2. 以善恶评价的方式来评价和调节人们行为和观念的规范是（　　）

A. 习俗　　B. 道德　　C. 法律　　D. 宗教

答案及解析：B。道德是由习俗演化而来的。人类处于蒙昧状态时，人们对自己和他人行为还没有是非善恶的评价，因此没有道德观念和规范，只有习俗。后来随着生产的发展和社会分工的出现，人们之间互相联系和依赖性增强，社会对人的行为的要求更加严格，因此就有了对某种社会行为作善或恶、是或非、公正或偏私、勇敢或怯懦等价值判断的需要，以便对某些行为给予赞扬和鼓励，对另一些行为给予谴责和处罚，以使人们弃恶从善，于是就有了道德观念和规范。

知识点 4

文化交流☆☆☆

文化交流是指从文化传播开始的两种文化之间互相沟通、采借、冲突与融合的过程。文化交流是文化的固有属性，是社会发展的必要条件。

1. 文化传播

（1）文化传播是指某种文化元素随同社会交往而扩散，为其他社会所采借或吸收的过程。文化交流是从文化传播开始的，没有文化传播，就不可能有文化交流。

（2）文化传播要有载体，最原始、最基本的载体是人，人的流动是文化传播的重要载体，即使在目前信息化时代，人的流动对于文化交流来说，也是不可缺少的。当前人类已经进入信息网络时代，电子网络是当代最普遍、最重要的文化传播载体。

2. 文化冲突

（1）文化冲突是指异质文化在传播、接触中出现的互相排斥的倾向和状态。

（2）文化冲突的根源除了民族性之外，更有阶级性。

3. 文化采借

（1）文化采借，又译为文化杂交，是指一种文化接受或吸收另一种文化的某些文化元素或文化集丛，融入本文化的过程。

（2）采借是有选择的，选择的标准：第一是有用性。第二是符合或接近本民族的价值观与民族性格的外来文化元素或集丛容易被采借，与本土文化差异很大或有抵触的外来文化就不容易被采纳。

知识解读

本知识点的考查题型一般为客观题和主观题。

注意区分文化交流、文化传播、文化冲突、文化采借的含义。

真题小练

单选题

1.（2017 年 4 月全国）某种文化元素随同社会交往而扩散，为其他社会所采借或吸收的过程称为（　　）

A. 文化融合　　B. 文化传播　　C. 文化磨合　　D. 文化杂交

答案及解析：B。文化传播是指某种文化元素随同社会交往而扩散，为其他社会所采借或吸收的过程。

2.（2018 年 4 月全国）文化交流开始于（　　）

A. 文化传播　　B. 文化冲突　　C. 文化采借　　D. 文化融合

答案及解析：A。文化交流是指从文化传播开始的两种文化之间互相沟通、采借、冲突与融合的过程。

3.（2017 年 10 月全国）文化交流中的文化杂交即（　　）

A. 文化融合　　B. 文化传播　　C. 文化冲突　　D. 文化采借

答案及解析：D。文化采借又译为文化杂交，是指一种文化接受或吸收另一种文化的某些文化元素或文化集丛，融入本文化的过程。

4.（2016 年 4 月全国）异质文化在传播、接触中出现的相互排斥的倾向和状态被称为（　　）

A. 文化震惊　　B. 文化矛盾　　C. 文化杂交　　D. 文化冲突

答案及解析：D。文化冲突是指异质文化在传播、接触中出现的互相排斥的倾向和状态。

名词解释题

5.（2011 年 4 月全国）文化冲突

答案：文化冲突是指异质文化在传播、接触中出现的互相排斥的倾向和状态。

小试牛刀

单选题

1. 文化冲突的根源除了民族性之外，更有（　　）

A. 国家性　　B. 地域性　　C. 阶层性　　D. 阶级性

答案及解析：D。文化冲突的根源除了民族性之外，更有阶级性。

2. 一种文化接受或吸收另一种文化的某些文化元素或文化集丛，融入本文化的过程称（　　）

A. 文化传播　　B. 文化采借　　C. 文化流变　　D. 文化冲突

答案及解析：B。文化采借，又译为文化杂交，是指一种文化接受或吸收另一种文化的某些文化元素或文化集丛，融入本文化的过程。

3. 从文化传播开始的两种文化之间互相沟通、采借、冲突与融合的过程称为（ ）

A. 文化整合　B. 文化交流　C. 文化合作　D. 文化结构

答案及解析：B。文化交流是指从文化传播开始的两种文化之间互相沟通、采借、冲突与融合的过程。

知识点 5

文化多样性☆☆

1. 文化震惊

（1）概念：是指生活在某一文化中的人，当其初次接触到另一文化模式时所产生的思想上的迷惑、混乱与心理上的震撼。

（2）文化震惊是一种客观现象，是人们直接感受文化多样性时的心理现象。

2. 主文化和亚文化

（1）主文化，又称主流文化，是在社会上占主导地位的，为统治集团倡导，并被多数社会成员所接受的文化。

（2）亚文化是仅为社会上一部分成员所接受的或为某一地区、某一群体特有的文化。

3. 文化中心主义和文化相对主义

（1）文化中心主义指各个国家、各个民族常有一种倾向，常将自己的生活方式、信仰、价值观、行为规范看成是最好的，是优于其他民族的。

（2）文化相对主义认为，各种不同的文化模式是不能评价和比较的。

知识解读

本知识点的考查题型一般为客观题。

着重注意文化震惊、主文化、亚文化、文化中心主义、文化相对主义的概念及内容。

真题小练

单选题

1.（2016 年 10 月全国）人们直接感受文化多样性时的心理现象被称为（ ）

A. 文化冲突　B. 文化边际　C. 文化震惊　D. 文化排斥

答案及解析：C。文化震惊是指生活在某一文化中的人，当其初次接触到另一文化模式时所产生的思想上的迷惑、混乱与心理上的震撼。文化震惊是一种客观现象，是人们直接感受文化多样性时的心理现象。

2.（2015 年 10 月全国）仅为社会上一部分成员所接受的或为某一地区、某一群体特有的文化被称为（ ）

A. 附属文化　B. 边缘文化　C. 副文化　D. 亚文化

答案及解析：D。亚文化是仅为社会上一部分成员所接受的或为某一地区、某一群体特有的文化。这是某一群体的行为模式，除与主流社会共享某些价值、规范外，团体成员间具有一些独特的特质而与主流社会有别。

3.（2017年4月全国）各个国家、各个民族常有一种倾向，常将自己的生活方式、信仰、价值观、行为规范看成是最好的，是优于其他民族的，这种现象称为（　　）

A. 文化中心主义　　B. 文化霸权主义

C. 文化绝对主义　　D. 文化相对主义

答案及解析：A。文化中心主义指各个国家、各个民族常有一种倾向，常将自己的生活方式、信仰、价值观、行为规范看成是最好的，是优于其他民族的。

小试牛刀

单选题

1. 各种不同的文化模式是不能评价和比较的，因为从各种不同的文化模式所赖以生存的环境来看，每一种文化模式都有其存在的合理性，这是文化多样性中的（　　）

A. 文化中心主义　　B. 文化霸权主义

C. 文化绝对主义　　D. 文化相对主义

答案及解析：D。文化相对主义认为，各种不同的文化模式是不能评价和比较的。因为，如果从各种不同的文化模式所赖以生存的环境看，每一种文化模式都有其存在的合理性，每一种文化都有其相对的价值，它们之间没有高低优劣好坏之分。

2. 生活在某一文化中的人，当其初次接触到另一文化模式时所产生的思想上的迷惑、混乱与心理上的震撼被称为（　　）

A. 文化冲突　　B. 文化排斥　　C. 文化震惊　　D. 文化杂交

答案及解析：C。文化震惊是指生活在某一文化中的人，当其初次接触到另一文化模式时所产生的思想上的迷惑、混乱与心理上的震撼。

3. 在社会上占主导地位的，为统治集团倡导，并被多数社会成员所接受的文化被称为（　　）

A. 亚文化　　B. 统治文化　　C. 集团文化　　D. 主文化

答案及解析：D。主文化，又称主流文化，是在社会上占主导地位的，为统治集团倡导，并被多数社会成员所接受的文化。

知识点 6

文化自觉☆

1. 什么是文化自觉

“文化自觉”指生活在一定文化中的人对自己的文化有“自知之明”，对他人的文化有“识人之明”。

“文化自觉”是费孝通提出的。

费孝通曾多次指出，“各美其美，美人之美，美美与共，天下大同”是“文化自觉”历程的概括。这16个字精辟地阐明了文化自觉的要义。

2. 文化自觉的内容

（1）“文化自觉”关注了中国现代化的反思。

（2）“文化自觉”关注了文化断裂下的主体再造。

（3）“文化自觉”提出了美美与共的价值诉求。

3. 文化自觉的使命（意义）

文化自觉的使命（意义）是努力创造现代的中华文化，放眼世界，了解和认识世界上他人的文化，学会处理解决文化接触的问题，为全人类的明天做出贡献。

▶▶ 知识解读

本知识点的考查题型一般为客观题和主观题。

着重注意文化自觉的概念、提出者及文化自觉的内容与意义。

▶▶ 真题小练

单选题

1.（2016年1月全国）“文化自觉”的提出者是（　　）

A. 吴文藻　　B. 孙本文　　C. 李达　　D. 费孝通

答案及解析：D。“文化自觉”指生活在一定文化中的人对自己的文化有“自知之明”，对他人的文化有“识人之明”。“文化自觉”是费孝通提出的。

2.（2014年10月全国）费孝通曾经多次指出“各美其美，美人之美，美美与共，天下大同”，概括的是（　　）

A. 文化震惊　　B. 文化融合　　C. 文化自觉　　D. 文化交流

答案及解析：C。费孝通曾多次指出，“各美其美，美人之美，美美与共，天下大同”是“文化自觉”历程的概括。这16个字精辟地阐明了文化自觉的要义。

论述题

3.（2018年4月全国）论述文化自觉的意义和内容。

答案：“文化自觉”指生活在一定文化中的人对自己的文化有“自知之明”，对他人的文化有“识人之明”。

文化自觉的意义是，努力创造现代的中华文化，放眼世界，了解和认识世界上他人的文化，学会处理解决文化接触的问题，为全人类的明天做出贡献。

文化自觉的内容：首先，“文化自觉”关注了中国现代化的反思；其次，“文化自觉”关注了文化断裂下的主体再造；最后，“文化自觉”提出了美美与共的价值诉求。

小试牛刀

单选题

1. 下列不属于文化自觉的内容的是（　　）

A. 关注了中国现代化的反思　　B. 关注了文化断裂下的主体再造

C. 提出了美美与共的价值诉求　　D. 促进了全球文化交流

答案及解析：D。文化自觉的内容：（1）“文化自觉”关注了中国现代化的反思；（2）“文化自觉”关注了文化断裂下的主体再造；（3）“文化自觉”提出了美美与共的价值诉求。

名词解释题

2. 文化自觉

答案：“文化自觉”指生活在一定文化中的人对自己的文化有“自知之明”，对他人的文化有“识人之明”。

简答题

3. 简述文化自觉的内容。

答案：（1）“文化自觉”关注了中国现代化的反思；（2）“文化自觉”关注了文化断裂下的主体再造；（3）“文化自觉”提出了美美与共的价值诉求。

第四章　社会化与社会角色

社会中的新个体并不是生来就能适应环境、适应社会生活的，而是需要经历一个社会化的过程。

社会化是人的需要与环境、教育的矛盾的辩证统一。社会角色是人的多种社会属性或社会关系的反映。

一、【历年考情直击】

考　　点	考纲要求	考试题型	重要程度
什么是社会化	识记、领会	单选、多选、名词解释、简答	★★★
社会化的条件	识记、领会、简单应用、综合应用	单选、多选、简答	★
社会角色	识记、领会、简单应用、综合应用	单选、简答、论述	★★
人的全面发展	识记、领会、简单应用、综合应用	单选、论述	★

二、【本章思维导图】

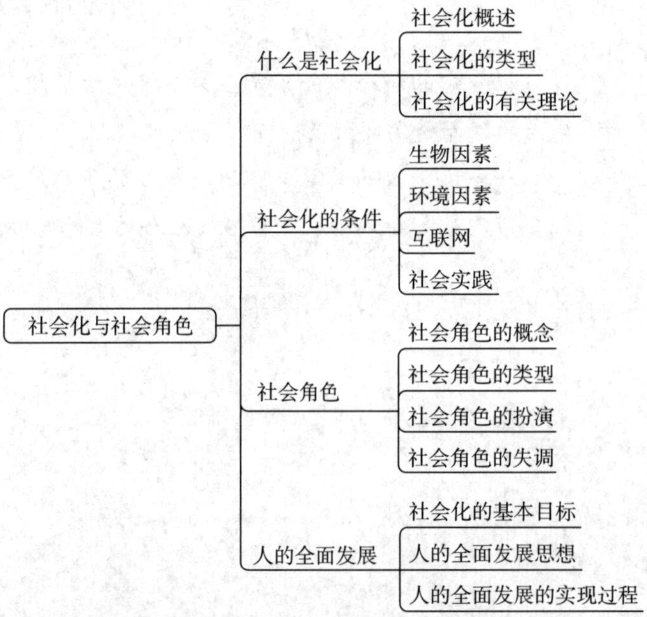

第一节　什么是社会化

本节内容提要

社会化是社会对个人的文化教化和个人对社会主动选择与能动调适的统一过程。从广义上说，人们所处的历史时代的文化遗产，都是社会化的内容。

知识点 1

社会化概述☆

1. 概念

社会化是社会对个人的文化教化和个人对社会主动选择与能动调适的统一过程。

2. 社会化的内涵

一是从时间方面理解，即个人社会化涉及人生发展的全过程。

二是从内容方面理解，个人社会化关注个人作为社会一员所应具有的全部文化遗产。

三是从关系方面理解，个人社会化注重个人与社会的交互作用以及个人社会化的结果。

3. 社会化的内容

（1）从广义上说，人们所处的历史时代的文化遗产，都是社会化的内容。

（2）从个人与社会的交互作用的基本需求来说，社会化的基本内容可以概括为生活技能社会化、价值观念社会化、政治社会化、行为社会化、角色社会化等方面。

知识解读

本知识点的考查题型一般为主观题和客观题。

着重注意社会化的内涵。

真题小练

多选题

1.（2013 年 7 月全国）社会化的基本内容可以概括为（　　）

A. 生活技能社会化　　B. 政治社会化

C. 价值观念社会化　　D. 行为社会化

E. 角色社会化

答案及解析：ABCDE。从广义上说，人们所处的历史时代的文化遗产，都是社会化的内容。然而，从个人与社会的交互作用的基本需求来说，社会化的基本内容可以概括为生活技能社会化、价值观念社会化、政治社会化、行为社会化、角色社会化等方面。

名词解释题

2.（2013 年 7 月全国）社会化

答案：社会化是社会对个人的文化教化和个人对社会主动选择与能动调适的统一过程。

简答题

3.（2016 年 10 月全国）简述社会化的内涵。

答案：社会化是社会对个人的文化教化和个人对社会主动选择与能动调适的统一过程。社会化的内涵包括三方面：一是从时间方面理解，即个人社会化涉及人生发展的全过程；二是从内容方面理解，个人社会化关注个人作为社会一员所应具有的全部文化遗产；三是从关系方面理解，个人社会化注重个人与社会的交互作用以及个人社会化的结果。人的社会化作为个人与社会互动的成果，是强制性和能动性的统一。

小试牛刀

单选题

（　　）是社会对个人的文化教化和个人对社会主动选择与能动调适的统一过程。

A. 集体化　　B. 社会化　　C. 适应性　　D. 统一性

答案及解析：B。社会化是社会对个人的文化教化和个人对社会主动选择与能动调适的统一过程。

知识点 2

社会化的类型☆☆☆

1. 基本社会化

（1）基本社会化，就是“生物人”通过社会文化教化，获得人的社会性，获得社会生活资格的过程。

（2）基本社会化的任务可以简括为两个方面：一是生理性成熟，即通过人的生理发育过程，形成完善健全的身心基础；二是社会性成年，即通过社会文化的教化与自我内化，成为具有独特个性行为能力的社会成员。

（3）基本社会化有一种特殊表现形式，即一个人为适应特定角色需要而进行的知识准备过程。有的研究者称此为预期社会化。

（4）一般来说，职业学校教育就属于这一社会化过程。

2. 继续社会化

（1）继续社会化是人在成年以后的社会化，或称二级社会化。

（2）继续社会化的意义。

①社会是不断变化发展的，任何个人的现有知识、才能，都难以适应未来社会的要求，

因而，基本社会化只是为人的基本生存和发展能力打下基础。一个人要适应未来社会的环境和要求，只有在个人与社会的交互作用中继续学习，不断提高。

②现代社会中，科学技术飞速发展，人们面临着知识的增长与更新急剧加快的潮流，因而，一个人如果不在更广阔的范围内继续学习，接受自己所需要的新知识，就可能被社会淘汰。

③基本社会化时期的教育范围有较大局限性，面对个人交往范围的逐步扩大，必须充实更多更广泛的社会生活经验。

④人不仅仅是学习社会文化，还肩负着发展社会文化的责任，成年人在生活的实践中更能主动地选择和内化知识，更能通过学习开创未来。

⑤继续社会化是基本社会化的延续、完善和发展。

（3）继续社会化还有一种特殊表现，即发展社会化。成人教育是一种常见的发展社会化过程。

3. 再社会化

（1）再社会化也称重新社会化，它是使个人改变以前的知识结构、价值标准和行为模式，建立起新的、符合社会要求和新的形势需要的知识结构、价值标准和行为模式的过程。或者说是一个人从一种生活方式向另一种生活方式转变与适应的过程。

（2）再社会化有两种基本类型：一是主动再社会化，即个人主动地、自觉地适应新的社会生活，通常称为自觉改造；二是强制性再社会化，一般是通过特别机构和特别途径强迫进行。

4. 正向社会化和反向社会化

（1）正向社会化，是指上代人对下代人的文化传递和教化过程。

（2）反向社会化，是年轻一代用新知识、新观念影响前辈的过程，这种社会化又称为文化反哺。

知识解读

本知识点的考查题型一般为客观题和主观题。

着重注意区分社会化的不同类型及其内容。

真题小练

单选题

1.（2017 年 4 月全国）“生物人”通过社会文化教化，获得人的社会性，获得社会生活资格的过程称为（　　）

A. 再社会化　　B. 继续社会化　　C. 重新社会化　　D. 基本社会化

答案及解析：D。基本社会化，就是“生物人”通过社会文化教化，获得人的社会性，获得社会生活资格的过程。

2.（2016 年 10 月全国）再社会化也可称为（　　）

A. 反向社会化　B. 继续社会化　C. 重新社会化　D. 基本社会化

答案及解析：C。再社会化也称重新社会化，它是使个人改变以前的知识结构、价值标准和行为模式，建立起新的、符合社会要求和新的形势需要的知识结构、价值标准和行为模式的过程。

3.（2018 年 4 月全国）人在成年以后的社会化被称为（　　）

A. 重新社会化　B. 再社会化　C. 继续社会化　D. 基本社会化

答案及解析：C。继续社会化是人在成年以后的社会化，或称二级社会化。

多选题

4.（2017 年 10 月全国）社会化的类型包括（　　）

A. 基本社会化　B. 继续社会化　C. 再社会化

D. 正向社会化　E. 反向社会化

答案及解析：ABCDE。社会化的类型有基本社会化、继续社会化、再社会化、正向社会化和反向社会化。

名词解释题

5.（2012 年 4 月全国）再社会化

答案：再社会化也称重新社会化，它是指使个人改变以前的知识结构、价值标准和行为模式，建立起新的、符合社会要求和新的形势需要的知识结构、价值标准和行为模式的过程。

小试牛刀

单选题

1. 职业学校教育属于（　　）

A. 基本社会化　B. 再社会化　C. 重新社会化　D. 反向社会化

答案及解析：A。基本社会化有一种特殊表现形式，即一个人为适应特定角色需要而进行的知识准备过程。有的研究者称此为预期社会化。一般来说，职业学校教育就属于这一社会化过程。

2. 上代人对下代人的文化传递和教化过程，被称为（　　）

A. 再社会化　B. 正向社会化　C. 继续社会化　D. 基本社会化

答案及解析：B。正向社会化是指上代人对下代人的文化传递和教化过程。

3. 使个人改变以前的知识结构、价值标准和行为模式，建立起新的、符合社会要求和新的形势需要的知识结构、价值标准和行为模式的过程，被称为（　　）

A. 正向社会化　B. 反社会化　C. 再社会化　D. 继续社会化

答案及解析：C。再社会化也称重新社会化，它是使个人改变以前的知识结构、价值标准和行为模式，建立起新的、符合社会要求和新的形势需要的知识结构、价值标准和行为模式的过程。

知识点 3

社会化的有关理论☆

1. 弗洛伊德的精神分析学说

（1）弗洛伊德的社会化理论基于对人格结构的分析。

（2）弗洛伊德认为，人格由本我、自我和超我三个部分组成。

①本我是人格的原始部分，包括一切与生俱来的本能冲动，这种本能冲动受快乐原则的支配，不断盲目地追求行为上的满足，是人格的动力，但是它本身又是混沌的欲望，如果不加以控制，就会妨碍社会、群体的活动，也不利于个人的活动。

②超我是对从社会中习得的"应该如何"和"必须如何"的内化，是对人格的审查、意识和社会监控。

③自我是人格中的理性部分，能够解释感觉得来的信息，也能够找到既现实又可接受的方法来满足生物上的需要。自我在超我与本我之间发挥着中介和平衡的作用。

2. 库利和米德的自我理论

（1）库利认为，自我是一种社会的产物，它的出现有三个阶段：①我们察觉到我们在他人面前的行为方式；②我们领悟了别人对我们行为的判断；③基于对他人反应的理解，我们评价我们的行为。

库利提出了"镜中之我"概念，即一个人的自我形象是别人看他是什么样子的反映，或者说是这个人认为别人看他是什么样子的反映。我们对自己的印象是从别人的评价里得来的。

（2）米德将自我分为两个部分："主我"和"客我"。

①"主我"是每个人自发的、独一无二的"自然"特征。

②"客我"是个人所想象的一套组织化的他人的态度，反映了法律、道德和共同体对个人的规范和期待，是自我的"社会"部分。

3. 科尔伯格的道德意识发展阶段论

（1）科尔伯格认为儿童随着年龄的增长而找到自己的道德价值观，孩子们在世界各地所有的文化中所接受的道德标准基本上是相同的，如关爱他人、平等互惠等。

（2）他认为道德发展分为三种水平六个阶段。

①前常规水平。其中第一阶段为服从与惩罚阶段，儿童判断是非的标准是其行为选择是否会导致惩罚。第二阶段为相对功利主义阶段，儿童的判断标准是其行为能否获取更多的收益。

②常规水平。其中第三阶段为好孩子阶段，个人把合乎重要他人（比如父母）的期待视为是非标准。第四阶段为法律秩序阶段，个人把普遍化的社会期待即既定的法律和道德规范视为是非标准。

③后常规水平。第五阶段为社会契约合法性阶段。第六阶段为普遍伦理原则阶段，个人选择以更高的普遍伦理原则而非具体的法律条文来决定自己的行为。

知识解读

本知识点的考查题型一般为客观题。

着重注意弗洛伊德的精神分析学说、库利和米德的自我理论、科尔伯格的道德意识发展阶段论。

真题小练

单选题

1.（2015 年 4 月全国）在社会化的有关理论中，科尔伯格的理论认为（　　）

A. 自我分成“主我”和“客我”两个部分

B. 一个人的自我形象是别人看他是什么样子的反映

C. 儿童随着年龄的增长而找到自己的道德价值观

D. 人格由本我、自我和超我三个部分组成

答案及解析：C。科尔伯格认为儿童随着年龄的增长而找到自己的道德价值观，孩子们在世界各地所有的文化中所接受的道德标准基本上是相同的，如关爱他人、平等互惠等。而人们对于道德判断的不同，主要是他们的成熟水平不同。

2.（2017 年 4 月全国）在社会化的有关理论中，米德的理论认为（　　）

A. 自我分成“主我”和“客我”两个部分

B. 一个人的自我形象是别人看他是什么样子的反映

C. 儿童随着年龄的增长而找到自己的道德价值观

D. 人格由本我、自我和超我三个部分组成

答案及解析：A。乔治·赫伯特·米德将自我分为两个部分：“主我”和“客我”。

3.（2015 年 10 月全国）米德将自我分为（　　）

A. 两个部分　　B. 三个部分　　C. 四个部分　　D. 五个部分

答案及解析：A。乔治·赫伯特·米德将自我分为两个部分：“主我”和“客我”。

小试牛刀

1. 在社会化的相关理论中，科尔伯格认为道德发展分为（　　）

A. 两种水平四个阶段　　B. 三种水平六个阶段

C. 四种水平八个阶段　　D. 五种水平十个阶段

答案及解析：B。科尔伯格认为儿童随着年龄的增长而找到自己的道德价值观，孩子们在世界各地所有的文化中所接受的道德标准基本上是相同的，如关爱他人、平等互惠等。他认为道德发展分为三种水平六个阶段。

2. 关于社会化的有关理论中，弗洛伊德提出的观点是（　　）

A. 自我分成“主我”和“客我”两个部分

B. 一个人的自我形象是别人看他是什么样子的反映

C. 儿童随着年龄的增长而找到自己的道德价值观

D. 人格由本我、自我和超我三个部分组成

答案及解析：D。弗洛伊德的社会化理论基于对人格结构的分析。弗洛伊德认为，人格由本我、自我和超我三个部分组成。

3. 库利认为，自我的出现有（　　）

A. 两个阶段　　B. 三个阶段　　C. 四个阶段　　D. 五个阶段

答案及解析：B。库利认为，自我作为一种社会产物，它的出现有三个阶段。

第二节　社会化的条件

本节内容提要

社会化的条件主要包括生物因素、环境因素、互联网、社会实践四个方面。

知识点 1

生物因素☆

（1）社会化的生物因素，是指个人所带有的一种由上代为下代提供的、有利于人类从事社会活动的特殊遗传素质。

（2）我们在研究社会化的生物因素时，必须承认和正视个人先天条件的差异，因材施教，充分激发不同人的先天素质，有的放矢地造就不同社会化人才。

知识解读

本知识点的考查题型一般为客观题。

着重注意社会化的生物因素的概念。

真题小练

单选题

（2016 年 4 月全国）个人所带有的一种由上代为下代提供的、有利于人类从事社会活动的特殊遗传素质，是指社会化的（　　）

A. 生物因素　　B. 环境因素　　C. 文化因素　　D. 技术因素

答案及解析：A。本题考查社会化的条件中的生物因素。注意关键词“遗传”，体现的是生物因素。社会化的生物因素，是指个人所带有的一种由上代为下代提供的、有利于人类从事社会活动的特殊遗传素质。

小试牛刀

单选题

1.（　　）是指个人所带有的一种由上代为下代提供的、有利于人类从事社会活动的特殊遗传素质。

A. 社会化的生物因素　　B. 物质化的感官因素

C. 社会化的环境因素　　D. 遗传化的环境因素

答案及解析：A。社会化的生物因素，是指个人所带有的一种由上代为下代提供的、有利于人类从事社会活动的特殊遗传素质。

名词解释题

2. 社会化的生物因素

答案：社会化的生物因素，是指个人所带有的一种由上代为下代提供的、有利于人类从事社会活动的特殊遗传素质。

知识点 2

环境因素☆

（1）环境包括地理环境和社会环境。

（2）社会化的环境因素，是指影响个人社会化过程的全部社会环境。它是社会化的必要条件。

（3）影响个人社会化的环境因素如下。

①家庭。家庭是社会化的第一要素。

②学校。学校是一种具有特殊价值的社会化环境因素。

③伙伴群体。伙伴群体是一种特殊的群体，一般以年龄、性别、职业、志趣等为构成条件。

④工作单位。在任何社会中，对绝大多数人来说，要生活、要发展，就得工作，并且，其生活的大量时间是在工作单位度过的，因而，工作单位也是社会化的一个重要环境因素。

⑤社区。社区是社会和文化的缩影，是个人生活的基本社会环境，影响着人的社会化的各个方面。

⑥大众传媒。大众传媒是现代社会具有重要意义的社会化环境因素。

知识解读

本知识点的考查题型一般为客观题。

着重注意影响个人社会化的环境因素。

真题小练

多选题

（2016 年 10 月全国）社会化的环境因素包括（　　）

A. 家庭　　B. 学校　　C. 大众传媒

D. 伙伴群体　　E. 社区

答案及解析：ABCDE。影响个人社会化的环境因素，主要有家庭、学校、伙伴群体、工作单位、社区和大众传媒等。

小试牛刀

单选题

1. 影响个体社会化的第一要素是（　　）

A. 家庭　　B. 学校　　C. 工作单位　　D. 社区

答案及解析：A。家庭是社会化的第一要素。

2.（　　）是社会和文化的缩影，是个人生活的基本社会环境。

A. 工作单位　　B. 家庭　　C. 社区　　D. 大众传播

答案及解析：C。社区是社会和文化的缩影，是个人生活的基本社会环境。

知识点 3

互联网☆

（1）互联网，是指一个由各种不同类型和规模的、独立运行和管理的计算机网络组成的全球性信息系统，英文名字叫 Internet。

（2）网络对青少年社会化产生的正面影响如下图所示。

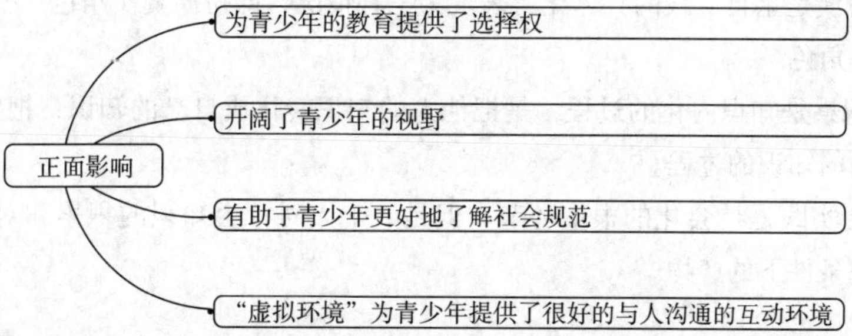

知识解读

本知识点的考查题型一般为主观题。

着重注意网络对青少年社会化产生的正面影响。

真题小练

简答题

（2018 年 4 月）简述网络对青少年社会化产生的正面影响。

答案：网络对青少年社会化产生的正面影响：为青少年的教育提供了选择权；开阔了青少年的视野；有助于青少年更好地了解社会规范；“虚拟环境”为青少年提供了很好的与人沟通的互动环境。

小试牛刀

多选题

网络对青少年社会化产生的正面影响包括（　　）

A. 为青少年的教育提供了选择权

B. 开阔了青少年的视野

C. 网络中的文化冲突，给青少年带来了心理上的困惑及行为上的障碍

D. 有助于青少年更好地了解社会规范

E. 为青少年提供了很好的与人沟通的互动环境

答案及解析：ABDE。网络对青少年社会化产生的正面影响：为青少年的教育提供了选择权；开阔了青少年的视野；有助于青少年更好地了解社会规范；“虚拟环境”为青少年提供了很好的与人沟通的互动环境。

知识点 4

社会实践☆

（1）社会实践是实现知识内化与积累，达到社会化目标的根本途径。

（2）个人是怎样在社会实践中实现社会化的呢？主要通过以下三种方式实现社会化。

①观察学习又称模仿学习。模仿需要榜样，榜样对个体的作用表现为直接的模仿与反模仿。

②角色扮演是亲自实践的具体化，表现为三种情况，即扮演真实角色、扮演假想角色、暂时充当某一角色。

③知识积累是知识内化的过程，是把他人的知识转化成自己的知识，把感性的知识加工成理性方面的知识的过程。

（3）社会实践是社会化的根本环节，但是，个人对社会知识的积累和对生活的创新，都是一定历史条件下的产物。

知识解读

本知识点的考查题型一般为客观题和主观题。

着重注意达到社会化目标的根本途径。

真题小练

多选题

1.（2012 年 7 月全国）个人在社会实践中实现社会化，主要表现在（　　）

A. 观察学习　　B. 环境支持　　C. 角色扮演

D. 制度发展　　E. 知识积累

答案及解析：ACE。个人在社会实践中一般是通过观察学习、角色扮演、知识积累三个方面实现社会化。

文字题

2.（2013 年 4 月全国）简述实现社会化目标的根本途径。

答案：

（1）社会实践是实现知识内化与积累，达到社会化目标的根本途径。

（2）个人在社会实践中一般是通过观察学习、角色扮演、知识积累三个方面实现社会化。

①观察学习又称模仿学习。模仿需要榜样，模仿的榜样是在实践中产生的，模仿的过程也只有在实践中展开。

②角色扮演是亲自实践的具体化，表现为三种情况，即扮演真实角色、扮演假想角色、暂时充当某一角色。

③知识积累是知识内化的过程，是把他人的知识转化成自己的知识，把感性的知识加工成理性方面的知识的过程。

小试牛刀

单选题

1. 实现知识内化与积累，达到社会化目标的根本途径是（　　）

A. 社会观察　　B. 社会实践　　C. 社会规范　　D. 社会活动

答案及解析：B。社会实践是实现知识内化与积累，达到社会化目标的根本途径。

2. 个人在社会实践中实现社会化，其主要表现不包括（　　）

A. 观察学习　　B. 环境支持　　C. 角色扮演　　D. 知识积累

答案及解析：B。个人是怎样在社会实践中实现社会化的呢？主要表现为三个方面：一是观察学习，二是角色扮演，三是知识积累。

第三节　社会角色

本节内容提要

社会角色是由一定的社会地位所决定的、符合一定社会期望的行为模式。“角色”是美国心理学家米德较早用于社会心理学的一个概念，现在已成了社会学的基本概念之一。

知识点 1

社会角色的概念

（1）社会角色是由一定的社会地位所决定的、符合一定社会期望的行为模式。

（2）具体说，社会角色包括以下几方面的含义。

①社会角色是社会地位的外在表现。

②社会角色是一整套行为规范和行为期待。

③社会角色是人的多种社会属性和社会关系的反映。

④社会角色是构成社会群体和社会组织的基础。

小试牛刀

单选题

1.“角色”是美国心理学家（　　）较早用于社会心理学的一个概念，现在已成了社会学的基本概念之一。

A. 米德　　B. 艾宾浩斯　　C. 马斯洛　　D. 斯金纳

答案及解析：A。“角色”是美国心理学家米德较早用于社会心理学的一个概念，现在已成了社会学的基本概念之一。

名词解释题

2. 社会角色

答案：社会角色是由一定的社会地位所决定的、符合一定社会期望的行为模式。

知识点 2

社会角色的类型☆☆

（1）根据人们获得角色方式的不同，分为先赋角色与自致角色。

①先赋角色是指建立在血缘、遗传等先天的生理因素基础上的社会角色。

②自致角色是指通过个人的活动与努力而获得的社会角色。

（2）根据角色规范化的程度，分为规定性角色与开放性角色。

①规定性角色是指其角色的权利和义务有比较严格而明确的规定，人们在充当这类角色时，其行为一般要受到严格的限制。

②开放性角色是指其角色的权利和义务没有严格而明确的规定，如父母、夫妻、子女、朋友、同学、伙伴等角色。

（3）根据角色追求的目标，分为功利性角色和表现性角色。

①功利性角色是指那些以追求实际利益为目标的社会角色，这种角色行为的价值在于实际利益的获得。

②表现性角色是指主要不是以获得经济效益和报酬为目的，而是以表现社会制度与秩序、社会行为规范、价值观念、思想道德等为目的的社会角色。

知识解读

本知识点的考查题型一般为主观题。

着重注意区分不同角色的分类依据及定义。

真题小练

单选题

1.（2018 年 4 月全国）根据角色追求的目标，可以将社会角色划分为（　　）

A. 规范性决策与开放性角色　　B. 先赋角色与自致角色

C. 群体角色与个人角色　　D. 功利性角色与表现性角色

答案及解析：D。根据角色追求的目标，可以将社会角色划分为功利性角色和表现性角色。

2.（2017 年 4 月全国）根据人们获得角色方式的不同，社会角色可以划分为（　　）

A. 功利性角色与表现性角色　　B. 规定性角色与开放性角色

C. 先赋角色与自致角色　　D. 制度性角色与互动性角色

答案及解析：C。根据人们获得角色方式的不同，可以将角色划分为先赋角色与自致角色。

3.（2016 年 10 月全国）建立在血缘、遗传等先天的生理因素基础上的社会角色，被称为（　　）

A. 先赋角色　　B. 开放性角色　　C. 首要角色　　D. 表现性角色

答案及解析：A。本题考查的是社会角色的类型。根据人们获得角色方式的不同，可以将角色划分为先赋角色与自致角色。先赋角色是指建立在血缘、遗传等先天的生理因素基础上的社会角色。自致角色是指通过个人的活动与努力而获得的社会角色。本题注意关键词即可选出。

小试牛刀

单选题

1. 根据角色规范化的程度，社会角色可以划分为（　　）

A. 功利性角色与表现性角色　　B. 规定性角色与开放性角色

C. 先赋角色与自致角色　　D. 制度性角色与互动性角色

答案及解析：B。根据角色规范化的程度，可以将角色划分为规定性角色与开放性角色。

2. 权利和义务是有较为严格而明确规定的社会角色，被称为（　　）

A. 先赋角色　　B. 自致角色　　C. 规定性角色　　D. 表现性角色

答案及解析：C。规定性角色，是指其角色的权利和义务有比较严格而明确的规定，人们在充当这类角色时，其行为一般要受到严格的限制。

3. 通过个人的活动与努力而获得的社会角色是（　　）

A. 规定性角色　　B. 开放性角色　　C. 自致角色　　D. 功利性角色

答案及解析：C。自致角色，是指通过个人的活动与努力而获得的社会角色。

知识点 3

社会角色的扮演☆

（1）概念：当一个人具备了充当某种角色的条件，并按照这一角色所要求的行为规范去活动时，这就是社会角色的扮演。

（2）社会角色的扮演过程：角色期待→角色领悟→角色实践。

①角色期待是指社会对某一角色的行为模式的期望和要求。它作为一种社会观念，影响一个人的角色行为。

②角色领悟是指角色承担者对其角色规范和角色要求的理解。

③角色实践是角色承担的实际过程或活动，是角色领悟的发展。

④在社会角色的扮演过程中，后者与前者往往会产生一些偏离，这些偏离或差距在社会学上称之为“角色差距”。

知识解读

本知识点的考查题型一般为主观题和客观题。

着重注意社会角色的扮演过程。

真题小练

单选题

1.（2014 年 4 月全国）社会角色的扮演一般要经历的过程是（　　）

A. 角色领悟→角色期待→角色实践　　B. 角色领悟→角色实践→角色期待

C. 角色期待→角色领悟→角色实践　　D. 角色实践→角色领悟→角色期待

答案及解析：C。任何一个社会角色的扮演通常要经过角色期待、角色领悟和角色实践三个阶段。

简答题

2.（2017 年 4 月全国）简述社会角色的扮演过程。

答案：角色期待→角色领悟→角色实践。

小试牛刀

单选题

1.（　　）作为一种社会观念，它影响一个人的角色行为。

A. 角色期待　　B. 角色领悟　　C. 角色实践　　D. 角色认同

答案及解析：A。角色期待作为一种社会观念，它影响一个人的角色行为。

多选题

2. 任何一个社会角色的扮演通常要经过（　　）

A. 角色期待　　B. 角色领悟　　C. 角色实践

D. 角色练习　　E. 角色认同

答案及解析：ABC。任何一个社会角色的扮演通常要经过角色期待、角色领悟和角色实践三个阶段。

名词解释题

3. 角色实践

答案：角色实践是角色承担的实际过程或活动，是角色领悟的发展。

知识点 4

社会角色的失调☆

（1）每个个体都处在复杂的社会联系中，扮演角色的过程不可能都是一帆风顺，有时会出现角色差距，有时会产生矛盾，有时会遇到障碍，甚至遭到失败，这就是角色扮演的失调现象。

（2）常见的角色失调如下图所示。

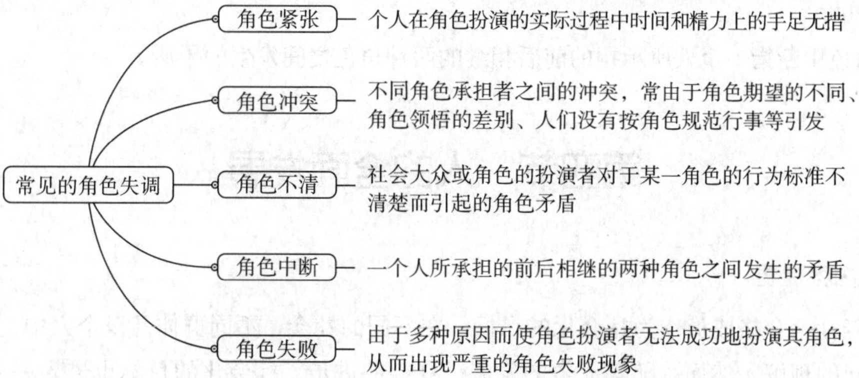

①角色紧张。例如，张某作为一个在校学生，晚上要按时完成老师布置的家庭作业；作为女儿，晚上又要到医院看望并护理病床上的母亲；作为学校排球队的队长，她晚上还要带头去学校排球馆参加训练等。

②角色冲突。例如，当一名警察在执行命令逮捕他的老朋友，或者为了友情不执行命令之间做出选择时，他便处于角色冲突之中。

③角色不清。例如，改革开放到了今天，大学生的行为规范发生了很大的变化，按照传统的观点，一个大学生应该艰苦朴素，专心读书，但是今天的大学生穿着求美、交际广泛、思想活跃。

④角色中断。例如，我国干部制度改革打破终身制之后，一些老同志从领导岗位上退下来，但他们对退出领导岗位后的新角色没有充分准备。

⑤角色失败。例如，不能完成定额的工人、业绩糟糕的企业职员等。

知识解读

本知识点的考查题型一般为主观题和客观题。

着重注意角色失调的几种情况。

真题小练

简答题

（2016 年 4 月全国）简述角色失调的常见情况。

答案：角色紧张；角色冲突；角色不清；角色中断；角色失败。

小试牛刀

单选题

1.（　　）指社会大众或角色的扮演者对于某一角色的行为标准不清楚而引起的角色矛盾。

A. 角色紧张　　B. 角色冲突　　C. 角色不清　　D. 角色中断

答案及解析：C。角色不清指社会大众或角色的扮演者对于某一角色的行为标准不清楚而引起的角色矛盾。

名词解释题

2. 角色中断

答案：角色中断指一个人所承担的前后相继的两种角色之间发生的矛盾。

第四节　人的全面发展

本节内容提要

培养社会合格成员作为社会化的目标，在不同的社会、不同群体乃至个人中，虽然存在着不同的理解，然而，随着人类的发展、社会的进步，社会化的目标也进入一个新的、更高的层次。人的全面发展，就是马克思主义为人的社会化提出的最高目标。

知识点 1

社会化的基本目标

（1）社会化的目标，从根本上说，就是培养社会合格成员。

（2）中国人的社会化的基本目标，就是培养适应建设有中国特色的社会主义需要的新人。

（3）每个人的社会化都有一定的目标，每个社会也总是按照一定的目标造就其成员。

（4）社会化培养的社会合格成员，其本质就是能担当起一定的社会角色。

（5）社会化培养还需要把握好尺度，防止出现过度社会化或社会化不足。

（6）总之，社会化的目标是具体的，个人通过社会化，只有明确自己的角色定位，弄清自己所扮演的各种角色的目标，才能成功地担当起自己的社会历史责任。

知识点 2

人的全面发展思想☆

（1）人的全面发展，就是马克思主义为人的社会化提出的最高目标。

（2）马克思主义关于人的全面发展的思想。

①人的全面发展是人的一切属性的全面发展，既包括人的智力和体力，又包括人的思想、情操、道德、审美能力等。同时，人的全面发展，还是人和社会关系的发展，是人的社会交往的普遍性和人对社会关系的控制程度的发展。在人与自然、社会的统一上，表现为在社会实践基础上的人的自然素质、社会素质和心理素质的发展。

②人的全面发展不是指单个人的发展，而是指全社会每一个人的全面发展。人的发展不仅应当是全面的，而且应当是自由的。在整个社会不断发展的基础上，逐渐实现人的全面发展。

③人的全面发展是每一个人都能得到平等发展、完整发展、和谐发展、自由发展。

④人的全面发展，是人类进入文明时代后就开始产生的一种美好向往。马克思主义把人的全面发展作为共产主义社会成员的成熟标志。

知识解读

本知识点的考查题型一般为主观题和客观题。

着重注意马克思主义关于人的全面发展的思想。

真题小练

单选题

1.（2012 年 4 月全国）马克思主义为人的社会化提出的最高目标是（ ）

A. 人的品质发展　B. 人的政治发展　C. 人的全面发展　D. 人的社会发展

答案及解析：C。人的全面发展，就是马克思主义为人的社会化提出的最高目标。

论述题

2.（2013 年 7 月全国）论述马克思主义关于人的全面发展的思想。

答案：

（1）人的全面发展，是马克思主义为人的社会化提出的最高目标。

（2）人的全面发展是人的一切属性的全面发展，既包括人的智力和体力，又包括人的思想、情操、道德、审美能力等。同时，人的全面发展，还是人和社会关系的发展，是人的社会交往的普遍性和人对社会关系的控制程度的发展。在人与自然、社会的统一上，表现为在社会实践基础上的人的自然素质、社会素质和心理素质的发展。

（3）人的全面发展不是指单个人的发展，而是指全社会每一个人的全面发展。人的发展不仅应当是全面的，而且应当是自由的。在整个社会不断发展的基础上，逐渐实现人的全面发展。

（4）人的全面发展是每一个人都能得到平等发展、完整发展、和谐发展、自由发展。

（5）人的全面发展，是人类进入文明时代后就开始产生的一种美好向往。马克思主义把人的全面发展作为共产主义社会成员的成熟标志。

小试牛刀

多选题

1. 马克思主义认为，人的全面发展是人的一切属性的全面发展，包括人的（ ）发展。

A. 智力　B. 体力　C. 思想

D. 情操　E. 道德

答案及解析：ABCDE。马克思主义认为，人的全面发展是人的一切属性的全面发展，既包括人的智力和体力，又包括人的思想、情操、道德、审美能力等。

2. 人的全面发展是每个人都能得到（　　）

A. 平等发展　　B. 完整发展　　C. 和谐发展

D. 自由发展　　E. 差异发展

答案及解析：ABCD。人的全面发展是每个人都能得到平等发展、完整发展、和谐发展和自由发展。

知识点 3

人的全面发展的实现过程☆

（1）人的全面发展是一个过程，人的全面发展的内涵，是随着社会的发展而不断发展和丰富的。

（2）实现人的全面发展，离不开一定的条件。

（3）生产力的高度发展是人的全面发展的物质基础，先进的社会生产关系是人的全面发展的基本条件。推进人的全面发展，同推进社会经济、政治、文化的发展和改善人民的物质文化生活，是互为前提和基础的。

（4）促进人的全面发展，是人类社会共同关心的重大问题。

（5）人的现代化，是当今人的社会化的基本目标。

知识解读

本知识点的考查题型一般为客观题。

着重注意当今人的社会化的基本目标。

真题小练

单选题

（2012 年 7 月全国）当今人的社会化的基本目标是（　　）

A. 人的国际化　　B. 人的现代化　　C. 人的全球化　　D. 人的合格化

答案及解析：B。人的现代化，是当今人的社会化的基本目标。

小试牛刀

单选题

人的全面发展的基本条件是（　　）

A. 生产力的高度发展　　B. 先进的社会生产关系

C. 科学技术的快速发展　　D. 教育改革的深化发展

答案及解析：B。生产力的高度发展是人的全面发展的物质基础，先进的社会生产关系是人的全面发展的基本条件。

第五章　社会互动

人们改变自然界的活动，必须结成一定的社会关系才能进行，彼此互相依存、互相合作。人的社会性，也要通过互动而形成。社会互动不仅发生在个人和个人之间，也发生在不同社会群体之间。

一、【历年考情直击】

考点	考纲要求	考试题型	重要程度
社会互动的含义与形式	识记、领会、简单应用、综合应用	单选、多选、名词解释、简答	★★★
社会互动的符号	识记、领会、简单应用	单选、名词解释	★
社会互动的理论	识记、领会、综合应用	单选	★
社会网络与社会资本	识记、领会、简单应用、综合应用	单选、名词解释、简答、论述	★★

二、【本章思维导图】

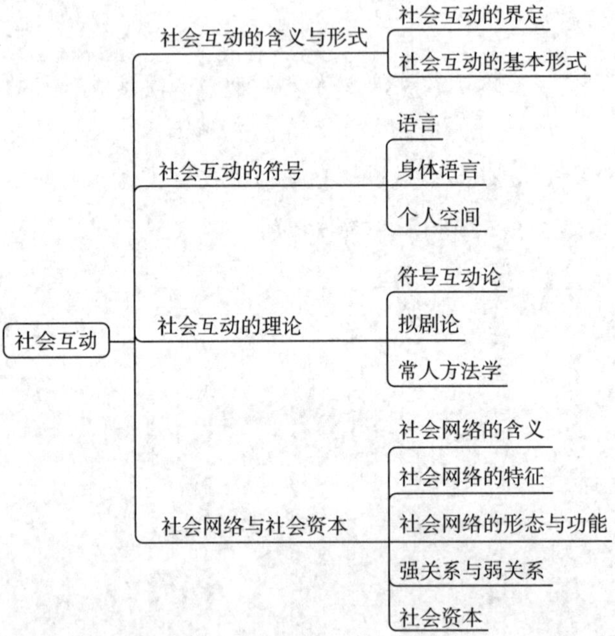

第一节　社会互动的含义与形式

本节内容提要

社会互动是人与人之间通过一定的符号和交往形式而产生相互影响的过程。社会互动是人和人相互作用的表现形式。生活在日常社会中的人，每天都要和他人发生接触和交往，并且会根据社会地位、社会角色来选择自己的行动。

知识点 1

社会互动的界定☆

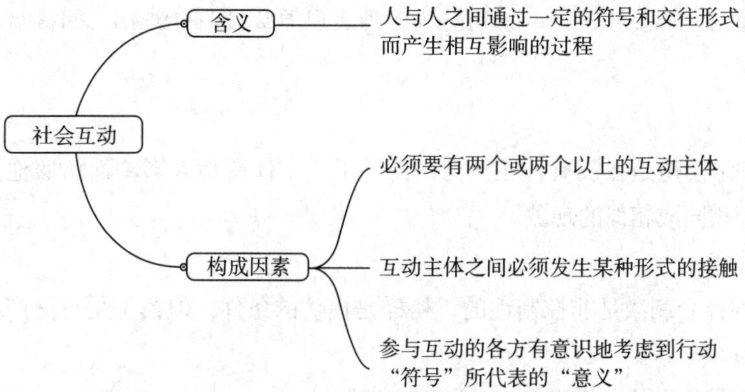

知识解读

本知识点的考查题型一般为主观题。

着重注意社会互动的概念及构成因素。

真题小练

名词解释题

1.（2016 年 10 月全国）社会互动

答案：社会互动是人与人之间通过一定的符号和交往形式而产生相互影响的过程。

简答题

2.（2015 年 10 月全国）简述社会互动的构成因素。

答案：社会互动的构成因素包括：必须要有两个或两个以上的互动主体；互动主体之间必须发生某种形式的接触；参与互动的各方有意识地考虑到行动“符号”所代表的“意义”。

小试牛刀

单选题

人与人之间通过一定的符号和交往形式而产生相互影响的过程称为（　　）

A. 社会结构　　B. 社会管理　　C. 社会调节　　D. 社会互动

答案及解析:D。社会互动是人与人之间通过一定的符号和交往形式而产生相互影响的过程。

知识点 2

社会互动的基本形式☆☆☆

1. 暗示

（1）概念:暗示是人们为了某种目的，在非对抗的条件下，通过语言、表情、肢体语言以及某些符号，用含蓄的、间接的方式对他人的心理与行为进行影响，使其接受暗示者所示意的意见、观点或按所示意的方式进行活动。

（2）暗示有三个环节:暗示者、暗示信息和被暗示者。

（3）类型:根据受动条件，一般可分为四种表现类型，即直接暗示、间接暗示、自我暗示、反暗示。

2. 模仿

（1）概念:模仿是在没有外在压力的条件下，个体受他人影响而仿照他人，使自己与之在某些方面相同或相似的现象。

（2）特点。

①模仿的社会刺激是非控制性的，榜样是模仿的条件，但模仿是自愿产生的，有时可能是无意识的。

②相似性模仿者的举止近似于其所模仿的榜样。

（3）意义:模仿是学习的基础;适应作用;增进群体的凝聚力。

3. 交换

（1）概念:交换指的是在一定的规则下，行为者为了获得回报而行动并获得回报的社会互动形式。换言之，交换是不同行为者之间彼此通过转让自己所有物而获得对方所有物的行动。

（2）构成要素:目标、付出、回报、效益。

（3）从交换所获得的回报来看，交换可分为两种类型:物质的交换和非物质的交换。

（4）交换存在的社会基础。交换主要是由社会差异引起的。在社会中，处于交换行为中的各方都以自己的所有物为手段，以对方的所有物为目的，因而才有了交换。

4. 竞争

（1）概念:竞争是指行动者之间为了共同的目标而展开的较量、争夺，它是社会互动的一种普遍可见的形式。

（2）从社会互动的角度可以将竞争做如下分类。

①从社会互动的主体分，可分为个人和个人之间竞争、个人和群体之间竞争、群体和群体之间竞争。

②从社会互动的内容和目标来看，宏观层面分为经济竞争（如争夺市场份额）、政治竞争（如总统竞选）、科技竞争等；微观层面可分为地位竞争（如争夺某个职位）、声望竞争（如争夺某项荣誉）、恋人竞争等。

5. 合作

（1）概念：合作是指在社会互动中，行为者之间为达到某些共同的利益或目标彼此密切配合的一种联合行动。作为社会互动的最普遍形式，合作是个人赖以生存和社会赖以维系的最基本的前提。所有的社会都是以合作为基础的。

（2）按照合作的发展程度，可以将合作划分为四种类型。

①自发性合作。它指某种情境下人们自觉自愿地聚集帮助他人解决实际困难和需要的行为。这是一种最古老和最具普遍意义的合作形式。

②制度化的传统合作。当自发性合作逐步发展为稳定的社会习惯，而成为一种制度化的合作以后，我们把它称为制度化的传统合作。比如，在一些农业地区逐步形成大家一起收获庄稼的合作习惯。

③指导性合作。这是现代社会比较多见的合作形式，指的是双方在具有权威地位的第三方的指导下一起完成某项工作。

④契约式合作。它指个人或群体之间达成协议、以契约或类似契约的方式进行合作。这是现代社会的一种合作方式，通常在合作者之间有比较明确的职责界定。

6. 冲突

（1）概念：冲突是指不同行动者之间相互反对或阻止对方意图的自觉行动。冲突的根源是因为某种社会资源的稀缺。

（2）类型。

①从冲突的规模上分为群体之间的冲突和个人之间的冲突。

②从冲突的性质上划分，有经济冲突、政治冲突、文化冲突、种族冲突以及阶级冲突等。

③从冲突的方式或程度上划分，有显性冲突（直接的、明显可见的）和隐性冲突（间接的、隐藏的）等，其中显性的冲突方式又有争论、拳斗和械斗、仇斗、诉讼和战争等之分。

7. 调适

（1）概念：调适即调整自己的行为以适应环境的要求，是对冲突情境加以适应的状态或过程。从广义上来讲，调适包括对自然环境的调适。人与人之间关系的调适，是解决个人或团体与社会环境之间不断发生的矛盾的一种行为方式，即社会调适。

（2）产生的原因：第一种，由冲突引起的调适；第二种，由社会发展或变迁引起的调适；第三种，由文化交流或迁移引起的调适。

（3）调适的种类：一种是源于冲突而发生的调适，常见的方式有和解、妥协、统治和服从等；另一种是源于环境变化而发生的调适，常见的方式有容忍、权变、突转、顺从等。其中，和解由于不改变原来的社会关系和社会秩序，是较为稳妥和保守的方式，也是解决非抵抗性冲突的主要方式。

知识解读

本知识点的考查题型一般为客观题和主观题。

着重注意暗示、交换、竞争、合作、冲突的具体内容。

真题小练

单选题

1.（2018年4月全国）在一些农业地区逐步形成大家一起收获庄稼的合作习惯，属于（　　）

A. 契约式合作　　B. 制度化的传统合作

C. 自发性合作　　D. 指导性合作

答案及解析：B。当自发性合作逐步发展为稳定的社会习惯，而成为一种制度化的合作以后，我们把它称为制度化的传统合作。比如在一些农业地区逐步形成大家一起收获庄稼的合作习惯。

2.（2017年10月全国）在社会互动的基本形式中，不同行动者之间相互反对或阻止对方意图的自觉行动称为（　　）

A. 竞争　　B. 交换　　C. 调适　　D. 冲突

答案及解析：D。冲突是指不同行动者之间相互反对或阻止对方意图的自觉行动。

3.（2016年4月全国）在一定的规则下，行为者为了获得回报而行动并获得回报的社会互动形式是（　　）

A. 调适　　B. 冲突　　C. 交换　　D. 模仿

答案及解析：C。交换指的是在一定的规则下，行为者为了获得回报而行动并获得回报的社会互动形式。换言之，交换是不同行为者之间彼此通过转让自己所有物而获得对方所有物的行动。

多选题

4.（2014年4月全国）暗示根据受动条件，可以分为（　　）

A. 直接暗示　　B. 间接暗示　　C. 自我暗示

D. 模仿暗示　　E. 反暗示

答案及解析：ABCE。根据受动条件，暗示一般可以分为直接暗示、间接暗示、自我暗示和反暗示。

名词解释题

5.（2011年7月全国）合作

答案：合作是指在社会互动中，行为者之间为达到某些共同的利益或目标彼此密切配合的一种联合行动。

小试牛刀

单选题

1. 行动者之间为了共同的目标而展开较量、争夺，这种社会互动的基本形式是（　　）

A. 竞争　　B. 冲突　　C. 竞赛　　D. 比赛

答案及解析：A。竞争是指行动者之间为了共同的目标而展开的较量、争夺，它是社会互动的一种普遍可见的形式。

2. 人们为了某种目的，在非对抗的条件下，通过语言、表情、肢体语言以及某些符号，用含蓄的、间接的方式对他人的心理与行为进行影响，这种社会互动的基本形式是（　　）

A. 暗示　　B. 交换　　C. 模仿　　D. 调适

答案及解析：A。暗示是人们为了某种目的，在非对抗的条件下，通过语言、表情、肢体语言以及某些符号，用含蓄的、间接的方式对他人的心理与行为进行影响，使其接受暗示者所示意的意见、观点或按所示意的方式进行活动。

多选题

3. 显性的冲突方式有（　　）

A. 争论　　B. 拳斗　　C. 械斗　　D. 仇斗　　E. 战争

答案及解析：ABCDE。显性的冲突方式有争论、拳斗和械斗、仇斗、诉讼和战争等之分。

名词解释题

4. 交换

答案：交换指的是在一定的规则下，行为者为了获得回报而行动并获得回报的社会互动形式。

第二节　社会互动的符号

本节内容提要

符号，指由一群人所共同认可的、有意义地代表其自身以外的别的事物的象征。语言，是社会互动中最重要的符号系统，是文化交流、文化传播和文化传承的工具。

知识点 1

语言☆

1. 符号和语言的概念

符号指由一群人所共同认可的、有意义地代表其自身以外的别的事物的象征。利用符号进行互动是人类特有的能力。

语言指人类所特有的用来表达意思、交流思想的工具，是由语音、词汇和语法构成的系统。口头语言和书面语言都是符号，面部表情、手势或其他身体语言、图形、数字等都是符号。最常用、最丰富的符号是能够说出来或写出来的语言。

2. 语言的重要性

语言，是社会互动中最重要的符号系统，是文化交流、文化传播和文化传承的工具。

3. 语言的多样性

现代社会的语言是丰富多样的。不同的语言有不同的词汇、不同的语法、不同的发音方式，而这些和言语者的社会互动都密切相关。

知识解读

本知识点的考查题型一般为客观题和主观题。

着重注意符号与语言的概念。

真题小练

单选题

1.（2016 年 10 月全国）由一群人所共同认可的、有意义地代表其自身以外的别的事物的象征，被称为（　　）

A. 意义　　B. 语言　　C. 词汇　　D 符号

答案及解析：D。本题考查的是符号的定义，需要区分好符号和语言的不同。符号指由一群人所共同认可的、有意义地代表其自身以外的别的事物的象征。语言指人类所特有的用来表达意思、交流思想的工具，是由语音、词汇和语法构成的系统。

名词解释题

2.（2012 年 7 月全国）符号

答案：符号指的是由一群人所共同认可的、有意义地代表其自身以外的别的事物的象征。

小试牛刀

单选题

1. 人类所特有的用来表达意思、交流思想的工具是（　　）

A. 仪式　　B. 符号　　C. 象征　　D. 语言

答案及解析：D。语言指人类所特有的用来表达意思、交流思想的工具，是由语音、词汇和语法构成的系统。

名词解释题

2. 语言

答案：语言指人类所特有的用来表达意思、交流思想的工具，是由语音、词汇和语法构成的系统。

知识点 2

身体语言

（1）概念：非语言的互动有两种重要的形式，即身体语言和个人物理空间的处理。其中身体语言指的是用身体代替语言来表达意思的动作或方式。

（2）人的身体语言是丰富多样的，面部、手、手臂、臀部、腿都可以用来表达某种意思。

（3）身体语言的种类。身体语言中最令人注意的是面部表情和手势。面部表情可以直接展示情绪的变化。

小试牛刀

单选题

1. 身体语言中最令人注意的是面部表情和（　　）

A. 手势　　B. 口型　　C. 声音　　D. 眼神

答案及解析：A。身体语言中最令人注意的是面部表情和手势。面部表情可以直接展示情绪的变化。

多选题

2. 人的身体语言是丰富多样的，（　　）都可以用来表达某种意思。

A. 面部　　B. 手　　C. 手臂　　D. 臀部　　E. 腿

答案及解析：ABCDE。人的身体语言是丰富多样的，面部、手、手臂、臀部、腿都可以用来表达某种意思。

知识点 3

个人空间☆☆

1. 个人空间的概念

个人空间是指环绕一个人周围的直接的物理区域，人们可以利用它在社会互动中表达某种意义。

2. 个人空间理论

霍尔根据对美国东北部中产阶级成年人的研究，提出社会存在四种不同的个人空间。

（1）亲密距离指相距 18 英寸（约 45 厘米）以内的距离，这个空间是为关系亲密的个人之间接触保留的。

（2）个人距离指相距 18 英寸（约 45 厘米）到 4 英尺（约 122 厘米），这个空间是为熟人或朋友保留的。

（3）社会距离指相距 4 英尺（约 122 厘米）到 12 英尺（约 365 厘米）以内，是比较正式的场合保持的距离。

（4）公众距离指相距 12 英尺（约 365 厘米）以上的距离，是为一些类似演说家等公众人物保留的距离。

知识解读

本知识点的考查题型一般为客观题。

着重注意四种不同的个人空间。

真题小练

单选题

1.（2018 年 4 月全国）霍尔提出，社会存在不同的个人空间有（　　）

A. 两种　　B. 三种　　C. 四种　　D. 五种

答案及解析：C。霍尔根据对美国东北部中产阶级成年人的研究，提出社会存在四种不同的个人空间：亲密距离、个人距离、社会距离和公众距离。

2.（2017 年 4 月全国）在霍尔的个人空间理论中，为熟人或朋友保留的距离是指（　　）

A. 个人距离　　B. 亲密距离　　C. 公众距离　　D. 社会距离

答案及解析：A。本题考查霍尔的个人空间理论。个人距离是指相距 18 英寸（约 45 厘米）到 4 英尺（约 122 厘米）。这个空间是为熟人或朋友保留的。

3.（2017 年 10 月全国）在霍尔的个人空间理论中，为一些类似演说家等人物保留的距离称为（　　）

A. 个人距离　　B. 亲密距离　　C. 公众距离　　D. 社会距离

答案及解析：C。公众距离是指相距 12 英尺（约 365 厘米）以上的距离。这是为一些类似演说家等公众人物保留的距离。

4.（2015 年 4 月全国）在霍尔的个人空间理论中，比较正式的场合保持的距离是指（　　）

A. 个人距离　　B. 亲密距离　　C. 公众距离　　D. 社会距离

答案及解析：D。社会距离指相距 4 英尺（约 122 厘米）到 12 英尺（约 365 厘米）以内，是比较正式的场合保持的距离。

小试牛刀

单选题

1. 相距 122 厘米至 365 厘米以内的距离是（　　）

A. 亲密距离　　B. 个人距离　　C. 社会距离　　D. 公众距离

答案及解析：C。社会距离指相距 4 英尺（约 122 厘米）到 12 英尺（约 365 厘米）以内。

2. 相距 365 厘米以上的距离，是（　　）

A. 亲密距离　　B. 个人距离　　C. 社会距离　　D. 公众距离

答案及解析：D。公众距离是指相距 12 英尺（约 365 厘米）以上。

3. 霍尔提出，相距 45 厘米到约 122 厘米的距离是（　　）

A. 亲密距离　　B. 公众距离　　C. 个人距离　　D. 社会距离

答案及解析：C。个人距离指相距 18 英寸（约 45 厘米）到 4 英尺（约 122 厘米）。

第三节　社会互动的理论

本节内容提要

社会互动的理论主要包括符号互动论、拟剧论、常人方法学。

知识点 1

符号互动论☆

（1）概念：符号互动论又称符号互动主义或象征相互作用论，指从互动个体的日常自然环境去研究人类群体生活的理论派别。

（2）早期代表人物：美国社会学家库利、托马斯和米德等人。

（3）库利关于“镜中之我”的理论同样对符号互动理论做出了开拓性的贡献。库利认为，人的自我是在与他人的交往过程中由社会互动所形成的“镜中之我”。

（4）布鲁默和他的追随者认为符号互动论可以简要归结为：人类行为的社会目的主要看他们赋予这些目的的意义，而这些意义在社会互动中是不断建立和再建立的。

知识解读

本知识点的考查题型一般为客观题。

着重注意理解符号互动论的概念及其代表人物。

真题小练

单选题

1.（2013 年 4 月全国）在社会互动的理论中，从互动个体的日常自然环境去研究人类群体生活的理论派别是（　　）

A. 日常互动论　　B. 拟剧论　　C. 符号互动论　　D. 常人方法学

答案及解析：C。符号互动论，又称符号互动主义或象征相互作用论，指从互动个体的日常自然环境去研究人类群体生活的理论派别。

2.（2010 年 7 月全国）符号互动论的主要倡导者是（　　）

A. 米德　　B. 布鲁默　　C. 马克思　　D. 戈夫曼

答案及解析：A。美国社会学家库利、托马斯和米德等人是符号互动论的早期代表。

小试牛刀

单选题

1.（　　）认为，人的自我是在与他人的交往过程中由社会互动所形成的“镜中之我”。

A. 米德　　B. 库利　　C. 托马斯　　D. 戈夫曼

答案及解析：B。库利认为，人的自我是在与他人的交往过程中由社会互动所形成的“镜中之我”。

2. 认为人类行为的社会目的主要是看他们赋予这些目的的意义，而这些意义是在社会互动中不断建立和再建立起来的，这是（　　）

A. 结构功能论　　B. 印象管理论　　C. 社会交换论　　D. 符号互动论

答案及解析：D。布鲁默和他的追随者认为符号互动论可以简要归结为：人类行为的社会目的主要看他们赋予这些目的的意义，而这些意义在社会互动中是不断建立和再建立的。

知识点 2

拟剧论☆

（1）概念：拟剧论，指用表演和比喻来说明日常生活中人与人之间相互作用的一种互动的理论。

（2）拟剧论是戈夫曼从符号互动论中发展出来的，其代表作是 1959 年发表的《日常生活中的自我表演》。

（3）按照戈夫曼的观点，社会互动的最重要特征就是“印象管理”或“自我呈现”。

按照戈夫曼的观点，人们在社会互动中，一般总是要努力表现出自己最令人喜欢的方面，希望给别人留下最好的印象。比如大学新生在介绍自己的时候希望给别人留下好的印象，就属于“印象管理”。再比如每个人的妆容和服装的风格都在社会互动中呈现出自己的特点，这就是“自我呈现”。

知识解读

本知识点的考查题型一般为客观题。

着重注意拟剧论的概念以及社会互动的最重要特征。

真题小练

单选题

1.（2015 年 10 月全国）在社会互动的理论中，用表演和比喻来说明日常生活中人与人之间相互作用的一种互动理论是（　　）

A. 日常互动论　　B. 拟剧论　　C. 符号互动论　　D. 常人方法学

答案及解析：B。拟剧论指用表演和比喻来说明日常生活中人与人之间相互作用的一种互动的理论。

2.（2016 年 10 月全国）社会互动最重要的特征就是“印象管理”或“自我呈现”，这种观点来自（　　）

A. 互动过程分析　　B. 拟剧论

C. 后现代理论　　D. 常人方法学

答案及解析：B。拟剧论是戈夫曼从符号互动论中发展出来的。按照戈夫曼的观点，社会互动最重要的特征就是“印象管理”或“自我呈现”。

小试牛刀

单选题

1. 按照戈夫曼的拟剧论的观点，社会互动最重要的特征是（ ）

A. 前台 B. 后台 C. 道具 D. 印象管理

答案及解析：D。按照戈夫曼的观点，社会互动最重要的特征就是“印象管理”或“自我呈现”。

名词解释题

2. 拟剧论

答案：拟剧论指用表演和比喻来说明日常生活中人与人之间相互作用的一种互动的理论。

知识点 3

常人方法学☆

1. 概念

（1）常人方法学就是指对人们在日常生活互动中所使用方法的研究。

（2）常人方法学这个词是加芬克尔在 1954 年发明的。

2. 思想来源

其思想来源主要是舒茨的现象学社会学。

3. 基本假设

在现实生活中，社会成员依据一定的规则和程序来进行社会互动，这些日常生活中不成文的、大家公认的互动规则是一切社会生活的基础。

知识解读

本知识点的考查题型一般为客观题。

着重注意常人方法学的概念、思想来源及基本假设。

真题小练

单选题

1.（2012 年 7 月全国）对一定社会成员在日常生活的社会互动中所遵循的规则的社会学研究是（ ）

A. 拟剧论 B. 符号互动论 C. 自我理论 D. 常人方法学

答案及解析：D。常人方法学就是指对人们在日常生活互动中所使用方法的研究。其思想来源主要是舒茨的现象学社会学。

2.（2011 年 7 月全国）常人方法学的创始人是（　　）

A. 戈夫曼　　B. 米德　　C. 库利　　D. 加芬克尔

答案及解析：D。常人方法学这个词是加芬克尔在 1954 年发明的。

小试牛刀

单选题

1. 在现实生活中，社会成员依据一定的规则和程序来进行社会互动，这些日常生活中不成文的、大家公认的互动规则是一切社会生活的基础。这一假设属于（　　）

A. 符号互动学　　B. 常人方法学　　C. 社会交换论　　D. 结构功能论

答案及解析：B。常人方法学的基本假设是：在现实生活中，社会成员依据一定的规则和程序来进行社会互动，这些日常生活中不成文的、大家公认的互动规则是一切社会生活的基础。

2. 常人方法学的思想来源主要是（　　）的现象学社会学。

A. 米德　　B. 戈夫曼　　C. 布鲁默　　D. 舒茨

答案及解析：D。常人方法学的思想来源主要是舒茨的现象学社会学。

第四节　社会网络与社会资本

本节内容提要

社会网络是指个人之间的关系网络。社会资本指通过社会联系与社会关系所获取的资源。社会资本是相对于经济资本和人力资本的概念。

知识点 1

社会网络的含义☆

（1）社会网络是指个人之间的关系网络。

（2）社会网络渊源于美国心理学家米尔格的六度分隔理论和欧洲农民自发组织的“赫德兄弟会”活动规模的 150 法则。

知识解读

本知识点的考查题型一般为主观题。

着重注意社会网络的概念。

真题小练

名词解释题

（2014 年 4 月全国）社会网络

答案：社会网络是指个人之间的关系网络。

小试牛刀

填空题

社会网络渊源于美国心理学家米尔格的______理论和欧洲农民自发组织的“赫德兄弟会”活动规模的150法则。

答案及解析：六度分隔。社会网络渊源于美国心理学家米尔格的六度分隔理论和欧洲农民自发组织的“赫德兄弟会”活动规模的150法则。

知识点 2

社会网络的特征☆

社会网络的特征包括：普遍性、多重性、滚珠性、多向性、隐蔽性。

1. 普遍性

任何个人和群体每时每刻都处于一定的社会网络之中，进行社会互动，推动社会的发展。

2. 多重性

社会网络反映个人和社会关系的本质，是多重性的。

3. 滚珠性

社会网络并不是单纯的个人与个人关系的存在，还有许多个人关系的外延，亲人的亲人，亲人的朋友，朋友的朋友，等等。各种互动，不断扩展，如滚雪球一般，社会网络越滚越大，张力可能有强弱，但其作用未必无用。

4. 多向性

社会网络是经过个人之间的社会互动所形成的，你来我往，互动的媒介和符号各异，是多向性的。

5. 隐蔽性

社会网络是可感知的，却是看不到的，无形的。

知识解读

本知识点的考查题型一般为主观题。

着重注意社会网络的特征。

真题小练

简答题

（2017年4月全国）简述社会网络的特征。

答案：社会网络的特征包括：普遍性、多重性、滚珠性、多向性、隐蔽性。

小试牛刀

单选题

1. 任何个人和群体每时每刻都处于一定的社会网络之中，进行社会互动，推动社会的发展。这表明了社会网络的（　　）

A. 普遍性　　B. 隐蔽性　　C. 多重性　　D. 多向性

答案及解析：A。普遍性。马克思认为“人是一切社会关系的总和”。任何个人和群体每时每刻都处于一定的社会网络之中，进行社会互动，推动社会的发展。

多选题

2. 社会网络的特征包括（　　）

A. 普遍性　　B. 多重性　　C. 滚珠性

D. 多向性　　E. 隐蔽性

答案及解析：ABCDE。社会网络的特征包括：普遍性、多重性、滚珠性、多向性、隐蔽性。

知识点 3

社会网络的形态与功能☆☆

1. 社会网络的形态

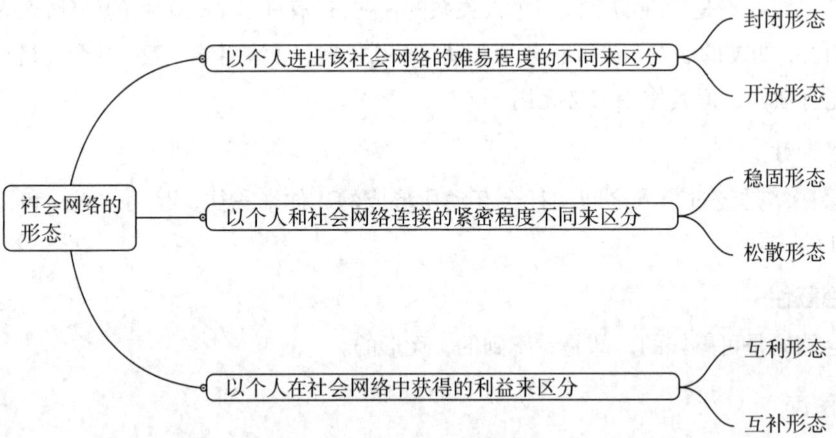

2. 社会网络的功能

（1）社会网络对于个人的功能是显而易见的。个人在其中获得各种信息，获得各种精神上的支持以及物质上的资源。社会网络影响到个人社会生活的各个方面。

（2）在我们的现实社会生活中，人和人之间有着广泛的联系，所以这个社会实际上充满了各种社会网络。

（3）社会学对社会网络以及其他社会互动问题的研究，强调个人在社会过程中的主观能动性以及它背后各种社会力量之间的关系，为我们提供了一种更具动态性的视角来观察社会、了解社会。

知识解读

本知识点的考查题型一般为客观题和主观题。

着重注意社会网络的形态、功能。

真题小练

单选题

1.（2018年4月全国）以个人和社会网络连接的紧密程度不同来区分，社会网络的形态可以分为（ ）

A. 稳固形态和松散形态　　B. 互利形态和互补形态

C. 强势形态和弱势形态　　D. 封闭形态和开放形态

答案及解析：A。稳固形态和松散形态。这是以个人和社会网络连接的紧密程度不同来区分的。

论述题

2.（2012年7月全国）联系实际论述社会网络的功能。

答案：

（1）社会网络对于个人的功能是显而易见的。个人在其中获得各种信息，获得各种精神上的支持以及物质上的资源。社会网络影响到个人社会生活的各个方面。

（2）在我们的现实社会生活中，人和人之间有着广泛的联系，所以这个社会实际上充满了各种社会网络。

（3）社会学对社会网络以及其他社会互动问题的研究，强调个人在社会过程中的主观能动性以及它背后各种社会力量之间的关系，为我们提供了一种更具动态性的视角来观察社会、了解社会。

小试牛刀

单选题

1. 以个人进出社会网络的难易程度的不同，可将社会网络分（ ）

A. 互利形态和互补形态　　B. 稳固形态和松散形态

C. 个人形态和群体形态　　D. 封闭形态和开放形态

答案及解析：D。封闭形态和开放形态。这是以个人进出该社会网络的难易程度的不同来区分的。

2. 以个人在社会网络中获得的利益来划分，可将社会网络分为（ ）

A. 互利形态和互补形态　　B. 稳固形态和松散形态

C. 个人形态和群体形态　　D. 封闭形态和开放形态

答案及解析：A。互利形态和互补形态。这是以个人在社会网络中获得的利益来区分的。在社会网络中，人们的交往往往都是以互惠互利为平等原则的。

知识点 4

强关系与弱关系☆

（1）美国社会学家格兰诺维特提出人际关系网络可以分为强关系网络和弱关系网络。

（2）强关系指的是个人的社会网络同质性较强，人与人的关系紧密，有很强的情感因素维系着人际关系。

（3）弱关系的特点是个人的社会网络异质性较强，人与人关系并不紧密，也没有太多的感情维系。

（4）关系的强弱决定了能够获得信息的性质以及个人达到其行动目的的可能性。

（5）格兰诺维特通过研究发现，美国的劳动者更经常地通过弱关系而非强关系获得工作信息。

（6）边燕杰对天津的一项研究表明，在中国的劳动者更经常地通过强关系而非弱关系寻找工作渠道。

知识解读

本知识点的考查题型一般为主观题。

着重注意强关系与弱关系理论联系实际的论述。

真题小练

论述题

（2014 年 10 月全国）联系实际试述强关系与弱关系理论。

答案：

（1）美国社会学家格兰诺维特提出人际关系网络可以分为强关系网络和弱关系网络。

（2）强关系指的是个人的社会网络同质性较强，人与人的关系紧密，有很强的情感因素维系着人际关系。

（3）弱关系的特点是个人的社会网络异质性较强，人与人关系并不紧密，也没有太多的感情维系。

（4）关系的强弱决定了能够获得信息的性质以及个人达到其行动目的的可能性。

（5）格兰诺维特通过研究发现，美国的劳动者更经常地通过弱关系而非强关系获得工作信息。

（6）边燕杰对天津的一项研究表明，在中国的劳动者更经常地通过强关系而非弱关系寻找工作渠道。

小试牛刀

单选题

美国社会学家格兰诺维特提出人际关系网络可以分为（　　）

A. 简单关系网络和复杂关系网络　　　B. 强关系网络和弱关系网络

C. 开放关系网络和封闭关系网络　　　D. 综合关系网络和单一关系网络

答案及解析：B。美国社会学家格兰诺维特提出人际关系网络可以分为强关系网络和弱关系网络。

知识点 5

社会资本☆

1. 社会资本的含义

社会资本是指通过社会联系与社会关系所获取的资源。

2. 社会资本的研究

1980 年，法国社会学家皮埃尔·布迪厄在《社会科学研究》杂志上发表了《社会资本》短文，正式提出了“社会资本”概念。

3. 社会资本的分类

（1）以布朗等为代表，将社会资本分为微观层次的社会资本、中观层次的社会资本和宏观层次的社会资本三大类。

（2）依据社会资本的性质，社会资本分为同质性社会资本和异质性社会资本。

①同质性社会资本主要是指关系网络的构成以熟人为主体，把有共同的邻居、民族、宗教或家庭关系的人整合为紧密的社会关系，将之细分为家族型社会资本、宗族型社会资本、亲族型社会资本、乡土型社会资本、情感型社会资本等，具有一定的先赋性、封闭性和内聚性。

②异质性社会资本往往基于现代法理因素而建构，如基于业缘或趣缘关系建构的同事型社会资本、同学型社会资本、战友型社会资本、兴趣型社会资本，也有基于某一公益目的或行业利益目的而形成的，如现代公民型的各类社会团体组织、社会中介组织、各类行业协会、社区共同体等法理型社会资本。

（3）罗伯特·科利尔把社会资本分为政府社会资本和民间社会资本。

知识解读

本知识点的考查题型一般为客观题。

着重注意社会资本的含义及分类。

真题小练

单选题

1.（2016 年 4 月全国）通过社会联系与社会关系所获得的资源，被称为（　　）

A. 社会资本　　　B. 人力资本　　　C. 经济资本　　　D. 公共资本

答案及解析：A。社会资本指通过社会联系与社会关系所获取的资源。社会资本是相对于经济资本和人力资本的概念。

2.（2013 年 7 月全国）属于异质性社会资本的是（　　）

A. 家族型社会资本　　B. 乡土型社会资本

C. 同学型社会资本　　D. 宗族型社会资本

答案及解析：C。异质性社会资本往往基于现代法理因素而建构，如基于业缘或趣缘关系建构的同事型社会资本、同学型社会资本、战友型社会资本、兴趣型社会资本，也有基于某一公益目的或行业利益目的而形成的。

小试牛刀

多选题

同质性社会资本可以细分为（　　）

A. 家族型社会资本　　B. 宗族型社会资本

C. 亲族型社会资本　　D. 乡土型社会资本

E. 情感型社会资本

答案及解析：ABCDE。同质性社会资本主要是指关系网络的构成以熟人为主体，把有共同的邻居、民族、宗教或家庭关系的人整合为紧密的社会关系，将之细分为家族型社会资本、宗族型社会资本、亲族型社会资本、乡土型社会资本、情感型社会资本等，具有一定的先赋性、封闭性和内聚性。

第六章　家庭与婚姻

家庭是社会的细胞，人们通过择偶与婚姻组建自己的家庭。在家庭中，人们养育后代，进行情感交流与沟通。由于人的一生在家庭中的生活时间最长，因而家庭与婚姻在整个社会结构中具有特殊的地位。

一、【历年考情直击】

考　　点	考纲要求	考试题型	重要程度
什么是家庭与婚姻	识记、领会、简单应用	单选、多选、名词解释、简答	★
家庭的功能和类型	识记、领会、简单应用	单选、多选、简答、论述	★★
变迁中的家庭与婚姻	领会、简单应用、综合应用	简答、论述	★

二、【本章思维导图】

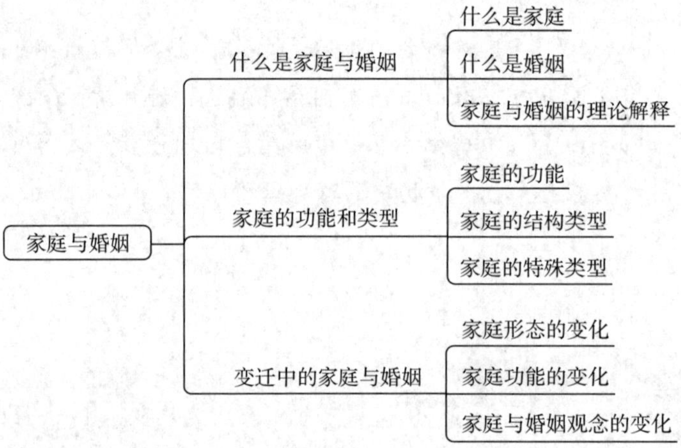

尚考通

第一节　什么是家庭与婚姻

本节内容提要

家庭是由具有婚姻、血缘或收养关系的人们组成的长期共同生活的群体，是人类生活中最基本、最重要的一种群体形式。

婚姻是家庭建立的基础，家庭一般是从婚姻开始的。婚姻通常是男女之间依照社会风俗或法律的规定而结为夫妻关系的一种社会制度。

知识点 1

什么是家庭☆

1. 家庭的概念

（1）家庭是由具有婚姻、血缘或收养关系的人们组成的长期共同生活的群体，是人类生活中最基本、最重要的一种群体形式。

（2）一般说来，婚姻关系、血缘关系和收养关系是形成家庭的基本关系。

（3）家庭的产生，是人类社会文明的重要标志。

2. 家庭的特征

威廉·古德在《家庭》中将其概括为：

（1）至少有两个不同性别的成年人居住在一起；

（2）他们之间存在着某种劳动分工，即他们并不都干同样的事；

（3）他们进行许多经济交换和社会交换，即他们相互为对方办事；

（4）他们共享许多事物，既包括物质活动，也包括社会活动；

（5）成年人与其子女之间有着亲子关系，父母对孩子拥有某种权威，但同时又对孩子承担保护、合作与抚育的义务，父母与子女相依为命；

（6）孩子之间存在着兄弟姐妹关系，共同分担义务，相互保护，相互帮助。

知识解读

本知识点的考查题型一般为主观题。

着重注意家庭的概念和特征。

真题小练

名词解释题

1.（2017 年 4 月全国）家庭

答案：家庭是由具有婚姻、血缘或收养关系的人们组成的长期共同生活的群体，是人类生活中最基本、最重要的一种群体形式。

多选题

2.（2016 年 4 月全国）著名家庭社会学家威廉·古德认为，家庭的特征包括（　　）

A. 至少有两个不同性别的成年人居住在一起

B. 他们之间存在着某种劳动分工

C. 他们进行许多经济交换和社会交换

D. 他们共享许多事物

E. 成年人与其子女之间有着亲子关系

答案及解析：ABCDE。著名家庭社会学家威廉·古德在《家庭》一书中对家庭的一般特征做过如下概括：至少有两个不同性别的成年人居住在一起；他们之间存在着某种劳动分工，即他们并不都干同样的事；他们进行许多经济交换和社会交换，即他们相互为对方办事；他们共享许多事物，既包括物质活动，也包括社会活动；成年人与其子女之间有着亲子关系，父母对孩子拥有某种权威，但同时又对孩子承担保护、合作与抚育的义务，父母与子女相依为命；孩子之间存在着兄弟姐妹关系，共同分担义务，相互保护，相互帮助。

小试牛刀

单选题

下列不属于形成家庭的基本关系的是（　　）

A. 婚姻关系　　B. 血缘关系　　C. 地缘关系　　D. 收养关系

答案及解析：C。家庭是由具有婚姻、血缘或收养关系的人们组成的长期共同生活的群体，是人类生活中最基本、最重要的一种群体形式。一般说来，婚姻关系、血缘关系和收养关系是形成家庭的基本关系。

知识点 2

什么是婚姻☆

（1）婚姻是家庭建立的基础，家庭一般是从婚姻开始的。

（2）概念：婚姻通常是男女之间依照社会风俗或法律的规定而结为夫妻关系的一种社会制度。

（3）男女两性的差别和人类所固有的性本能，是婚姻的自然基础。

（4）婚姻又是一种社会行为，婚姻在本质上和家庭一样，是一种社会关系，是社会关系的一种特殊形式。

（5）家庭制度中最重要的是婚姻制度。

知识解读

本知识点的考查题型一般为客观题和主观题。

着重注意婚姻的概念。

真题小练

单选题

1.（2008 年 4 月广东省）家庭制度中最重要的是（　　）

A. 财产继承制度　B. 婚姻制度　C. 生育制度　D. 亲子制度

答案及解析：B。婚姻是家庭建立的基础，家庭一般是从婚姻开始的。婚姻通常是男女之间依照社会风俗或法律的规定而结为夫妻关系的一种社会制度。因此，家庭制度中最重要的是婚姻制度。

名词解释题

2.（2016 年 4 月全国）婚姻

答案：婚姻通常是男女之间依照社会风俗或法律的规定而结为夫妻关系的一种社会制度。

小试牛刀

多选题

婚姻的自然基础是（　　）

A. 男女两性的差别　B. 人口延续的需要

C. 社会生产力的发展　D. 人类所固有的性本能

E. 自然环境的要求

答案及解析：AD。男女两性的差别和人类所固有的性本能，是婚姻的自然基础。

知识点 3

家庭与婚姻的理论解释☆

1. 结构－功能论分析

功能主义者强调家庭的功能——社会化、情感支持和相互陪伴、性规则及经济合作等对整个社会的福祉及平稳运行非常重要。

（1）社会化。社会化始于家庭。

（2）情感和陪伴。当今家庭的第二个主要功能是为其成员提供亲密关系和情感的支持。

（3）性规则。虽然支配性行为的观念在不同的社会中、不同的历史时期有着很大的差异，但没有一个社会将性看成是个人的事。

（4）经济合作。家庭常被部分地定义为一群人为追求经济目的而合作所形成的经济单位。

2. 社会冲突论分析

（1）同结构－功能论一样，社会冲突论将家庭看作是我们生活的中心。

（2）社会冲突论强调，家庭中两性以不同的方式彼此竞争，在这一过程中，有些家庭成员比另一些人从家庭中获益要多。

知识解读

本知识点的考查题型一般为主观题。

着重注意家庭与婚姻的理论解释。

真题小练

简答题

（2015 年 4 月全国）简述家庭与婚姻的理论解释。

答案:（1）结构 - 功能论。功能主义者强调家庭的功能——社会化、情感和陪伴、性规则及经济合作等对整个社会的福祉及平稳运行非常重要。

（2）社会冲突论。同结构 - 功能论一样，社会冲突论将家庭看作是我们生活的中心。然而，社会冲突论强调，家庭中两性以不同的方式彼此竞争，在这一过程中，有些家庭成员比另一些人从家庭中的获益要多。

小试牛刀

单选题

社会冲突论将（　　）看作是我们生活的中心 。

A. 子女　　B. 事业　　C. 家庭　　D. 集体

答案及解析：C。社会冲突理论同结构 - 功能论一样，将家庭看作是我们生活的中心。

第二节　家庭的功能和类型

本节内容提要

家庭在社会中发挥着重要的作用。社会之所以关心家庭，就在于家庭对社会具有重要的功能。家庭结构类型是指家庭成员的组合状况，它是家庭中的代际结构和人口结构的统一组合形式。

知识点 1

家庭的功能☆

（1）家庭在社会中发挥着重要的作用。社会之所以关心家庭，就在于家庭对社会具有重要的功能。

（2）家庭的主要功能如下图所示。

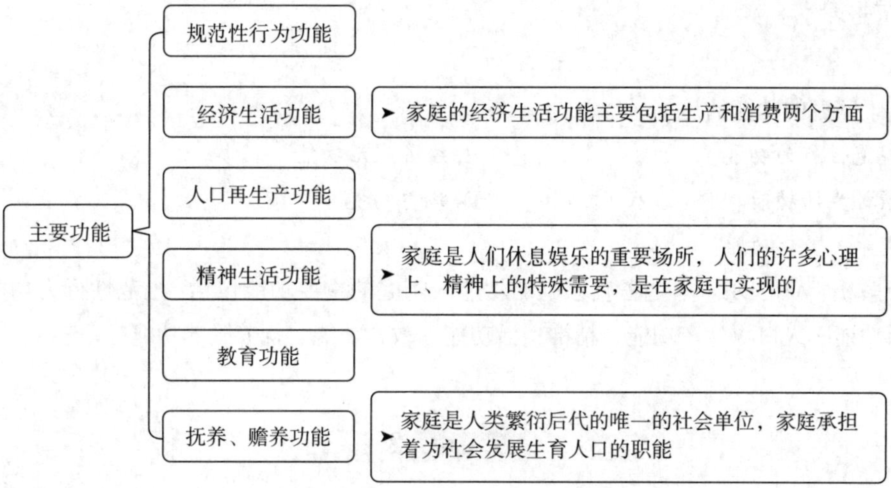

知识解读

本知识点的考查题型一般为主观题。

着重注意家庭的主要功能。

真题小练

论述题

（2008 年 7 月全国）联系实际阐述家庭的主要功能。

答案：家庭的主要功能如下。

（1）规范性行为功能。人类的性行为与动物不同，它要求在一定的社会形式下进行。家庭对两性生活的满足，不仅有利于个体的身心健康，而且在稳定社会秩序上也发挥着特殊作用。

（2）经济生活功能。家庭的经济生活功能主要包括生产和消费两个方面。家庭的生产功能具有历史性。消费功能始终是家庭的重要功能。

（3）人口再生产功能。从人类进入个体婚制以来，家庭一直承担着人类自身生产的功能。家庭是人类繁衍后代的唯一社会单位。

（4）精神生活功能。家庭是人们休息娱乐的重要场所，人们的许多心理上、精神上的特殊需要，是在家庭中实现的。

（5）教育功能。家庭是人生的第一课堂，担负着传授生活技能、灌输社会价值观念、训练和指导个人行为等促使个人社会化的责任，尤其是在儿童社会化过程中，发挥着特殊的作用。

（6）抚养、赡养功能。家庭承担着为社会发展生育人口的职能。生和养是联系在一起的，父母承担抚养子女的责任。赡养功能是中国家庭的一项传统功能。

小试牛刀

多选题

下列属于家庭的功能的是（　　）

A. 规范性行为功能　　B. 经济生活功能

C. 精神生活功能　　D. 教育功能

E. 抚养、赡养功能

答案及解析：ABCDE。本题考查家庭的功能。家庭的主要功能包括：规范性行为功能、经济生活功能、人口再生产功能、精神生活功能、教育功能、抚养赡养功能。

知识点 2

家庭的结构类型☆☆☆

1. 概念

家庭结构类型是指家庭成员的组合状况，它是家庭中的代际结构和人口结构的统一组合形式。

2. 家庭结构的主要类型

（1）核心家庭（夫妇 + 未婚子女）。

①核心家庭一般指由一对夫妇及其未婚子女生活在一起而组成的家庭。

②这种家庭规模小，人数少，只有一个核心，即夫妻关系。

③一般认为，这种家庭形式是一切家庭形式中最稳定的一种形式。

④还有一种特殊情况，即一对夫妇没有子女并且自愿终生不育的家庭。

（2）主干家庭（夫妇 + 父母 + 未婚子女）。

①主干家庭是由一对夫妇与父母和未婚子女聚居生活的家庭。

②主干家庭是以直系亲属为主的多代同堂的家庭，它是核心家庭纵向扩大的结果。

（3）联合家庭［父母 + 多对已婚子女 + 孙（外孙）子女］。

联合家庭是指由父母和多对已婚子女以及孙（外孙）子女组成的家庭。

（4）其他家庭。其他家庭是指一些不完全的家庭，如残缺家庭、断代家庭、单身家庭等。

①残缺家庭，即夫妻双方有一方因离婚、丧偶而同未婚子女生活在一起的家庭。

②断代家庭，即只有一代未婚青少年与祖（外祖）父母组成的家庭。

③单身家庭，即孤老户以及那些终身不娶或不嫁而又独身居住生活的男人或女人。

知识解读

本知识点的考查题型一般为客观题。

着重注意区分家庭结构的主要类型及其含义。

真题小练

单选题

1.（2018 年 4 月全国）有一对夫妇与父母和未婚子女聚居生活的家庭被称为（　　）

A. 联合家庭　　B. 核心家庭　　C. 组合家庭　　D. 主干家庭

答案及解析：D。主干家庭是由一对夫妇与父母和未婚子女聚居生活的家庭。

2.（2017 年 10 月全国）由父母和多对已婚子女及孙（外孙）子女组成的家庭是（　　）

A. 联合家庭　　B. 重组家庭　　C. 主干家庭　　D. 核心家庭

答案及解析：A。联合家庭是指由父母和多对已婚子女以及孙（外孙）子女组成的家庭。

3.（2016 年 10 月全国）一般认为，所有家庭形式中最稳定的是（　　）

A. 主干家庭　　B. 单身家庭　　C. 联合家庭　　D. 核心家庭

答案及解析：D。核心家庭一般指由一对夫妇及其未婚子女生活在一起而组成的家庭，一般认为，这种家庭形式是一切家庭形式中最稳定的一种形式。

简答题

4.（2011 年 4 月全国）简述家庭结构的类型。

答案：

（1）核心家庭。核心家庭一般由一对夫妇及其未婚子女生活在一起而组成。但也存在一种特殊情况，即一对夫妇没有子女并且自愿终生不育的家庭。

（2）主干家庭。主干家庭是由一对夫妇与父母和未婚子女聚居生活的家庭。

（3）联合家庭。联合家庭是指由父母和多对已婚子女以及孙（外孙）子女组成的家庭。

（4）其他家庭。其他家庭是指一些不完全的家庭，如残缺家庭、断代家庭、单身家庭等。

小试牛刀

单选题

1. 只有一代未婚青少年与祖（外祖）父母组成的家庭，被称为（　　）

A. 单亲家庭　　B. 断代家庭　　C. 单身家庭　　D. 残缺家庭

答案及解析：B。断代家庭，即只有一代未婚青少年与祖（外祖）父母组成的家庭。

2. 由一对夫妇及其未婚子女生活在一起而组成的家庭被称为（　　）

A. 联合家庭　　B. 主干家庭　　C. 重组家庭　　D. 核心家庭

答案及解析：D。核心家庭一般指由一对夫妇及其未婚子女生活在一起而组成的家庭。

知识点 3

家庭的特殊类型☆

1. 重组家庭

重组家庭不仅意味着配偶双方或配偶一方曾有过婚史，而且配偶双方或一方有可能将与前夫或前妻所生的子女带到新的家庭。

2. 失独家庭

失独家庭是指失去家中独生子女的家庭。

3. 同性恋家庭

（1）同性恋者因婚姻压力选择同性婚姻的家庭。中国同性恋者和西方的一个最大区别就是大多数人会与异性结婚，这种状况如今依然存在。

（2）互助婚姻一般是指男同性恋者和女同性恋者，迫于各自家庭压力，去民政部门登记结婚，但各自保持自己的生活和同性伴侣圈子。

4. 丁克家庭

丁克家庭即“无孩家庭”，是指那些具有生育能力而选择不生育，除了主动不生育，也可能是主观或者客观原因而被动选择不生育的家庭。

5. 留守家庭

留守家庭指夫妻一方在外流动打工，一方留守的“半流动”家庭以及夫妻双方都在外流动打工的“双流动”家庭。

知识解读

本知识点的考查题型一般为客观题。

着重注意各种特殊类型家庭的概念。

真题小练

单选题

1.（2016 年 4 月全国）失去家中独生子女的家庭被称为（　　）

A. 丁克家庭　　B. 断代家庭　　C. 失独家庭　　D. 残缺家庭

答案及解析：C。失独家庭是指失去家中独生子女的家庭。丁克家庭指有生育能力而选择不生育的家庭。断代家庭，即只有一代未婚青少年与祖（外祖）父母组成的家庭。残缺家庭，即夫妻双方有一方因离婚、丧偶而同未婚子女生活在一起的家庭。

2.（2014 年 10 月全国）“无孩家庭”被称为（　　）

A. 丁克家庭　　B. 重组家庭　　C. 留守家庭　　D. 失独家庭

答案及解析：A。丁克家庭，即“无孩家庭”。

小试牛刀

单选题

1. 配偶双方或配偶一方曾有过婚史，而且配偶双方或一方将与前夫或前妻所生的子女带到新的家庭，这种家庭被称为（　　）

A. 丁克家庭　　B. 断代家庭　　C. 重组家庭　　D. 残缺家庭

答案及解析：C。重组家庭不仅意味着配偶双方或配偶一方曾有过婚史，而且配偶双方或一方有可能将与前夫或前妻所生的子女带到新的家庭。

2. 夫妻一方在外流动打工，一方留守的“半流动”家庭以及夫妻双方都在外流动打工的“双流动”家庭被称为（　　）

A. 丁克家庭　　B. 留守家庭　　C. 断代家庭　　D. 残缺家庭

答案及解析：B。留守家庭，指夫妻一方在外流动打工，一方留守的“半流动”家庭以及夫妻双方都在外流动打工的“双流动”家庭。

第三节　变迁中的家庭与婚姻

本节内容提要

从总体上看，家庭形态呈现出核心家庭为主、主干家庭居次、单身家庭作为补充的格局。

当社会发生变革时，家庭功能相对来说是最先随之变化的。随着传统社会向现代社会的转变，家庭的许多基本功能在发生着变化。

知识点 1

家庭形态的变化☆

从总体上看，家庭形态呈现出核心家庭为主、主干家庭居次、单身家庭作为补充的格局。

1. 家庭规模小型化

我国家庭规模持续缩小，一方面是人口控制的结果；另一方面也是随着社会的进步，人们的生育观念的转变，自愿少生甚至不生育的年轻夫妇不断增加。

2. 家庭离婚率上升

（1）高离婚率是婚姻脆弱性的表现。

（2）在考虑进入离婚程序时常见的试离婚、协议离婚，是离婚理性化的表现。

（3）高离婚率提示人们在婚姻遇到危机时个性取向张扬和婚姻家庭取向弱化，反映出在一部分人思想中社会传统价值观的动摇和势衰。

3. 家庭类型多样化

其主要特征为非核心化的小家庭式样，如空巢家庭、丁克家庭、单身家庭、单亲家庭等，正在构成中国城乡家庭结构的重要特征。

知识解读

本知识点的考查题型一般为主观题。

着重注意家庭形态的变化。

真题小练

简答题

（2013 年 4 月全国）简述家庭形态的变化。

答案:从总体上看,家庭形态呈现出核心家庭为主、主干家庭居次、单身家庭作为补充的格局。

（1）家庭规模小型化。我国家庭规模持续缩小，一方面是人口控制的结果；另一方面也是随着社会的进步，人们的生育观念的转变，自愿少生甚至不生育的年轻夫妇不断增加年份。

（2）家庭离婚率上升。高离婚率是婚姻脆弱性的表现。另外，在考虑进入离婚程序时常见的试离婚、协议离婚，是离婚理性化的表现。高离婚率提示人们在婚姻遇到危机时个性取向张扬和婚姻家庭取向弱化，反映出在一部分人思想中社会传统价值观的动摇和势衰。

（3）家庭类型多样化，其主要特征为非核心化的小家庭式样，如空巢家庭、丁克家庭、单身家庭、单亲家庭等，正在构成中国城乡家庭结构的重要特征。

小试牛刀

多选题

家庭形态的变化主要体现在（　　）

A. 家庭规模小型化　　B. 家庭离婚率上升

C. 家庭类型多样化　　D. 经济功能弱化

E. 家庭的生育偏好开始改变

答案及解析：ABC。家庭形态的变化主要有：家庭规模小型化；家庭离婚率上升；家庭类型多样化。

知识点 2

家庭功能的变化☆

（1）家庭功能的变化包括功能替代、功能内涵的演变、功能外移、旧功能消失与新功能出现，以及家庭功能随着家庭生命周期的阶段性变化而发生的改变等。

（2）随着传统社会向现代社会的转变，家庭的许多基本功能在发生着变化：①经济功能弱化；②抚育和社会化的功能外移；③家庭的生育偏好开始改变；④养老功能的挑战。

知识解读

本知识点的考查题型一般为主观题。

着重注意家庭功能的变化。

真题小练

论述题

（2015 年 10 月全国）论述家庭功能的变化。

答案：家庭功能的变化包括功能替代、功能内涵的演变、功能外移、旧功能消失与新功能出现，以及家庭功能随着家庭生命周期的阶段性变化而发生的改变等。随着传统社会向现代社会的转变，家庭的许多基本功能在发生着变化，表现在：①经济功能弱化；②抚育和社会化的功能外移；③家庭的生育偏好开始改变；④养老功能的挑战。

小试牛刀

单选题

1. 下列不属于家庭基本功能的变化的是（　　）

A. 经济功能弱化　　B. 抚育和社会化的功能外移

C. 家庭的生育偏好开始改变　　D. 家庭离婚率上升

答案及解析：D。家庭基本功能的变化有：①经济功能弱化；②抚育和社会化的功能外移；③家庭的生育偏好开始改变；④养老功能的挑战。

多选题

2. 家庭功能的变化包括（　　）

A. 功能替代　　B. 功能内涵的演变

C. 功能外移　　D. 旧功能消失与新功能出现

E. 家庭功能随着家庭生命周期的阶段性变化而发生的改变

答案及解析：ABCDE。家庭功能的变化包括功能替代、功能内涵的演变、功能外移、旧功能消失与新功能出现，以及家庭功能随着家庭生命周期的阶段性变化而发生的改变等。

知识点 3

家庭与婚姻观念的变化☆

1. 性观念多元化

“谈性色变”的历史似乎已被人遗忘，中国人的性观念的转变可以说是前所未有的。

2. 地位平等化

对家庭经济事务的处理和家政决策权的分配，最能反映夫妻在家庭中的地位和彼此间的相待态度。

3. 行为理性化

在家庭与个人之间的关系上，家庭成员的自我意识进一步增强，家庭利益至上的传统观念已经动摇。

知识解读

本知识点的考查题型一般为主观题。

着重注意家庭与婚姻观念的变化。

真题小练

简答题

（2017 年 10 月全国）简述家庭与婚姻观念的变化。

答案：家庭与婚姻观念的变化包括性观念多元化、地位平等化、行为理性化 。

小试牛刀

单选题

1. 近年来我国家庭与婚姻观念的变化不包括（　　）

A. 性观念多元化　　B. 地位平等化

C. 行为理性化　　D. 方式多样化

答案及解析：D。家庭与婚姻观念的变化包括性观念多元化、地位平等化、行为理性化。

多选题

2. 当代家庭与婚姻观念的变化包括（　　）

A. 性观念多元化　　B. 地位差异化

C. 地位平等化　　D. 行为感性化

E. 行为理性化

答案及解析：ACE。家庭与婚姻观念的变化包括性观念多元化、地位平等化、行为理性化。

第七章　群体与组织

组织是人类社会群体形式之一，它是高度制度化和正规化的群体。本章将就组织的概念、特点、类型等做简单分析，并介绍组织研究中所形成的重要理论，包括韦伯的科层制理论以及相关的组织管理理论。

一、【历年考情直击】

考　　点	考 纲 要 求	考 试 题 型	重 要 程 度
什么是群体	识记、领会、简单应用、综合应用	单选、多选、名词解释、简答	★★★
组织和组织理论	识记、领会、简单应用、综合应用	单选、多选、名词解释、简答、论述	★★★
集体行为	识记、领会、简单应用、综合应用	单选、多选、名词解释、论述	★★

二、【本章思维导图】

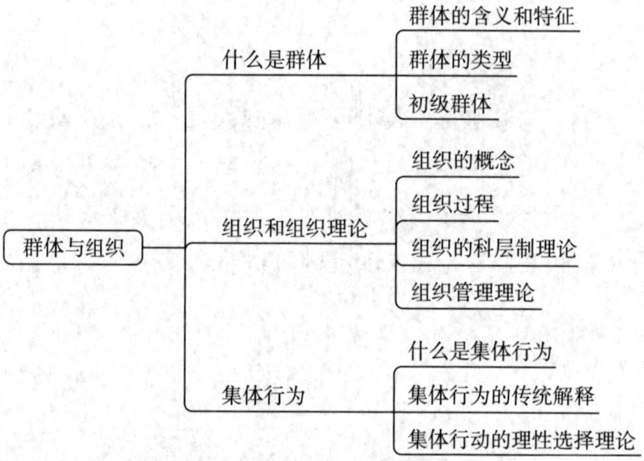

第一节　什么是群体

本节内容提要

群体是人们通过某种社会关系联结起来进行共同活动和感情交流的集体。它既同社会和个人相区别，又介于社会和个人之间，并且是联结二者的中介。

知识点 1

群体的含义和特征☆☆

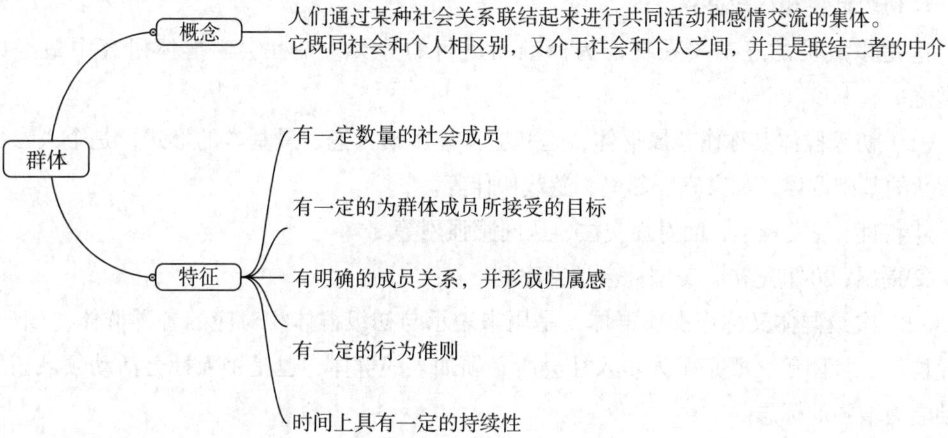

知识解读

本知识点的考查题型一般为客观题和主观题。

着重注意群体的概念及特征。

真题小练

多选题

1.（2017 年 4 月全国）群体的特征包括（　）

A. 有一定数量的社会成员　　B. 有一定的为群体成员所接受的目标

C. 有明确的成员关系　　D. 有一定的行为准则

E. 时间上具有一定的持续性

答案及解析：ABCDE。群体的特征有：有一定数量的社会成员；有一定的为群体成员所接受的目标；有明确的成员关系，并形成归属感；有一定的行为准则；时间上具有一定的持续性。

名词解释题

2.（2015 年 4 月全国）群体

答案：群体是人们通过某种社会关系联结起来进行共同活动和感情交流的集体。

小试牛刀

简答题

简述群体的特征。

答案：群体的特征有：有一定数量的社会成员；有一定的为群体成员所接受的目标；有明确的成员关系，并形成归属感；有一定的行为准则；时间上具有一定的持续性。

知识点 2

群体的类型☆☆☆

1. 初级群体和次级群体

这是以成员的互动关系特征为标准而进行的分类，是社会学群体研究中最经典的分类之一。

（1）初级群体又称作首属群体，是社会群体中最古老、最基本的形式，是个人参加社会生活的基础群体，如家庭、邻里、游戏伙伴等。

①特性：规模较小、面对面交往、认同感强烈等。

②提出：20 世纪初、美国社会学家库利。

（2）次级群体又称作次属群体，是用来表示与初级群体相对应的各种群体，如学校、职业群体、社团等，既是个人步入社会所必须加入的群体，也是个人社会活动领域拓展和活动能力增强的标志。

2. 正式群体和非正式群体

这是以群体的关系结构和组织功能为标准而进行的分类。

（1）正式群体也就是社会组织。

（2）非正式群体是一种自发形成的、无正式组织结构、无正式章程的群体，如朋友群、游伴群等。

非正式群体的主要功能是满足个人工作之外的一些心理需要。个性特征、情境和共同兴趣，在构成非正式群体中起着重要作用。正是在这个意义上，有人又把非正式群体称作心理群体或兴趣群体。

3. 内群体和外群体

这是以成员对群体的心理归属为标准而进行的分类。

（1）内群体和外群体，又称作“我群”和“他群”。这两个概念是由萨姆纳在《民俗论》（1907）一书中最先提出的。

（2）凡是成员感到自己与群体关系密切，对群体有强烈归属感的，就是内群体。

（3）那些由他人结合而成、与自己没有什么关系的群体，就属于外群体。

4. 成员群体和参照群体

这是以群体成员的归属为标准而进行的分类。

（1）成员群体也就是内群体，个人属于该群体的成员，并以本群体的规范作为自己活动的准则，各成员之间在行为上彼此互相影响。

（2）参照群体是指被某一群体成员用来作为某种参照对象并试图效法的群体。

（3）参照群体的概念，是由美国社会学家海曼提出的。

5. 大群体和小群体

这是以群体的规模为标准而进行的分类。

（1）大群体一般指规模较大、人数较多、人员之间较少直接互动的群体。典型的大群体是如阶级群体这样的利益群体。

（2）小群体则是指那些规模较小、成员之间能够直接互动的群体。

其主要特征是：成员间有面对面的联系，行为上相互作用、相互影响；成员在心理上彼此意识到对方，保持着直接的思想沟通；具有共同认可的群体规范。

知识解读

本知识点的考查题型一般为客观题。

着重注意区分不同群体的含义、分类标准。

真题小练

单选题

1.（2018 年 4 月全国）以群体成员的归属为标准，群体可以分为（　　）

A. 正式群体和非正式群体　　B. 成员群体和参照群体

C. 初级群体和次级群体　　D. 内群体和外群体

答案及解析：B。成员群体和参照群体是以群体成员的归属为标准而进行的一种群体分类。

2.（2017 年 10 月全国）属于次级群体的是（　　）

A. 邻里　　B. 家庭　　C. 游戏伙伴　　D. 社团

答案及解析：D。次级群体又称作次属群体，是用来表示与初级群体相对应的各种群体，如学校、职业群体、社团等。

3.（2016 年 10 月全国）以群体的关系结构和组织功能为标准，可将群体划分为（　　）

A. 内群体和外群体　　B. 大群体和小群体

C. 正式群体和非正式群体　　D. 成员群体和参照群体

答案及解析：C。正式群体和非正式群体是以群体的关系结构和组织功能为标准而进行的一种群体分类。

4.（2016 年 4 月全国）既是社会群体中最古老、最基本的形式，也是个人参加社会生活的基础群体，这种群体被称为（　　）

A. 内群体　　B. 初级群体　　C. 小群体　　D. 次属群体

答案及解析：B。本题考查群体的类型。其中以成员的互动关系特征为标准而进行划分可分为初级群体和次级群体。初级群体又称作首属群体，是社会群体中最古老、最基本的形式，是个人参加社会生活的基础群体，如家庭、邻里、游戏伙伴。次级群体又称作次属群体，是用来表示与初级群体相对应的各种群体，如学校、职业群体、社团等。

小试牛刀

单选题

1. 群体以成员的互动关系特征为标准可以分为（　　）

A. 初级群体和次级群体　　B. 正式群体和非正式群体

C. 内群体和外群体　　D. 大群体和小群体

答案及解析：A。初级群体和次级群体是以成员的互动关系特征为标准而进行的一种群体分类，这是社会学群体研究中最经典的分类之一。

2. 初级群体是个人参加社会生活的基础群体。属于初级群体的是（　　）

A. 社团　　B. 邻里　　C. 职业　　D. 学校

答案及解析：B。初级群体又称作首属群体，是社会群体中最古老、最基本的形式，是个人参加社会生活的基础群体，如家庭、邻里、游戏伙伴等，都属于初级群体。

3. 内群体和外群体的区分标准是（　　）

A. 成员对群体的心理归属　　B. 成员的互动关系特征

C. 群体的关系结构和组织功能　　D. 群体的规模

答案及解析：A。内群体和外群体是以成员对群体的心理归属为标准而进行的一种群体分类。

知识点 3

初级群体☆☆☆

1. 初级群体的含义

初级群体作为由面对面的互动所形成的、具有亲密的人际关系的社会群体，在社会生活中具有重要的地位和作用。

2. 初级群体的特征

（1）规模小。初级群体的规模一般在几人到十几或二十几人之间，成员之间进行着全面深入的交往。

（2）有长期的、经常的面对面互动。

（3）成员的人格特征可以得到比较全面的表现，初级群体成员之间大都处于一种较为宽松的氛围，因此可以表现出比较全面的人格特征。

（4）成员之间的角色位置难以替代。

（5）习惯、伦理道德和感情在维系群体中发挥着重要作用。初级群体一般不靠严格的规章、制度或法律等正式方式来维护，群体成员能够很好地处理相互关系，所依靠的是约定俗成的习惯或意会。人们在初级群体中生活，通常感到比较自由，不太受拘束。

3. 初级群体的类型

（1）家庭。家庭是最基本的初级群体。

（2）邻里。邻里是在地缘关系基础上结成的友好往来、守望相助的共同体。邻里既指左邻右舍几户人家，也指一个小村落或一个居民点等。

（3）伙伴群体。伙伴群体是指以性格、志向、兴趣、感情、个性等因素为纽带结合而成的一种非正式群体。

知识解读

本知识点的考查题型一般为客观题和主观题。

着重注意初级群体的含义和特征。

真题小练

单选题

1.（2011 年 4 月全国）初级群体的规模一般在（　　）

A. 0 ～ 10 人　　B. 0 ～ 20 人　　C. 0 ～ 30 人　　D. 0 ～ 40 人

答案及解析：C。初级群体的规模一般在几人到十几或二十几人之间，成员之间进行着全面深入的交往。

简答题

2.（2017 年 10 月全国）简述初级群体的特征。

答案：初级群体的特征包括以下几点。（1）规模小；（2）有长期的、经常的面对面互动；（3）成员的人格特征可以得到比较全面的表现；（4）成员之间的角色位置难以替代；（5）习惯、伦理道德和感情在维系群体中发挥着重要作用。

小试牛刀

单选题

1. 面对面的互动所形成的、具有亲密的人际关系的社会群体称（　　）

A. 亲密群体　　B. 初级群体　　C 同辈群体　　D. 次级群体

答案及解析：B。初级群体作为由面对面的互动所形成的、具有亲密的人际关系的社会群体，在社会生活中具有重要的地位和作用。

2. 最基本的初级群体是（　　）

A. 伙伴　　B. 家庭　　C. 邻里　　D. 企业

答案及解析：B。家庭是最基本的初级群体。

第二节 组织和组织理论

本节内容提要

本节所讲的组织是有别于家庭、邻里等初级群体的正式组织。所谓组织，即人们为了达到特定目标而有计划地建立起来的具有比较严密的结构的制度化的群体。

知识点 1

组织的概念☆

（1）组织是人们为了达到特定目标而有计划地建立起来的具有比较严密的结构的制度化的群体。

（2）组织是有别于家庭、邻里等初级群体的正式组织。

（3）现代社会是一个高度组织化的社会。组织的普遍存在提高了人们的社会活动效率，延伸和扩展了人类自身的能力。

知识解读

本知识点的考查题型一般为主观题。

着重注意组织的概念。

真题小练

名词解释题

（2017 年 10 月全国）组织

答案：组织，即人们为了达到特定目标而有计划地建立起来的具有比较严密的结构的制度化的群体。

小试牛刀

单选题

人们为了达到特定目标而有计划地建立起来的具有比较严密的结构的制度化的群体称为（ ）

A. 政党　　B. 组织　　C. 团体　　D. 集体

答案及解析：B。组织，即人们为了达到特定目标而有计划地建立起来的具有比较严密的结构的制度化的群体。

知识点 2

组织过程☆☆☆

1. 组织决策

（1）概念：组织决策是指组织成员从两个以上的行动方案中进行选择决断，以期最优化地达到组织目标的过程。

（2）组织决策不单是组织上层的任务，而是贯穿整个组织运行的全过程。

（3）组织决策过程的四个阶段：情报阶段、设计阶段、抉择阶段、审查阶段。

情报阶段即调查环境，了解各种决策所需要的资料；设计阶段，即制订各种可能采取的行动方案；抉择阶段，即从各种可能方案中选出一个行动方案；审查阶段，即对已选择的行动方案进行评估。

2. 组织沟通

（1）概念：组织沟通是指组织内部的信息交流，即组织成员之间通过各种形式的交往以传达思想、观点、态度、感情或情报的过程。

（2）从沟通信息的方向上看，组织沟通包括纵向沟通和横向沟通。

（3）从沟通的性质上看，组织沟通包括正式沟通和非正式沟通。

3. 组织控制

（1）概念：组织控制是指组织用各种规章制度和奖惩手段约束组织成员的行为，以保证组织的决策和指令能够有效地贯彻执行，维护组织的各项秩序。

（2）组织控制的三个过程：预先控制→现场控制→反馈控制。

①预先控制是指在组织行为发生之前所进行的一系列控制活动。

②现场控制又叫同步控制，是对正在实际进行操作的组织成员的行为进行指导和监控，使组织成员的行为始终朝向组织的目标。

③反馈控制是针对组织的成员活动结果来进行控制。组织经常对其工作人员和管理人员进行成绩考评和总结并做出物质上或精神上的奖惩，就是一种反馈控制。

知识解读

本知识点的考查题型一般为客观题。

着重注意组织决策、组织沟通、组织控制的概念以及内容。

真题小练

单选题

1.（2017 年 4 月全国）组织成员从两个以上的行动方案中进行选择决断，以期最优化地达到组织目标的过程称为（　　）

A. 组织沟通　　B. 组织决策　　C. 组织控制　　D. 组织设计

答案及解析：B。组织决策是指组织成员从两个以上的行动方案中进行选择决断，以期最优化地达到组织目标的过程。

2.（2017 年 10 月全国）组织用各种规章制度和奖惩手段约束组织成员的行为，以保证组织的决策和指令能够有效地贯彻执行，维护组织的各项秩序，这一过程称为（　　）

A. 组织沟通　　B. 组织决策　　C. 组织控制　　D. 组织设计

答案及解析：C。组织控制是指组织用各种规章制度和奖惩手段约束组织成员的行为，以保证组织的决策和指令能够有效地贯彻执行，维护组织的各项秩序。

3.（2015 年 4 月全国）在组织过程中，组织成员之间通过各种形式的交往以传达思想、观点、态度、感情或情报的过程，被称为（　　）

A. 组织沟通　　B. 组织决策　　C. 组织控制　　D. 组织设计

答案及解析：A。组织沟通是指组织内部的信息交流，即组织成员之间通过各种形式的交往以传达思想、观点、态度、感情或情报的过程。

小试牛刀

单选题

1. 组织决策的第一个阶段是（　　）

A. 设计阶段　　B. 情报阶段　　C. 审查阶段　　D. 抉择阶段

答案及解析：B。组织决策的过程可分为四个阶段。第一阶段是情报阶段，即调查环境，了解各种决策所需要的资料。第二阶段是设计阶段，即制订各种可能采取的行动方案。第三阶段是抉择阶段，即从各种可能方案中选出一个行动方案。第四阶段是审查阶段，即对已选择的行动方案进行评估。

2. 在组织控制中，对正在实际进行操作的组织成员的行为进行指导和监控，使组织成员的行为始终指向组织的目标，这一过程被称为（　　）

A. 沟通控制　　B. 预先控制　　C. 反馈控制　　D. 现场控制

答案及解析：D。现场控制又叫同步控制，是对正在实际进行操作的组织成员的行为进行指导和监控，使组织成员的行为始终朝向组织的目标。

知识点 3

组织的科层制理论☆☆☆

1. 合法性统治类型

（1）科层制，又称官僚制；是由马克斯·韦伯提出的。

（2）韦伯把历史上出现过的合法统治归纳为超凡魅力型、传统型和法理型三种纯粹类型。

①超凡魅力型，也称克里斯玛型。典型的超凡魅力型权威在先知、圣徒和宗教领袖所建立的组织中可以看到。

②传统型权威建立在人们对于习惯和古老传统的神圣不可侵犯的基础之上。传统型最典型的形式是家长制、世袭制和封建制。

③法理型权威建立在人们对于正式制定的规则和法令的正当性的基础之上。法理型权威的典型形式就是科层制。

2. 科层制的概念和特征

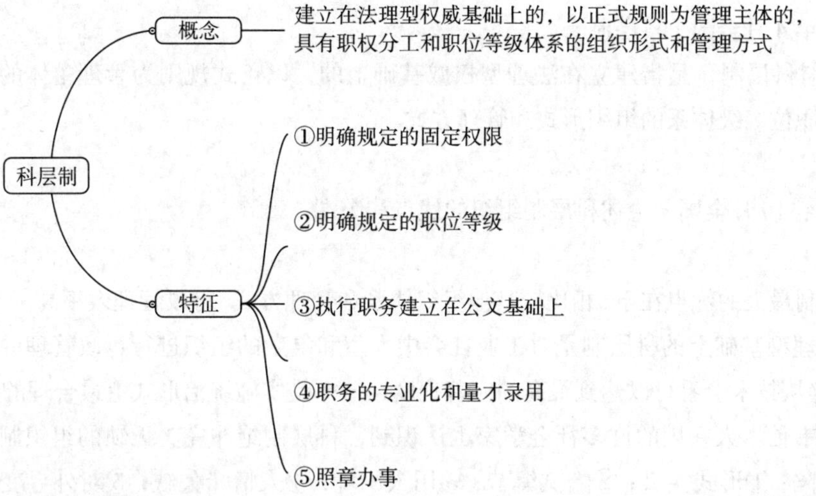

3. 科层制组织的优点和弊端

（1）优点。相比较其他组织体系和管理方式，科层制组织的行政管理效率高。韦伯相信，建立在法理型基础上的科层制是对工业社会中大型和复杂的组织进行行政管理的最有效手段，“纯粹从技术上看可以达到最高的完善程度，……是实施统治形式上最合理的形式”。

（2）弊端。①形式主义；②繁文缛节；③用人困境；④人情味欠缺；⑤对外界变化反应不灵敏。

知识解读

本知识点的考查题型一般为客观题和主观题。

着重注意科层制的概念、特征及优缺点。

真题小练

单选题

1.（2018 年 4 月全国）韦伯把历史上出现过的合法统治归纳为（　　）

A. 两种类型　　B. 三种类型　　C. 四种类型　　D. 五种类型

答案及解析：B。韦伯把历史上出现过的合法统治归纳为超凡魅力型、传统型和法理型三种纯粹类型。

2.（2013 年 4 月全国）科层制的建立基础是（　　）

A. 传统型权威　　B. 超凡魅力型权威

C. 法理型权威　　D. 制度型权威

答案及解析：C。所谓科层制，是指建立在法理型权威基础上的，以正式规则为管理主体的，具有职权分工和职位等级体系的组织形式和管理方式。

名词解释题

3.（2012 年 4 月全国）科层制

答案：所谓科层制，是指建立在法理型权威基础上的，以正式规则为管理主体的，具有职权分工和职位等级体系的组织形式和管理方式。

论述题

4.（2017 年 10 月全国）论述科层制组织的优点和弊端。

答案：

（1）科层制最大的优点在于，相比较其他组织体系和管理方式，行政管理效率高。韦伯相信，建立在法理型基础上的科层制是对工业社会中大型和复杂的组织进行行政管理的最有效手段，“纯粹从技术上看可以达到最高的完善程度，……是实施统治形式上最合理的形式”。

（2）包括韦伯本人在内的许多社会学家也认识到，科层制绝非完美无缺的组织制度，存在着许多缺陷：①形式主义；②繁文缛节；③用人困境；④人情味欠缺；⑤对外界变化反应不灵敏。

小试牛刀

单选题

1. 根据韦伯对合法统治的分类，世袭制属于（　　）

A. 魅力型　　B. 传统型　　C. 法理型　　D. 法治型

答案及解析：B。韦伯把历史上出现过的合法统治归纳为超凡魅力型、传统型和法理型三种纯粹类型。传统型最典型的形式是家长制、世袭制和封建制。

2. 科层制最大的优点在于（　　）

A. 明确的职位等级体系　　B. 专业化程度高

C. 行政管理效率高　　D. 量才录用

答案及解析：C。科层制最大的优点在于，相比较其他组织体系和管理方式，行政管理效率高。

简答题

3. 简述科层制组织的特征。

答案：科层制组织的特征包括以下几点。明确规定的固定权限；明确规定的职位等级；执行职务建立在公文基础上；职务的专业化和量才录用；照章办事。

知识点 4

组织管理理论☆☆☆

在组织管理的研究上，主要有科学管理理论、人际关系理论、组织行为理论、权变理论等。

1. 科学管理理论

（1）科学管理理论的观点认为，为了使组织更有效地实现它的目标，必须使组织的结构和过程科学化和合理化。

（2）主要代表人物：美国工程师泰罗和法国管理学家法约尔。

2. 人际关系理论

（1）代表人物：梅约、罗伊斯里斯伯格。

（2）人际关系理论认为，人是组织中最重要的因素，人不是简单的生产工具，而是具有复杂的个性和多方面的需求；在生产组织中，影响职工积极性的原因并不主要是物理因素和生理因素，起决定作用的主要是社会因素和心理因素以及在工作中形成的人际关系。

（3）形成：人际关系理论是在哈佛大学教授梅约和罗伊斯里斯伯格等人指导的著名的霍桑实验中逐步形成的。

（4）主要观点如下。

首先，人际关系理论要求组织管理重视非经济因素的影响，认为生产效率取决于社会规范而非生理能力；

其次，人际关系理论强调组织成员的群体身份对组织管理的作用，认为组织成员通常不是以个人身份而是以非正式群体的身份，参与到组织的活动中来的；

再次，人际关系理论要求组织管理重视人际沟通，认为组织领导和组织成员之间的人际沟通，包括正式和非正式的沟通，都会影响组织的行动效率和组织成员的积极性。

3. 组织行为理论

（1）组织行为理论是从人际关系理论发展而来的组织管理理论。

（2）代表人物：巴纳德和麦克雷戈。

（3）巴纳德提出了“组织平衡论”观点，认为组织的存在和成功取决于在组织成员的贡献与满足之间所维护的平衡。

（4）麦克雷戈则提出了著名的“X”理论和“Y”理论，对不同管理模式背后的理论假设进行了区别和分析。“X”理论是指一种专制型的管理理论。“Y”理论是指一种人道主义的帮助型的管理理论。

（5）组织行为理论呼吁组织采取民主而非集权专制的领导方式，认为民主型领导比专制型领导的组织效果更好。

4. 权变理论

（1）权变理论又称情势理论，认为组织管理不只是和组织本身有关，而且涉及组织和环境之间的关系，组织的管理者应根据不同的环境和具体情况，灵活地决定组织的决策方式、领导方式和行动方式。

（2）权变理论中较著名的是美国心理学家约翰·摩尔斯和杰伊·洛斯奇提出的超“Y”理论，这种理论是对“X”理论和“Y”理论的发展。

（3）超“Y”理论的基本观点如下。

①人们是带着不同的需要和动机加入工作组织的。

②不同的人对组织管理方式的要求是不同的。

③组织目标、工作性质、职工素质等因素对组织结构和领导方式的效率有很大的影响。

知识解读

本知识点的考查题型一般为客观题。

着重注意不同理论的代表人物。

真题小练

单选题

1.（2018 年 4 月全国）在组织管理理论的权变理论中较著名的是（　　）

A.“X”理论　　B. 超“X”理论　　C.“Y”理论　　D. 超“Y”理论

答案及解析：D。权变理论中较著名的是美国心理学家约翰·摩尔斯和杰伊·洛斯奇提出的超“Y”理论，这种理论是对“X”理论和“Y”理论的发展。

2.（2017 年 10 月全国）在哈佛大学教授梅约和罗伊斯里斯伯格等人指导的著名的霍桑实验中逐步形成组织管理理论的是（　　）

A. 组织行为理论　　B. 权变理论

C. 科学管理理论　　D. 人际关系理论

答案及解析：D。人际关系理论是在哈佛大学教授梅约和罗伊斯里斯伯格等人指导的著名的霍桑实验中逐步形成的。

3.（2017 年 4 月全国）美国工程师泰罗提出的组织管理理论是（　　）

A. 组织行为理论　　B. 权变理论

C. 科学管理理论　　D. 人际关系理论

答案及解析：C。科学管理理论的观点认为，为了使组织更有效地实现它的目标，必须使组织的结构和过程科学化和合理化。其主要的代表人物有美国工程师泰罗和法国管理学家法约尔。

多选题

4.（2015 年 10 月全国）组织行为理论的代表人物有（　　）

A. 梅约　　B. 泰罗　　C. 摩尔斯

D. 巴纳德　　E. 麦克雷戈

答案及解析：DE。组织行为理论是从人际关系理论发展而来的组织管理理论。其代表人物有巴纳德和麦克雷戈。

小试牛刀

单选题

1. 人是组织中最重要的因素，人不是简单的生产工具，而是具有复杂的个性和多方面的需求，这种观点来自（　　）

A. 科学管理理论　　B. 人际关系理论

C. 权变理论　　D. 组织行为理论

答案及解析：B。人际关系理论认为，人是组织中最重要的因素，人不是简单的生产工具，而是具有复杂的个性和多方面的需求；在生产组织中，影响职工积极性的原因并不主要是物理因素和生理因素，起决定作用的主要是社会因素和心理因素以及在工作中形成的人际关系。

2. "X"理论和"Y"理论的提出者是（　　）

A. 麦克雷戈　　B. 巴纳德　　C. 法约尔　　D. 洛斯奇

答案及解析：A。麦克雷戈提出了著名的"X"理论和"Y"理论，对不同管理模式背后的理论假设进行了区别和分析。

多选题

3. 权变理论的主要观点包括（　　）

A. 要求组织管理注重劳动效率

B. 不同的人对组织管理方式的要求是不同的

C. 强调组织成员的群体身份对组织管理的作用

D. 组织目标、工作性质、职工素质等因素对组织结构和领导方式的效率有很大的影响

E. 人们是带着不同的需要和动机加入工作组织的

答案及解析：BDE。权变理论中较著名的是美国心理学家约翰·摩尔斯和杰伊·洛斯奇提出的超"Y"理论，这种理论是对"X"理论和"Y"理论的发展。其基本观点为：人们是带着不同的需要和动机加入工作组织的；不同的人对组织管理方式的要求是不同的；组织目标、工作性质、职工素质等因素对组织结构和领导方式的效率有很大的影响。

第三节　集体行为

本节内容提要

集体行为是指在缺乏确定的组织程序和制度规范的条件下，很大程度上自发形成的，由许多个体参加的非制度化的行为。集体行为的类型十分广泛，从传播谣言和时尚流行到社会运动和革命，都属于集体行为的研究范围。

知识点 1

什么是集体行为☆

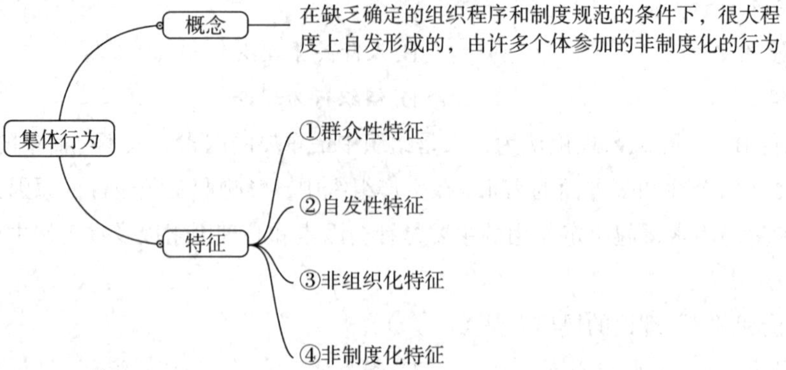

知识解读

本知识点的考查题型一般为客观题和主观题。

着重注意集体行为的概念和特征。

真题小练

多选题

1.（2017 年 10 月全国）集体行为的特征包括（　　）

A. 群众性　　B. 自发性　　C. 结构性

D. 非组织化　　E. 非制度化

答案及解析：ABDE。一般来说，集体行为具有群众性、自发性、非组织化和非制度化四个特征。

名词解释题

2.（2017 年 4 月全国）集体行为

答案：集体行为是指在缺乏确定的组织程序和制度规范的条件下，很大程度上自发形成的，由许多个体参加的非制度化的行为。

小试牛刀

单选题

集体行为的特征不包括（　　）

A. 群众性　　B. 自发性　　C. 结构性　　D. 非制度化

答案及解析：C。集体行为具有群众性、自发性、非组织化和非制度化四个特征。

知识点 2

集体行为的传统解释☆☆

1. 勒庞的乌合之众理论

1896 年，古斯塔夫·勒庞出版了《乌合之众》一书，从社会心理学视角来解释集体行为。该书产生了深远的社会影响。

2. 斯梅尔瑟的价值累加理论

（1）斯梅尔瑟认为不能单纯地从心理的角度来解释集体行为，而应该把集体行为的形成和社会结构联系起来。

（2）斯梅尔瑟提出，只有当六个因素不断累加影响下，才会导致集体行为的发生。这六个因素是：①结构性助因；②结构性紧张；③一般化信念；④促发性因素；⑤行动动员；⑥社会控制。

知识解读

本知识点的考查题型一般为客观题。

着重注意勒庞的乌合之众理论和斯梅尔瑟的价值累加理论。

真题小练

单选题

1.（2017 年 10 月全国）在解释集体行为的理论中，斯梅尔瑟提出的是（　　）

A. 搭便车理论　　B. 价值累加理论

C. 资源动员理论　　D. 乌合之众理论

答案及解析：B。斯梅尔瑟的价值累加理论：斯梅尔瑟认为不能单纯地从心理的角度来解释集体行为，而应该把集体行为的形成和社会结构联系起来。

2.（2017 年 4 月全国）从社会心理学视角来解释集体行为的理论是（　　）

A. 乌合之众理论　　B. 价值累加理论

C. 理性选择理论　　D. 搭便车理论

答案及解析：A。勒庞的乌合之众理论：1896 年，古斯塔夫·勒庞出版了《乌合之众》一书，从社会心理学视角来解释集体行为。该书产生了深远的社会影响。

3.（2015 年 4 月全国）在集体行为的传统解释中，认为“应该把集体行为的形成和社会结构联系起来”的理论是（　　）

A. 乌合之众理论　　B. 价值累加理论

C. 理性选择理论　　D. 搭便车理论

答案及解析：B。斯梅尔瑟的价值累加理论：斯梅尔瑟认为不能单纯地从心理的角度来解释集体行为，而应该把集体行为的形成和社会结构联系起来。

小试牛刀

单选题

1. 斯梅尔瑟的价值累加理论提出，导致集体行为发生的因素有（　　）

A. 三个　　B. 四个　　C. 五个　　D. 六个

答案及解析：D。斯梅尔瑟认为不能单纯地从心理的角度来解释集体行为，而应该把集体行为的形成和社会结构联系起来。斯梅尔瑟提出，只有当六个因素不断累加影响下，才会导致集体行为的发生。

2. 在解释集体行为的理论中，勒庞提出的是（　　）

A. 搭便车理论　　B. 价值累加理论

C. 资源动员理论　　D. 乌合之众理论

答案及解析：D。1896 年，古斯塔夫·勒庞出版了《乌合之众》一书，从社会心理学视角来解释集体行为。该书产生了深远的社会影响。

知识点 3

集体行动的理性选择理论☆

1. 奥尔森的搭便车理论

（1）美国学者奥尔森在《集体行动的逻辑》一书中详尽地探讨了他提出的搭便车理论。

（2）私人物品：经济学把具有排他性和竞争性的物品称为私人物品。

①竞争性是指某物品被某个人消费的时候，别的人就无法享用了。

②排他性是指在所有权明确的制度条件下，某物品的拥有者可以很容易地或者以非常小的成本来阻止其他人消费该物品。

（3）公共物品：不具有排他性和竞争性。

（4）搭便车问题：对于公共物品，消费者往往会有强烈的经济动机促使其做出“搭便车”行为，即让其他的社会成员去承担该公共物品的费用，因为他知道公共物品一旦生产出来，不管有没有承担费用，大家都可以分享。

（5）奥尔森的搭便车理论的假设：如果个体越理性，群体规模越大，那么这个群体发生集体行为的可能性就越小。

（6）选择性激励是指给予在集体行为中付出较多努力的群体成员获得相应的收益，从而吸引个人在集体行动中做出更大的努力。

2. 社会运动的资源动员理论

（1）资源动员理论特别关注对社会运动的解释。社会运动主要指有比较明确的变革社会的目标，组织化程度也相对较高的那类集体行为。

（2）资源动员理论的代表人物有麦卡锡和扎尔德等。

（3）社会运动所需要的资源：时间资源、参与者规模、金钱与物质资源、外界支持、理念资源。

知识解读

本知识点的考查题型一般为客观题和主观题。

着重注意斯梅尔瑟的价值累加理论和社会运动的资源动员理论。

真题小练

单选题

1.（2014年10月全国）如果个体越理性，群体规模越大，那么这个群体发生集体行为的可能性就越小，这种解释集体行为的理论是（　　）

A. 乌合之众理论　　B. 价值累加理论

C. 资源动员理论　　D. 搭便车理论

答案及解析：D。奥尔森的搭便车理论的假设是：如果个体越理性，群体规模越大，那么这个群体发生集体行为的可能性就越小。

论述题

2.（2016年10月全国）试述社会运动的资源动员理论。

答案：

（1）资源动员理论特别关注对社会运动的解释。社会运动主要指有比较明确的变革社会的目标，组织化程度也相对较高的那类集体行为。资源动员理论的代表人物有麦卡锡和扎尔德等。

（2）在资源动员理论看来，更具关键性意义的是社会运动是否能够动员到足够的资源，只有当资源足够的条件下，不满才可能转化为集体行动。

（3）社会运动所需要的资源至少包括以下五种。

①时间资源。社会运动的参与需要时间，因此社会运动需要那些可以抽出时间的参与者。

②参与者规模。社会运动是否能够形成以及是否能够坚持和达到目标，和是否能够动员出足够数量的参与者相关联。参与者越多，社会运动的影响力就越大，成功的希望也越大。

③金钱与物质资源。社会运动必须要有足够的资金和物资才能有效地宣传和吸引新参与者的加入。

④外界支持。任何成功的社会运动都得到了群体成员以外的各种外部力量的支持。而大众媒体在为社会运动争取外界支持方面的作用日益显现。

⑤理念资源。社会运动常常需要通过共同的理念把原本没有关系的人集合在一起，因此理念成为社会运动的重要资源。

小试牛刀

单选题

1. 在解释集体行为的理论中，奥尔森提出的是（　　）

A. 搭便车理论　　B. 价值累加理论

C. 资源动员理论　　D. 乌合之众理论

答案及解析：A。美国学者奥尔森在其《集体行动的逻辑》一书中详尽地探讨了他提出的搭便车理论。

名词解释题

2. 社会运动

答案：社会运动主要指有比较明确的变革社会的目标，组织化程度也相对较高的那类集体行为。

第八章　教育、劳动与消费

教育、劳动与消费是社会与个体生活中不可忽视的现象与过程，历来受到社会科学家的高度关注。包括教育学、经济学、社会学和心理学在内的各个学科，都对教育、劳动与消费进行过深入研究。

一、【历年考情直击】

考　点	考纲要求	考试题型	重要程度
教育	识记、领会、简单应用、综合应用	单选、多选、名词解释、论述	★★
劳动	识记、领会、简单应用、综合应用	单选、名词解释	★★
消费	识记、领会、简单应用、综合应用	单选、多选、名词解释、简答、论述	★

二、【本章思维导图】

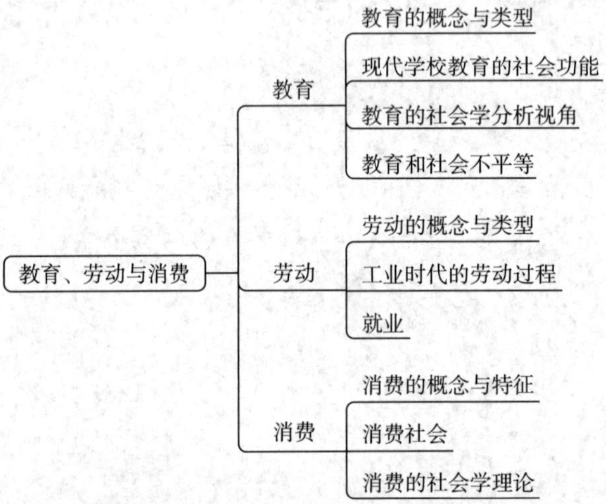

尚考通

第一节 教育

本节内容提要

教育，通常有广义和狭义两种概念。广义教育泛指一切传播和学习人类文明成果——各种知识、技能和社会生活经验，以促进个体社会化和社会个性化的社会实践活动，产生于人类社会初始阶段。狭义的教育专指学校教育，即制度化教育。

知识点 1

教育的概念与类型☆

1. 教育的概念

广义教育泛指一切传播和学习人类文明成果——各种知识、技能和社会生活经验，以促进个体社会化和社会个性化的社会实践活动，产生于人类社会初始阶段。

狭义的教育专指学校教育，即制度化教育。

2. 教育的类型

（1）从教育发生的场所来说，可以分为家庭教育、学校教育和社会教育。

①家庭教育通常指父母或其他年长者在家庭中对子女或其他晚辈的教育，对象主要是家庭中的幼儿和少年。

②学校教育（狭义的教育）意指通过专门的学校教育机构，对受教育者施加的影响，期望其发生预期变化的一种教育制度。

③社会教育意指学校活动之外，有意识地培养社会成员，有助于其身心发展的各项社会活动。社会教育是最早的教育形态。

（2）从个体对教育的需求而言，可以把教育分为生存教育和地位教育

①生存教育指一个人为适应当下社会的基本生存而必须接受的教育。

②地位教育指一切超出基本生存所必需的教育之外的出于维护社会地位需求的教育类型。

知识解读

本知识点的考查题型一般为客观题和主观题。

着重注意教育的概念及其分类依据。

真题小练

单选题

1.（2015 年 4 月全国）从个体对教育的需求而言，可以把教育分为（ ）

A. 经济教育和文化教育　　B. 家庭教育和社会教育

C. 学校教育和家庭教育　　　　　　D. 生存教育和地位教育

答案及解析：D。从个体对教育的需求而言，可以把教育分为生存教育和地位教育。

名词解释题

2.（2016 年 4 月全国）广义教育

答案：广义教育泛指一切传播和学习人类文明成果——各种知识、技能和社会生活经验，以促进个体社会化和社会个性化的社会实践活动，产生于人类社会初始阶段。

小试牛刀

单选题

1. 通过专门的学校教育机构，对受教育者施加影响，期望其发生预期变化的一种教育制度是（　　）

A. 家庭教育　　B. 社会教育　　C. 学校教育　　D. 劳动教育

答案及解析：C。学校教育是通过专门的学校教育机构，对受教育者施加的影响，期望其发生预期变化的一种教育制度。

名词解释题

2. 教育（狭义）

答案：狭义的教育专指学校教育，即制度化教育。

知识点 2

现代学校教育的社会功能☆☆

1. 杜威等学者的观点

（1）美国哲学家和教育家约翰·杜威（1859—1952）认为，教育的首要功能是社会化。

①他提出“教育即生活”“教育即改造”“学校即社会”和“儿童中心论”等观点。

②教育的次级功能，更主要体现在教育的次级社会功能就是通过个体的发展，来维持社会系统的运作，维护社会制度和再生产现存的生产关系。

（2）涂尔干的观点：教育能使儿童将其所处社会环境中的规则内化，成为自身行动的参照，同时还能教给儿童履行专门行业所需的技能。

（3）默顿的观点：大量的社会现象都可能同时存在着显功能与潜功能。

2. 现代学校教育的显功能

（1）社会化的功能。教育（尤其是狭义的教育）是现代社会中个体社会化的主要方式。通过学校教育，受教育者学习科学文化知识和生活技能，接受主流社会价值观念，习得角色规范。

（2）社会选拔的功能。教育根据社会分工的需求对受教育者进行筛选，将其分配到不同的职业岗位上。

（3）提高人口素质的功能。教育可以减少人口数量，提高人口素质，促进人口结构合理化，推动经济社会发展。

（4）知识技术创新的功能。学校不但是传播知识和科学技术的场所，也是知识和科技创新的重要场所。

3. 现代学校教育的潜功能

（1）建立未来人际关系。在接受学校教育的过程中，社会成员与老师、同学之间建立起某种长期、持续、密切互动的社会关系。

（2）减小就业压力。学校教育的普及能够延迟就业者进入劳动力市场的时间，从而减小社会的就业压力。

（3）社会控制的功能。受教育者大多处于青少年时期，在学校接受教育而不是在社会上游逛，在某种程度上发挥着社会控制的功能。

知识解读

本知识点的考查题型一般为客观题。

着重注意现代学校教育的潜功能和显功能。

真题小练

单选题

1.（2018 年 4 月全国）现代学校教育的潜功能之一是（　　）

A. 社会选拔　　B. 社会化

C. 知识技术创新　　D. 减小就业压力

答案及解析：D。现代学校教育的潜功能有：建立未来人际关系；减小就业压力；社会控制的功能。

多选题

2.（2016 年 10 月全国）现代学校教育的显功能包括（　　）

A. 社会化的功能　　B. 社会控制的功能

C. 社会选拔的功能　　D. 提高人口素质的功能

E. 知识技术创新的功能

答案及解析：ACDE。现代学校教育的显功能：社会化的功能；社会选拔的功能；提高人口素质的功能；知识技术创新的功能。

小试牛刀

单选题

1. 属于现代学校教育潜功能的是（　　）

A. 社会选拔的功能　　B. 社会控制的功能

C. 知识技术创新的功能　　D. 社会化的功能

答案及解析：B。现代学校教育的潜功能有：建立未来人际关系；减小就业压力；社会控制的功能。

多选题

2. 现代学校教育的潜功能有（　　）

A. 建立未来人际关系　　B. 减小就业压力

C. 提高人口素质的功能　　D. 知识技术创新的功能

E. 社会控制的功能

答案及解析：ABE。现代学校教育的潜功能有：建立未来人际关系；减小就业压力；社会控制的功能。

知识点 3

教育的社会学分析视角☆

教育的社会学分析有三个研究传统：功能论、冲突论与互动论。

1. 功能论视角下的教育

（1）对教育的社会学考察首先应当关注其功能，即为专门化的社会角色提供训练有素的能力，具体表现为：社会化即让个体成为社会的；遴选即为分工后形成的不同社会角色提供适当人选。

（2）直接来源是社会学家涂尔干，代表是美国社会学家帕森斯。

2. 冲突论视角下的教育

（1）冲突论认为，社会秩序不是建立在对共同价值的一致认可上，而是建立在统治阶级的控制权力上。

（2）具体至教育研究领域，学校不再被视为社会实现其自我良性再生产的领域，而成为统治阶级用以生产与其特殊地位与利益相吻合地位的工具。

3. 互动论视角下的教育

在教育的社会学研究中，互动论传统被称为“人本主义”和微观取向。与之前的宏观社会制度思维不同，它将视角引入具体的教育场景之中，引入人与人的互动关系之中。

知识解读

本知识点的考查题型一般为客观题。

着重注意区分不同视角下的教育。

真题小练

单选题

1.（2017 年 4 月全国）教育能够为专门化的社会角色提供训练有素的能力，这种关于教育的社会学分析视角是（　　）

A. 冲突论视角　　B. 互动论视角　　C. 后现代视角　　D. 功能论视角

答案及解析：D。功能论视角下的教育。对教育的社会学考察首先应当关注其功能，即为专门化的社会角色提供训练有素的能力，具体表现为：社会化即让个体成为社会的；遴选即为分工后形成的不同社会角色提供适当人选。

2.（2018 年 4 月全国）学校不再被视为社会实现其自我良性再生产的领域，而成为统治阶级用于生产与其特殊地位和利益相吻合的工具，这种教育的社会学分析视角是（　　）

A. 冲突论视角　　B. 互动论视角　　C. 后现代视角　　D. 功能性视角

答案及解析：A。冲突论视角下的教育。冲突论认为，社会秩序不是建立在对共同价值的一致认可上，而是建立在统治阶级的控制权力上。具体至教育研究领域，学校不再被视为社会实现其自我良性再生产的领域，而成为统治阶级用以生产与其特殊地位与利益相吻合地位的工具。

小试牛刀

单选题

将研究视角引入具体的教育场景之中，引入人与人的互动关系之中，这是教育社会学分析视角中的（　　）

A. 冲突论视角　　B. 互动论视角　　C. 后现代论视角　　D. 功能论视角

答案及解析：B。互动论视角下的教育。在教育的社会学研究中，互动论传统被称为“人本主义”和微观取向。与之前的宏观社会制度思维不同，它将视角引入具体的教育场景之中，引入人与人的互动关系之中。

知识点 4

教育和社会不平等☆

1. 教育不平等现象

（1）一方面体现在教育资源分配的不平等，另一方面也体现在教育没有带来大规模的向上社会流动。

（2）作为一种社会的稀缺资源，受教育的机会在很长一段时间内都被精英阶层控制着，由此造成了明显的教育阶层差异、性别以及种族歧视。

（3）大众教育时代的到来，在一定程度上缓解了上述问题，但依然没有实现教育的全面平等。

2. **教育不平等的社会学分析**

作为教育社会学的核心议题之一，学校教育与社会不平等的关系研究得到了广大研究者的关注，主要有对制度化教育的批判、教育与文化资本、劳工阶层子弟的“亚文化”三个方面。

（1）对制度化教育的批判。教育通常被认为是能够促进社会平等的手段。

（2）教育与文化资本。现实生活中可以观察到一类现象，接受同样的教育，但取得的学习（学术）成就却可能因人而异。

（3）劳工阶层子弟的“亚文化”。社会学家保罗•威利斯根据在英国伯明翰的实地调查，提出了有关“亚文化”再生产机制的讨论，即劳工阶层的子女是如何再次成为劳工的。

知识解读

本知识点的考查题型一般为主观题。

着重注意教育不平等的社会学分析。

真题小练

论述题

（2013 年 7 月全国）联系实际对教育不平等现象进行社会学分析。

答案:（1）对制度化教育的批判。教育通常被认为是能够促进社会平等的手段。但是美籍奥地利学者伊凡・伊利奇则质疑了这种常识性观点。在题为《去学校化的社会》一书中，伊利奇对学校教育进行了激烈的批判，认为学校作为一种制度化教育，其实无法改变社会的不平等，恰恰相反，它的基本逻辑还正在强化和再生产着这种不平等。制度化教育对促进社会发展进步曾经做出了不容否认的贡献，可进入信息时代以来，其固有的内在矛盾使它的积极作用日渐下降，弊端逐渐显露，甚至出现手段与目标相背离的悖论。这一现实迫使人们革新学校教育，寻找一种全新的教育格局来替代制度化教育。

（2）教育与文化资本。现实社会中可以观察到一类现象，接受同样的教育，但取得的学习（学术）成就却可能因人而异。经济学家们通常从个人能力的角度加以解释，认为是这种先天的差异导致了学习结果的不同；同时，受教育者学术成就的取得往往被教育研究者归功于学校。对此，法国社会学家布迪厄从文化资本的再生产角度加以批驳，并着重分析了这一事实，即为什么来自社会下层的思维方式更容易在正式的学校环境中遭遇排斥。

（3）劳工阶层子弟的“亚文化”。与“对制度化教育的批判”类似，“劳工阶层子弟的‘亚文化’”分析思路同样出现于当时西方教育制度弊病迭出的背景下。从 20 世纪中后期开始，西方教育管理研究者开始对原有的“和谐的、有效的”教育组织制度进行批判，并试图建立一个新的理论框架来思考“社会到底需要怎样的教育体系”。但在这一理论思路的发展过程中，逐步流于过度抽象的讨论，失去了对现实问题的解释力。学者们开始尝试研究实际的学校环境，教育者与被教育者的交往方式等具体现象，试图找到“教育失败”的理由。社会学家保罗・威利斯根据在英国伯明翰的实地调查，提出了有关“亚文化”再生产机制的讨论，即劳工阶层的子女是如何再次成为劳工的。

小试牛刀

单选题

作为一种社会的稀缺资源，受教育的机会在很长一段时间内都被精英阶层控制着，由此造成了明显的教育阶层差异、性别以及种族歧视，这反映了（　　）。

A. 教育资源分布不平衡现象　　B. 教育不平等现象

C. 教育普及范围不高现象　　D. 教育资源稀缺现象

答案及解析：B。教育不平等现象：作为一种社会的稀缺资源，受教育的机会在很长一段时间内都被精英阶层控制着，由此造成了明显的教育阶层差异、性别以及种族歧视。

第二节 劳动

本节内容提要

劳动是有目的、有意识地变换、调整和控制自然界的活动，包括脑力活动和体力活动。劳动是马克思主义的核心范畴之一，马克思在《资本论》和《哥达纲领批判》等著作中对劳动都有深刻的论述。

知识点 1

劳动的概念与类型☆

1. 什么是劳动

（1）概念：劳动是有目的、有意识地变换、调整和控制自然界的活动，包括脑力活动和体力活动。

（2）劳动是马克思主义的核心范畴之一，马克思在《资本论》和《哥达纲领批判》等著作中对劳动都有深刻的论述。

①马克思认为劳动是人类最基本的实践活动，是人类生存和发展的基本条件。

②劳动具有经济意义。

③劳动具有社会意义。

④劳动也具有文化意义。

随着人类社会的发展，劳动不仅仅是个人和社会的生产基础，开始更加强调其对个人尊严和社会进步的意义。

2. 劳动的类型

（1）根据有否劳动报酬，分为有薪劳动和无薪劳动。

①有薪劳动又称为工作，以出卖劳动力换来一定薪资的报酬。

②无薪劳动包括志愿劳动、家务劳动等，这些劳动虽然付出了脑力和体力成本，但是没有薪资报酬。

（2）根据消耗体力还是脑力，分为体力劳动和脑力劳动。

①体力劳动是指以人体肌肉与骨骼运动为主，以大脑和其他生理系统运动为辅的人类劳动。

②脑力劳动是指以大脑神经系统运动为主，以其他生理系统运动为辅的主体劳动。

（3）根据劳动的二重性，分为具体劳动和抽象劳动。

①具体劳动是指在一定具体形式下进行的劳动，创造商品的使用价值，体现的是人与自然的关系。

②抽象劳动是指撇开劳动的具体形式的一般人类劳动，形成商品的价值，体现商品生产者之间的经济社会关系。

知识解读

本知识点的考查题型一般为客观题和主观题。

着重注意劳动的概念及劳动的二重性。

真题小练

单选题

1.（2018 年 4 月全国）根据劳动的二重性，劳动可分为（　　）

A. 体力劳动和脑力劳动　　B. 个体劳动和群体劳动

C. 具体劳动和抽象劳动　　D. 有薪劳动和无薪劳动

答案及解析：C。根据劳动的二重性，劳动分为具体劳动和抽象劳动。

名词解释题

2.（2014 年 10 月全国）劳动

答案：劳动是有目的、有意识地变换、调整和控制自然界的活动，包括脑力活动和体力活动。

小试牛刀

单选题

1. 以人体肌肉与骨骼运动为主，以大脑和其他生理系统运动为辅的人类劳动是（　　）

A. 脑力劳动　　B. 具体劳动　　C. 体力劳动　　D. 抽象劳动

答案及解析：C。体力劳动是指以人体肌肉与骨骼运动为主，以大脑和其他生理系统运动为辅的人类劳动。

多选题

2. 根据劳动的二重性，劳动分为（　　）

A. 有薪劳动　　B. 体力劳动　　C. 脑力劳动

D. 具体劳动　　　　E. 抽象劳动

答案及解析：DE。根据劳动的二重性，劳动分为具体劳动和抽象劳动。

名词解释题

3. 抽象劳动

答案：抽象劳动是指撇开劳动的具体形式的一般人类劳动，形成商品的价值，体现商品生产者之间的经济社会关系。

知识点 2

工业时代的劳动过程☆☆

1. 福特主义

（1）概念："福特主义"一词起源于安东尼奥·葛兰西，指以泰勒制原则（一种使作业标准化、规范化的工业管理方法）和市场为导向，以分工和专业化为基础的生产劳动方式。

（2）主要特征如下。

①以生产机械化、自动化和标准化形成的流水线作业及其相应的工作组织，通过大规模生产极大地提高了标准化产品的劳动生产率。通过精细化的分工和横向分割的科层化管理，工人丧失了对劳动过程的自主性。

②劳资双方从劳资双方关于工作过程控制权的斗争转变为保障就业权和工资决定的斗争，最终形成了以劳资集体谈判制度为核心的劳资关系新形式。劳资之间通过集体谈判所形成的工资增长与生产率联系机制诱发了大规模消费，促进了大规模生产的进一步发展。

③专用性机器投资和低技能工人相结合的生产过程提高了资本有机构成，通过加速资本周转来降低高资本有机构成对利润率的影响，促进了企业之间纵向一体化过程，从而在主要行业形成了垄断竞争的市场格局。

2. 后福特主义

（1）概念：后福特主义是指以精益生产、柔性专业化等非大规模生产方式为核心的新的资本主义积累方式及其社会经济结构的生产劳动方式。

（2）后福特主义采用灵活化的机器设备和具有广泛熟练技术的劳动力组织生产，引发了当代资本主义生产方式的重大创新和变革。

（3）主要特征如下。

①灵活的专项化生产取代了大规模标准化消费商品的生产。

②减少所有不能增加产品最终价值的间接劳动形式，包括监督活动、质量控制、维护工作和清理工作等。

③随着信息处理资源越来越掌握在企业一线工作区域，工作团队的自主权增加，企业内部协调信息发生了从中央集中处理到分散处理的转换。

④劳资关系从福特主义下的对抗性的竞争关系，变成某种程度上的相互合作与信任关系。

3. 当代资本主义劳动过程批判

（1）布雷弗曼的压迫机制理论。布雷弗曼的压迫机制理论揭示了垄断资本主义时期劳动过程中的资本家彻底剥夺工人对劳动控制权的机制。

（2）布洛维的生产政体理论。布洛维的生产政体理论，揭示出资本主义劳动过程的政治效果和生产的政治规范工具共同构成了一个工厂独特的生产政体。

知识解读

本知识点的考查题型一般为客观题。

着重注意福特主义和后福特主义的概念。

真题小练

单选题

1.（2016 年 4 月全国）以泰勒制原则和市场为导向，以分工和专业化为基础的生产劳动方式被称为（ ）

A. 生产政体　　B. 福特主义　　C 压迫机制　　D. 后福特主义

答案及解析：B。“福特主义”一词起源于安东尼奥 · 葛兰西，指以泰勒制原则（一种使作业标准化、规范化的工业管理方法）和市场为导向，以分工和专业化为基础的生产劳动方式。

2.（2016 年 10 月全国）以精益生产、柔性专业化等非大规模生产方式为核心的新的资本主义积累方式及其社会经济结构的生产劳动方式，被称为（　）

A. 新福特主义　　B. 福特主义　　C. 后福特主义　　D. 前福特主义

答案及解析：C。后福特主义是指以精益生产、柔性专业化等非大规模生产方式为核心的新的资本主义积累方式及其社会经济结构的生产劳动方式。

3.（2013 年 4 月全国）后福特主义的特征之一表现在（　　）

A. 工人丧失了对劳动过程的自主性

B. 以劳资集体谈判制度为核心的劳资关系新形式

C. 劳资关系变成某种程度上的相互合作与信任关系

D. 主要行业形成了垄断竞争的市场格局

答案及解析：C。后福特主义主要具有四个特征：第一，灵活的专项化生产取代了大规模标准化消费商品的生产；第二，减少所有不能增加产品最终价值的间接劳动形式，包括监督活动、质量控制、维护工作和清理工作等；第三，随着信息处理资源越来越掌握在企业一线工作区域，工作团队的自主权增加，企业内部协调信息发生了从中央集中处理到分散处理的转换；第四，劳资关系从福特主义下的对抗性的竞争关系，变成某种程度上的相互合作与信任关系。

小试牛刀

单选题

1. 福特主义的特征之一表现在（　　）

A. 企业内部协调信息发生了从中央集中处理到分散处理的转换

B. 工人丧失了对劳动过程的自主性

C. 劳资关系变成某种程度上的相互合作与信任关系

D. 灵活的专项化生产

答案及解析：B。福特主义主要具有三个特征：第一，以生产机械化、自动化和标准化形成的流水线作业及其相应的工作组织，通过大规模生产极大地提高了标准化产品的劳动生产率。通过精细化的分工和横向分割的科层化管理，工人丧失了对劳动过程的自主性。第二，劳资双方从劳资双方关于工作过程控制权的斗争转变为保障就业权和工资决定的斗争，最终形成了以劳资集体谈判制度为核心的劳资关系新形式。第三，专用性机器投资和低技能工人相结合的生产过程提高了资本有机构成，通过加速资本周转来降低高资本有机构成对利润率的影响，促进了企业之间纵向一体化过程，从而在主要行业形成了垄断竞争的市场格局。

名词解释题

2. 后福特主义

答案：后福特主义是指以精益生产、柔性专业化等非大规模生产方式为核心的新的资本主义积累方式及其社会经济结构的生产劳动方式。

知识点 3

就业☆☆

1. 影响求职成功的主要因素

（1）人力资本。从统计学意义上来说，一个人受教育程度越高，其在劳动力市场上的竞争力就越强。

（2）社会网络。大量研究表明，导致劳动者在劳动力市场中的结果差异不仅仅是由于人力资本的不同，个人的社会网络对求职有着很大的帮助。

（3）社会制度。社会制度是劳动力市场运行的基础，劳动力市场不是在真空中运行的，而是在特定社会制度背景下形成和发展的。

（4）社会偏见。社会偏见是对某一个人或团体所持有的一种不公平、不合理的消极否定的态度。

2. 失业

（1）概念：失业是指达到就业年龄具备工作能力谋求工作但未得到就业机会的状态。

（2）失业类型如下图所示。

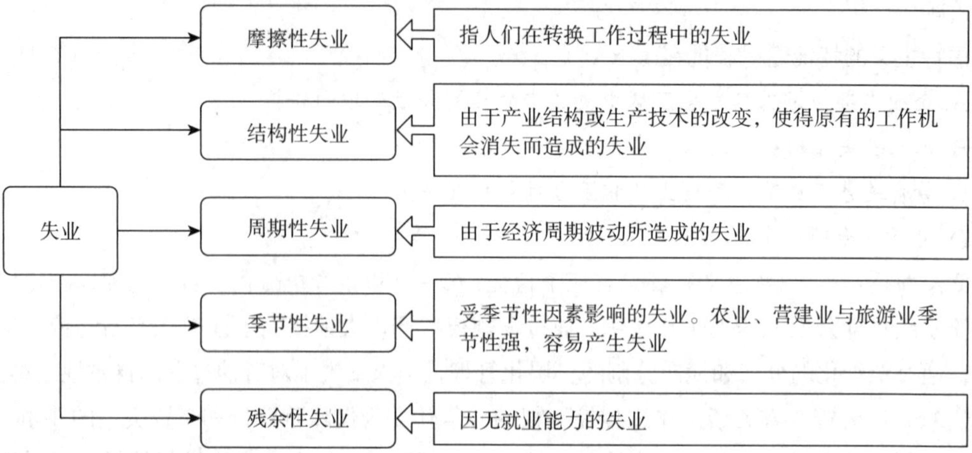

（3）失业率是指失业人口占劳动人口的比率，是准确描述就业形势的关键性指标。

3. 劳动力市场分割

（1）劳动力市场往往呈现出分割状态。

（2）常见的一种分割就是劳动力市场分割为主要劳动力市场和次要劳动力市场。主要劳动力市场的劳动者的工作稳定、高收入、高福利、职业发展前景好、教育回报率高。次要劳动力市场工作不稳定、收入低、几乎没有福利待遇、流动性大、职业发展前景黯淡、教育回报率低。

（3）改革开放以来，中国劳动力市场形成过程就是二元劳动力市场的形成和发展过程。中国劳动力市场分为城市劳动力市场和农村劳动力市场。

知识解读

本知识点的考查题型一般为客观题。

着重注意区分失业的五种类型，掌握其内涵。

真题小练

单选题

1.（2017 年 4 月全国）在失业的类型中，因无就业能力的失业是（　　）

A. 摩擦性失业　　B. 周期性失业　　C. 残余性失业　　D. 季节性失业

答案及解析：C。残余性失业，即因无就业能力的失业。

2.（2016 年 10 月全国）在失业的类型中，由于生产技术的改变，使得原有的工作机会消失而造成的失业是（　　）

A. 摩擦性失业　　B. 周期性失业　　C. 结构性失业　　D. 季节性失业

答案及解析：C。本题考查的是失业的类型。结构性失业，指由于产业结构或者生产技术的改变，使得原有的工作机会消失而造成的失业。

3.（2017 年 10 月全国）在失业的类型中，人们在转换工作过程中的失业称作（　　）

A. 摩擦性失业　　B. 周期性失业　　C. 残余性失业　　D. 季节性失业

答案及解析：A。摩擦性失业，指人们在转换工作过程中的失业。

小试牛刀

单选题

1. 在失业的类型中，由于经济波动所造成的失业是（　　）

A. 摩擦性失业　　B. 周期性失业　　C. 残余性失业　　D. 季节性失业

答案及解析：B。周期性失业，指由于经济周期波动所造成的失业。

2. 达到就业年龄且具备工作能力，谋求工作但未得到就业机会的状态，被称为（ ）

A. 待业　　B. 无业　　C. 失业　　D. 下岗

答案及解析：C。失业是指达到就业年龄具备工作能力谋求工作但未得到就业机会的状态。

第三节　消费

本节内容提要

消费是为满足生产和生活需要而消耗物质和文化财富的活动，消费不仅仅是人们生活中的生活消费，还包括属于生产本身的生产消费。所谓消费社会，是一个以生活必需品之外的消费为主的社会。

知识点 1

消费的概念与特征☆

1. 消费的概念

（1）消费是为满足生产和生活需要而消耗物质和文化财富的活动，消费不仅仅是人们生活中的生活消费，还包括属于生产本身的生产消费。

（2）消费是社会再生产过程的一个环节，是人们生存和恢复劳动力必不可少的条件，而人们劳动力的恢复，又是保证生产过程得以继续进行的前提。

（3）消费是一个人重要的社会行为。个体消费行为不仅受年龄、性别、性格、职业、收入和文化程度等条件的影响，而且还受社会价值、规范、时尚、文化心理、民族特点、地理条件、风俗习惯、宗教信仰等因素的影响。

2. 消费的特征

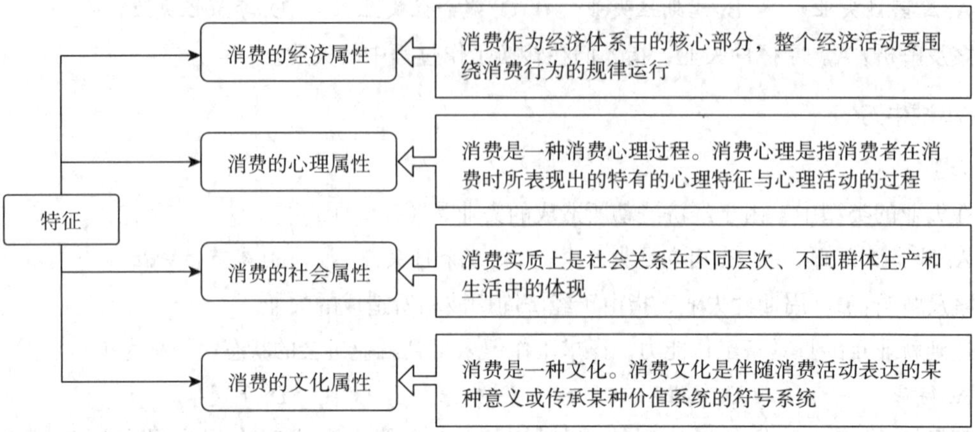

知识解读

本知识点的考查题型一般为主观题。

着重注意消费的概念和特征。

真题小练

名词解释题

1.（2017 年 10 月全国）消费

答案：消费是为满足生产和生活需要而消耗物质和文化财富的活动，消费不仅仅是人们生活中的生活消费，还包括属于生产本身的生产消费。

简答题

2.（2015 年 4 月全国）简述消费的特征。

答案：消费的特征有以下几个。消费的经济属性；消费的心理属性；消费的社会属性；消费的文化属性。

小试牛刀

单选题

1. 下列不属于消费特征的是（　　）

A. 消费的经济属性　　B. 消费的心理属性

C. 消费的大众属性　　D. 消费的文化属性

答案及解析：C。消费的特征有以下几个。消费的经济属性；消费的心理属性；消费的社会属性；消费的文化属性。

2.（　　）是为满足生产和生活需要而消耗物质和文化财富的活动。

A. 生产　　B. 消费　　C. 交换　　D. 分配

答案及解析：B。消费是为满足生产和生活需要而消耗物质和文化财富的活动，消费不仅仅是人们生活中的生活消费，还包括属于生产本身的生产消费。

知识点 2

消费社会☆

（1）消费社会的概念：所谓消费社会，是一个以生活必需品之外的消费为主的社会。

（2）消费社会的特征如下。

①消费成为社会的核心。

②消费水平和消费规模的不断扩张。

③消费主义盛行。

（3）在社会发展的不同阶段，消费在社会中的地位和作用差异非常大。

（4）费孝通认为传统中国农村经济是一种消遣经济。

（5）20世纪以来，西方社会从生产主导的社会转变为消费主导的社会。消费社会的来临不仅仅是经济形式的变革，也是生活方式、社会文化的整体性转型。

知识解读

本知识点的考查题型一般为主观题和客观题。

着重注意消费社会的特征。

真题小练

多选题

1.（2014年10月全国）消费社会的特征包括（　　）

A. 消费是一种消费心理过程　　B. 消费成为社会的核心

C. 消费水平和消费规模不断扩张　　D. 消费主义盛行

E. 消费是一种文化

答案及解析：BCD。消费社会的特征有：消费成为社会的核心；消费水平和消费规模的不断扩张；消费主义盛行。

简答题

2.（2018年4月全国）简述消费社会的特征。

答案：消费社会的特征有以下几个。消费成为社会的核心；消费水平和消费规模的不断扩张；消费主义盛行。

小试牛刀

单选题

1. 消费社会的特征不包括（　　）

A. 消费主义盛行　　B. 消费水平和消费规模的不断扩张

C. 产出成为社会的核心　　D. 消费成为社会的核心

答案及解析：C。消费社会的特征有：消费成为社会的核心；消费水平和消费规模的不断扩张；消费主义盛行。

2. 费孝通认为传统中国农村经济是一种（　　）。

A. 消遣经济　　B. 理性经济　　C. 感性经济　　D. 消耗经济

答案及解析：A。费孝通认为传统中国农村经济是一种消遣经济。消遣经济指的是传统农村社会的经济态度，其核心是少劳作、少消费、有休闲。

知识点 3

消费的社会学理论☆

1. 韦伯的生活风格理论

社会学家韦伯认为，消费方式使潜在的阶级差别显性化，形成生活方式不同的地位群体。经济地位相同的人并不一定属于同样的地位群体，地位群体是社会声望和生活方式不同的社会群体。

2. 凡勃伦的炫耀性消费理论

社会学家凡勃伦在《有闲阶级》一书中较早探讨了炫耀性消费现象，认为荣誉准则和竞争本能促使人们对炫耀性消费趋之若鹜。

3. 鲍德里亚的消费社会论

社会学家鲍德里亚在马克思的生产理论和符号学理论两大基础上提出消费社会理论。该理论认为资本主义社会已经从生产社会进入了消费社会，消费构成了社会的主导性逻辑。

知识解读

本知识点的考查题型一般为客观题和主观题。

着重注意区分韦伯、凡勃伦以及鲍德里亚所提出的理论。

真题小练

单选题

1.（2015 年 10 月全国）在消费的社会学理论中，韦伯提出的是（　　）

A. 消费文化论　　B. 消费社会论

C. 生活风格理论　　D. 炫耀性消费理论

答案及解析：C。韦伯的生活风格理论：社会学家韦伯认为，消费方式使潜在的阶级差别显性化，形成生活方式不同的地位群体。经济地位相同的人并不一定属于同样的地位群体，地位群体是社会声望和生活方式不同的社会群体。

2.（2014 年 4 月全国）在消费的社会学理论中，凡勃伦提出的是（　　）

A. 消费文化论　　B. 消费社会论　　C. 生活风格理论　　D. 炫耀性消费理论

答案及解析：D。凡勃伦的炫耀性消费理论：社会学家凡勃伦在《有闲阶级》一书中较早探讨了炫耀性消费现象，认为荣誉准则和竞争本能促使人们对炫耀性消费趋之若鹜。

论述题

3.（2017 年 4 月全国）试述消费的社会学理论。

答案：

（1）韦伯的生活风格理论。消费方式使潜在的阶级差别显性化，形成生活方式不同的地位群体。某种地位群体通过特定的生活风格限制他人进入，以此作为与他人区分或认同的标志。

（2）凡勃伦的炫耀性消费理论。炫耀性消费是富裕的上层阶级通过对物品的超出实用和生存所必需的浪费性、奢侈性和铺张浪费，向他人炫耀和展示自己的金钱财力和社会地位，以及这种地位所带来的荣耀、声望和名誉。炫耀性消费中，消费的符号象征意义超过了实用性消费。

（3）鲍德里亚的消费社会论。资本主义社会已经从生产社会进入了消费社会，消费构成了社会的主导性逻辑。消费本身已经构成了一个具有文化意义的自组织领域。消费社会带来了物质的丰裕和精神的贫困。

小试牛刀

单选题

1. 在消费的社会学理论中，鲍德里亚提出的是（　　）

A. 消费文化论　　B. 消费社会论

C. 生活风格理论　　D. 炫耀性消费理论

答案及解析：B。社会学家鲍德里亚在马克思的生产理论和符号学理论两大基础上提出消费社会理论。该理论认为资本主义社会已经从生产社会进入了消费社会，消费构成了社会的主导性逻辑。

2. 社会学家（　　）在马克思的生产理论和符号学理论两大基础上提出消费社会理论。

A. 韦伯　　B. 凡勃伦　　C. 鲍德里亚　　D. 康斯坦丁

答案及解析：C。社会学家鲍德里亚在马克思的生产理论和符号学理论两大基础上提出消费社会理论。

3. 社会学家凡勃伦在（　　）一书中较早探讨了炫耀性消费现象，认为荣誉准则和竞争本能促使人们对炫耀性消费趋之若骛。

A.《社区与社会》　　B.《炫耀性消费论》

C.《有闲阶级》　　D.《消费社会论》

答案及解析：C。社会学家凡勃伦在《有闲阶级》一书中较早探讨了炫耀性消费现象，认为荣誉准则和竞争本能促使人们对炫耀性消费趋之若骛。

第九章　社区与社区发展

社会中的人们实际上总是生活在一个个具体的社区里，各种社会文化现象和各种社会组织形式也总是存在于一个个具体的社区之中。

一、【历年考情直击】

考　　点	考纲要求	考试题型	重要程度
什么是社区	识记、领会、简单应用	单选、多选、名词解释、简答	★★★
社区类型	识记、领会、简单应用、综合应用	单选、多选、简答	★
社区发展	识记、领会、简单应用、综合应用	单选、名词解释、简答、论述	★★

二、【本章思维导图】

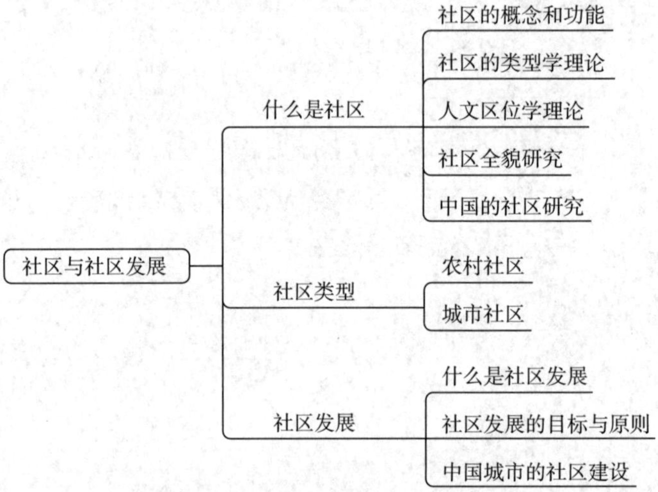

第一节　什么是社区

本节内容提要

所谓社区，一般地说，是指以一定地域为基础的社会生活共同体。社区概念最早是由德国社会学家滕尼斯在 1887 年所著的《社区与社会》一书中阐述的。

知识点 1

社区的概念和功能☆☆☆

1. 概念

（1）社区，一般地说，是指以一定地域为基础的社会生活共同体。其内涵包括了相互联系的三个方面：①社区是一定的地理区域空间，人们在这个空间共同生活；②社区是一个社会关系网络，它的形成基于人们共同生活中的社会互动；③社区是集体认同的一个标志，人们由于共同生活而产生了对社区所在区域或群体在一定程度上的心理认同，视自已为社区的一分子。

（2）社区概念最早是由德国社会学家滕尼斯在 1887 年所著的《社区与社会》一书中阐述的。

2. 功能

（1）经济生活功能。

社区具有一套生产、分配、交换和消费的体系，通过生产或进口，为其成员提供衣、食、住、行等基本的生活必需品和服务，以满足社区成员的需求，这是社区的首要功能。

（2）社会化功能。

社区具有一系列的组织和设施，将社区共有的价值观念、行为规范、基本常识等传递给下一代社区成员，或者教育新移入的居民，使他们能够融入社区生活中来，如家庭、邻里、学校、教堂。

（3）社会控制功能。

任何社区都会对其社区成员偏离社会规范的行为施以某种形式的制裁，以督促人们遵守社会规范，维护社区的社会秩序。在社区中，可以通过正式的法律途径或行使公共权力的形式来处罚社会偏差者，也可以通过社区的舆论和团体的压力来促使人们遵守规范。

（4）社会参与功能。

社区可以向社区成员提供生活和交往的场所、设施和途径，帮助社区成员参与社区事务以及更大范围的社会事务，这就是社区的社会参与功能。

（5）社会保障功能。

社区可以提供一套社会保障体系，以帮助社区中遇到问题、需要求助的社区成员。

社区的社会保障既包括具体落实社会救济、社会保险、社会服务、公共福利等与整个社会相联系的社会保障制度，更重要的是，社区还能形成以社会互助为核心的社会支持系统。

知识解读

本知识点的考查题型一般为客观题和主观题。

着重注意社区的定义、功能；注意区分各个功能的具体内容。

真题小练

单选题

1.（2017 年 4 月全国）社区向社区成员提供生活和交往的场所、设施和途径，帮助社区成员参与社区事务以及更大范围的社会事务，这体现了社区的（　　）

A. 社会控制功能　　B. 政治生活功能

C. 社会化功能　　D. 社会参与功能

答案及解析：D。社区可以向社区成员提供生活和交往的场所、设施和途径，帮助社区成员参与社区事务以及更大范围的社会事务，这就是社区的社会参与功能。

多选题

2.（2012 年 7 月全国）社区的功能有（　　）

A. 经济生活　　B. 社会化　　C. 社会控制

D. 社会参与　　E. 社会保障

答案及解析：ABCDE。社区的功能有经济生活功能、社会化功能、社会控制功能、社会参与功能、社会保障功能。

名词解释题

3.（2015 年 4 月全国）社区

答案：所谓社区，一般地说，是指以一定地域为基础的社会生活共同体。

小试牛刀

单选题

1. 社会学者对于社区的研究始于德国社会学家（　　）

A. 斯宾塞　　B. 马克思　　C. 滕尼斯　　D. 齐美尔

答案及解析：C。社区概念最早是由德国社会学家滕尼斯在 1887 年所著《社区与社会》一书中得到经典的阐述。

2. 社区的首要功能是（　　）

A. 社会化　　B. 社会保障　　C. 社会控制　　D. 经济生活

答案及解析：D。经济生活功能。社区具有一套生产、分配、交换和消费的体系，通过生产或进口，为其成员提供衣、食、住、行等基本的生活必需品和服务，以满足社区成员的需求，这是社区的首要功能。

简答题

3. 简述社区的功能。

答案：经济生活功能；社会化功能；社会控制功能；社会参与功能；社会保障功能。

知识点 2

社区的类型学理论☆

（1）一般认为，社会学者对于社区的研究始于德国社会学家滕尼斯的类型学研究，他在《社区与社会》一书中分析了“社区”和“社会”两种对立的社会联系类型。

（2）滕尼斯认为，“社区”的联系是“自然的”“本质的”和“有机的”，表现为人与人之间强大的情感纽带，彼此之间亲密无间，相互认同，沉浸在共同的世界之中，具有明显的“我们的”意识。

（3）滕尼斯认为，个人主义泛滥其间的“社会”终将取代温情脉脉的“社区”，使得“社区”中相互关心并具有共同道德信念的基础瓦解。在滕尼斯看来这是不可避免的历史发展趋势。

知识解读

本知识点的考查题型一般为客观题。

着重注意滕尼斯的类型学研究。

真题小练

单选题

1.（2018 年 4 月全国）滕尼斯分析了两种对立的社会联系类型，即（　　）

A. 社区和社会　　B. 社区和小区　　C. 社区和社团　　D. 社区和群体

答案及解析：A。一般认为，社会学者对于社区的研究始于德国社会学家滕尼斯的类型学研究，他在《社区与社会》一书中分析了“社区”和“社会”两种对立的社会联系类型。

2.（2017 年 10 月全国）社会学者对社区的研究始于德国社会学家滕尼斯的（　　）

A. 同心圆理论　　B. 社区全貌研究

C. 类型学研究　　D. 人文区位学理论

答案及解析：C。一般认为，社会学者对于社区的研究始于德国社会学家滕尼斯的类型学研究，他在《社区与社会》一书中分析了“社区”和“社会”两种对立的社会联系类型。

小试牛刀

单选题

一般认为，社会学者对于社区的研究始于德国社会学家（　　）的类型学研究。

A. 滕尼斯　　B. 奥本海默　　C. 爱因斯坦　　D. 康斯坦丁

答案及解析：A。一般认为，社会学者对于社区的研究始于德国社会学家滕尼斯的类型学研究，他在其所著的《社区与社会》一书中分析了“社区”和“社会”两种对立的社会联系类型。

知识点 3

人文区位学理论☆

（1）人文区位学，又称为人类生态学，是进入20世纪之后社区研究的一个重要的理论发展，集中了以芝加哥学派为代表的对现代城市社区的一批研究成果。

（2）人文区位学认为，城市社区是人类聚居生活的一种特殊空间现象，其中城市社区中的空间位置属于一项重要的稀缺资源，社区居民和社区组织在城市里占据的空间位置反映了他们对利益的追逐，同时也是他们追逐利益的社会性后果，其中土地价格始终是分析这种竞争机制的核心变量。

（3）应用这一基本观点，学者们提出了一系列关于城市空间结构的理论。

①同心圆理论。提出者：美国学者伯吉斯。提出时间：20世纪20年代。伯吉斯把城市划分为五个同心圆区域（中心商业区、过渡区、工人居住区、较高级住宅区、高级住宅区）。

②扇形理论。提出者：霍伊特。提出时间：1939年。按照霍伊特的扇形理论，城市空间表现为：中心商业区位居城市中心；轻工业区沿交通线从市中心向外呈楔形延伸。由于中心区和轻工业区对居住环境的影响，居住区呈现为由低租金住宅向中等租金住宅的过渡，高房租住宅则沿一条或几条城市交通干道从中心区向郊区成楔形延伸。

③多核心理论。提出者：哈里斯和厄尔曼。他们认为城市并不总是只有一个中心区，而可能有两个甚至两个以上的中心区；越是规模大的城市，核心区域就越多，并且这些核心区域往往还各有其专门性的功能，大城市的空间结构因此表现为多核心的形态。

知识解读

本知识点的考查题型一般为客观题。

着重注意关于城市空间结构的三种理论。

真题小练

单选题

1.（2015年10月全国）在关于城市空间结构的理论中，扇形理论的提出者是（　　）

A. 伯吉斯　　B. 霍伊特　　C. 林顿　　D. 哈里斯

答案及解析：B。扇形理论是霍伊特在对伯吉斯同心圆理论的批评的基础上于1939年提出的。

2.（2016年4月全国）在关于城市空间结构的理论中，多核心理论的提出者是（　　）

A. 伯吉斯　　B. 霍伊特　　C. 林顿夫妇　　D. 哈里斯和厄尔曼

答案及解析：D。多核心理论是哈里斯和厄尔曼所提出的，他们认为城市并不总是只有一个中心区，而可能有两个甚至两个以上的中心区；越是规模大的城市，核心区域就越多，并且这些核心区域往往还各有其专门性的功能，大城市的空间结构因此表现为多核心的形态。

多选题

3.（2016 年 10 月全国）社会学者们应用人文区位学的基本观点，提出了一系列关于城市空间结构的理论，主要有（　　）

A. 同心圆理论　　B. 扇形理论　　C. 多核心理论

D. 环形理论　　E. 盾形理论

答案及解析：ABC。关于城市空间结构的理论主要有：同心圆理论、扇形理论、多核心理论。

▶▶ 小试牛刀

单选题

1. 在关于城市空间结构的理论中，同心圆理论的提出者是（　　）

A. 伯吉斯　　B. 霍伊特　　C. 林顿　　D. 哈里斯

答案及解析：A。同心圆理论是美国学者伯吉斯在 20 世纪 20 年代运用人文区位学原理对城市空间结构提出的一个假说。

2. 下列理论中，由哈里斯和厄尔曼提出的是（　　）

A. 同心圆理论　　B. 多核心理论　　C. 扇形理论　　D. 去中心理论

答案及解析：B。多核心理论是哈里斯和厄尔曼所提出的，他们认为城市并不总是只有一个中心区，而可能有两个甚至两个以上的中心区；越是规模大的城市，核心区域就越多，并且这些核心区域往往还各有其专门性的功能，大城市的空间结构因此表现为多核心的形态。例如许多发展中国家的大城市，由于其被殖民的历史，常常在原城市中心区以外，还会出现外国商业区构成第二个城市中心，其周边则居住着外来殖民者以及本地的上层社会。

知识点 4

▶▶ 社区全貌研究☆

（1）美国学者林德夫妇在社区研究中开创了以小市镇为对象的全貌研究。全貌研究就是描述社区的各个不同部分并解释这些不同部分的相互关系。

（2）林德夫妇研究了当时美国印第安纳州的一个市镇，并于 1929 年发表了名著《中镇》。

（3）《中镇》开创了社区综合研究的先河，推动了后来的学者进行一系列类似的研究。

▶▶ 知识解读

本知识点的考查题型一般为客观题。

着重注意社区全貌研究的人物、著作及意义。

真题小练

单选题

1.（2014 年 10 月全国）美国学者林德夫妇的名著《中镇》开创了社区研究中的（　　）

A. 人文区位学理论　　B. 类型学理论

C. 社区全貌研究　　D. 空间结构理论

答案及解析：C。美国学者林德夫妇在社区研究中开创了以小市镇为对象的全貌研究。林德夫妇研究了当时美国印第安纳州的一个市镇，并于 1929 年发表了名著《中镇》。《中镇》开创了社区综合研究的先河，推动了后来的学者进行一系列类似的研究。

2.（2012 年 4 月全国）在社区研究中，社区全貌研究的代表性学者是（　　）

A. 林德夫妇　　B. 滕尼斯　　C. 库利　　D. 伯杰斯

答案及解析：A。美国学者林德夫妇在社区研究中开创了以小市镇为对象的全貌研究。

小试牛刀

单选题

1. 在社区研究中，全貌研究就是（　　）

A. 分析"社会"和"社区"两种对立的社会联系形式的类型

B. 综合性的记录调查，较少理论分析

C. 描述社区的各个不同部分并解释这些不同部分的相互关系

D. 把社区视为人类聚居生活的特殊的空间现象

答案及解析：C。在社区研究中，所谓全貌研究，就是描述社区的各个不同部分并解释这些不同部分的相互关系。

2. 林德夫妇的（　　）开创了社区综合研究的先河，推动了后来的学者进行一系列类似的研究

A.《江村经济》　　B.《禄村农田》　　C.《中镇》　　D.《社区与社区发展》

答案及解析：C。林德夫妇的《中镇》开创了社区综合研究的先河，推动了后来的学者进行一系列类似的研究。

知识点 5

中国的社区研究☆

（1）中国较早的社区研究最初多在外籍教授指导下进行。

（2）中国学者自己的社区研究始于 20 世纪 20 年代末的乡村建设运动期间。比较著名的有燕京大学社会学系杨开道和许仕廉主持的清河调查以及社会学家李景汉和晏阳初的定县调查。

（3）抗战期间，中国的社会学者在中国大西南继续社区研究。比较著名的研究成果有

费孝通的《禄村农田》、张之毅的《易村手工业》和《玉村农业与商业》、田汝康的《芒市边民的摆》等。

（4）20 世纪 80 年代中国社会学恢复之后，社区研究重新起步，在农村社区、小城镇建设、边区开发和城市社区发展等方面取得了较多的研究成果。

知识解读

本知识点的考查题型一般为客观题。

着重注意中国学者自己的社区研究时间及其著名调查。

真题小练

单选题

1.（2012 年 7 月全国）在中国的社区研究中，李景汉和晏阳初主持的是（　　）

A. 江村调查　　B. 易村调查　　C. 定县调查　　D. 清河调查

答案及解析：C。中国学者自己的社区研究始于 20 世纪 20 年代末的乡村建设运动期间。比较著名的有燕京大学社会学系杨开道和许仕廉主持的清河调查以及社会学家李景汉和晏阳初的定县调查。

2.（2010 年 7 月全国）中国学者自己的社区研究始于 20 世纪 20 年代末的（　　）

A. 社会调查运动期间　　B. 城市社区运动期间

C. 乡村建设运动期间　　D. 社会建设运动期间

答案及解析：C。中国学者自己的社区研究始于 20 世纪 20 年代末的乡村建设运动期间。

小试牛刀

单选题

1. 在中国的社区研究中，杨开道和许仕廉主持的是（　　）

A. 易村调查　　B. 定县调查　　C. 江村调查　　D. 清河调查

答案及解析：D。中国学者自己的社区研究始于 20 世纪 20 年代末的乡村建设运动期间。比较著名的有燕京大学社会学系杨开道和许仕廉主持的清河调查以及社会学家李景汉和晏阳初的定县调查。

多选题

2. 抗战期间，中国的社会学者在中国大西南继续社区研究。比较著名的研究成果有（　　）

A.《禄村农田》　　B.《易村手工业》

C.《玉村农业与商业》　　D.《芒市边民的摆》

E.《北京——一种社会调查》

答案及解析：ABCD。抗战期间，中国的社会学者在中国大西南继续社区研究。比较著名的研究成果有费孝通的《禄村农田》、张之毅的《易村手工业》和《玉村农业与商业》、田汝康的《芒市边民的摆》等。

第二节　社区类型

本节内容提要

农村社区，也称乡村社区，是指以农业生产为主要谋生手段的人们为主体构成的同质性较高的地域性生活共同体。城市社区，又称都市社区，是指以从事各种非农业生产为谋生手段的具有一定规模的人口所构成的异质性较高的地域性生活共同体。

知识点 1

农村社区☆

1. 农村社区的概念

（1）农村社区，也称乡村社区，是指以农业生产为主要谋生手段的人们为主体构成的同质性较高的地域性生活共同体。

（2）农村社区是人类社会中最基本的一种社区形式，是人类社会发展到一定历史阶段的产物。

（3）长期以来，农村社区一直是人类最主要的社区形式。

2. 农村社区的特点

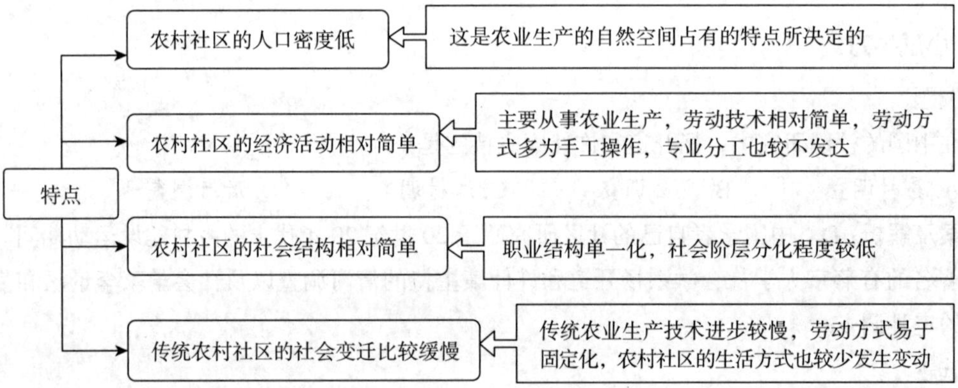

知识解读

本知识点的考查题型一般为主观题和客观题。

着重注意农村社区的特点。

真题小练

多选题

1.（2013 年 7 月全国）农村社区的特点有（　　）

A. 人口密度低　　　　B. 经济活动相对简单

C. 人际互动趋向功利化、理性化和肤浅化 D. 社会变迁比较缓慢

E. 社会结构相对简单

答案及解析：ABDE。相比城市社区，农村社区总的来说具有以下几个共同特点：农村社区的人口密度低；农村社区的经济活动相对简单；农村社区的社会结构相对简单；传统农村社区的社会变迁比较缓慢。

简答题

2.（2017 年 4 月全国）简述农村社区的特点。

答案：农村社区的人口密度低；农村社区的经济活动相对简单；农村社区的社会结构相对简单；传统农村社区的社会变迁比较缓慢。

小试牛刀

单选题

1. 农村社区的特点不包括（ ）

A. 农村社区的人口密度低

B. 农村社区的经济活动相对简单

C. 农村社区的人际互动趋向功利化、理性化和肤浅化

D. 传统农村社区的社会变迁比较缓慢

答案及解析：C。农村社区的特点：农村社区的人口密度低；农村社区的经济活动相对简单；农村社区的社会结构相对简单；传统农村社区的社会变迁比较缓慢。

名词解释题

2. 农村社区

答案：农村社区，也称乡村社区，是指以农业生产为主要谋生手段的人们为主体构成的同质性较高的地域性生活共同体。

知识点 2

城市社区☆

1. 概念

城市社区，又称都市社区，是指以从事各种非农业生产为谋生手段的具有一定规模的人口所构成的异质性较高的地域性生活共同体。

2. 判断一个地方是否为城市社区的三个方面

（1）人口规模方面。这是许多国家的政府定义城市的主要指标之一，即一个特定社区是否是城市，取决于人口数量或人口密度或二者兼用。

（2）经济角度，即社区中非农业人口的比例。

（3）社会特征。①社会的异质性程度。②城市社区具有非常高的异质性，城市社区居

民之间往往具有非常不同的社会特征，包括不同的职业、文化背景、生活经验、价值观念、风俗习惯、生活方式等。

3. 城市的起源和发展

（1）城市社区是社会生产力发展到一定阶段的产物。农业生产的发展是城市产生的基础。只有当农业生产发展到除了满足农民自身需求以外还能有剩余产品并且又有能力运输这些剩余产品的时候，城市才有出现的可能。

（2）从最早的城市社区的出现到今天，城市的发展大致可分为两个阶段：第一阶段是从城市产生到工业革命开始前的 17、18 世纪，一般称为古代城市或前工业社会城市；第二阶段是自 18 世纪工业革命以来直到今天，一般称为现代城市或工业社会城市。

（3）一般认为，中东的美索布达米亚（今伊拉克境内）出现了人类历史上最早的城市，距今约 7000 年到 9000 年。

（4）现代城市的真正发展是从工业革命开始的。现代城市和工业社会的兴起之间有着密切的联系。

4. 现代城市社区生活方式的特点

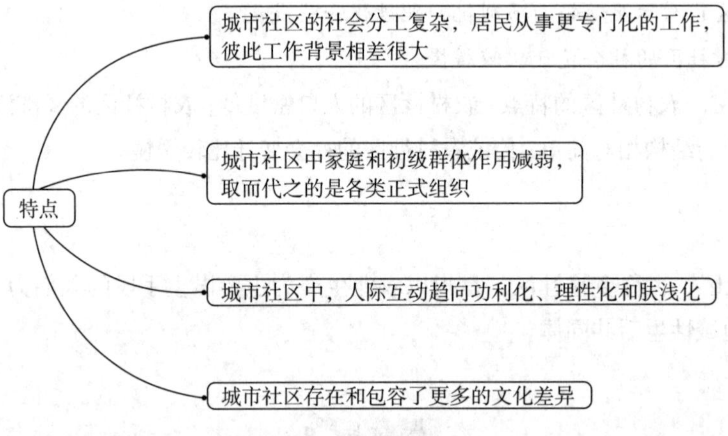

▶▶ 知识解读

本知识点的考查题型一般为客观题。

着重注意城市社区的概念及现代城市社区生活方式的特点。

▶▶ 真题小练

单选题

1.（2011 年 7 月全国）以从事各种非农业生产为谋生手段的具有一定规模的人口所构成的异质性较高的地域性生活共同体，被称为（　　）

A. 非农社区　　B. 集镇社区　　C. 城市社区　　D. 小城镇

答案及解析：C。城市社区，又称都市社区，是指以从事各种非农业生产为谋生手段的具有一定规模的人口所构成的异质性较高的地域性生活共同体。

多选题

2.（2016 年 4 月全国）现代城市社区生活方式的特点包括（　　）

A. 社会分工复杂　B. 家庭和初级群体作用减弱

C. 人际互动趋向功利化、理性化和肤浅化

D. 存在和包容了更多的文化差异　E. 社会结构相对简单

答案及解析：ABCD。概括起来，现代城市社区的生活方式和传统农村社区相比较有以下几个特征：城市社区的社会分工复杂，居民从事更专门化的工作，彼此工作背景相差很大；城市社区中家庭和初级群体作用减弱，取而代之的是各类正式组织；城市社区中，人际互动趋向功利化、理性化和肤浅化；城市社区存在和包容了更多的文化差异。

小试牛刀

单选题

1. 现代城市社区生活方式的特点不包括（　　）

A. 家庭和初级群体作用减弱　B. 社会结构相对简单

C. 人际互动趋向功利化、理性化和肤浅化　D. 社会分工复杂

答案及解析：B。概括起来，现代城市社区的生活方式和传统农村社区相比较有以下几个特征：城市社区的社会分工复杂，居民从事更专门化的工作，彼此工作背景相差很大；城市社区中家庭和初级群体作用减弱，取而代之的是各类正式组织；城市社区中，人际互动趋向功利化、理性化和肤浅化；城市社区存在和包容了更多的文化差异。

名词解释题

2. 城市社区

答案：城市社区，又称都市社区，是指以从事各种非农业生产为谋生手段的具有一定规模的人口所构成的异质性较高的地域性生活共同体。

第三节　社区发展

本节内容提要

社区发展指在城乡基层社区中社区居民依靠社区自身力量，在政府和其他组织机构的支持下，推动社区有计划地社会变迁，改善社区的经济、社会和文化状况，提高社区居民的生活质量。社区发展既是一个过程，也是一种方法和策略。

知识点 1

什么是社区发展☆

（1）概念：社区发展指在城乡基层社区中社区居民依靠社区自身力量，在政府和其他

组织机构的支持下，推动社区有计划地社会变迁，改善社区的经济、社会和文化状况，提高社区居民的生活质量。

（2）社区发展既是一个过程，也是一种方法和策略。社区发展就其实践活动而言，可以追溯到工业化社会的初期。

（3）社区发展概念在第二次世界大战以后由联合国倡导并在世界范围内推广。

（4）1955年，联合国社会局发布《通过社区发展促进社会进步》的重要文件，提出“社区发展是一种经由社区人民积极参与并发挥其创造能力，以促进社区的社会进步与经济情况的工作过程”。这为世界范围内的社区发展运动指明了方向。此后，社区发展逐渐成为世界各国有计划的社会变迁的一部分。

知识解读

本知识点的考查题型一般为主观题和客观题。

着重注意社区发展的概念。

真题小练

单选题

1.（2017年4月全国）城乡基层社区中社区居民依靠社区自身力量，在政府和其他组织机构的支持下，推动社区有计划地社会变迁，改善社区的经济、社会和文化状况，提高社区居民的生活质量称为（　　）

A. 社区发展　　B. 社区建设　　C. 社区改革　　D. 社区变迁

答案及解析：A。社区发展指在城乡基层社区中社区居民依靠社区自身力量，在政府和其他组织机构的支持下，推动社区有计划地社会变迁，改善社区的经济、社会和文化状况，提高社区居民的生活质量。

名词解释题

2.（2013年4月全国）社区发展

答案：社区发展指在城乡基层社区中社区居民依靠社区自身力量，在政府和其他组织机构的支持下，推动社区有计划地社会变迁，改善社区的经济、社会和文化状况，提高社区居民的生活质量。

小试牛刀

单选题

社区发展这一概念由联合国倡导并在世界范围内推广是在（　　）

A. 第一次世界大战以前　　B. 第一次世界大战以后

C. 第二次世界大战以前　　D. 第二次世界大战以后

答案及解析：D。社区发展概念在第二次世界大战以后由联合国倡导并在世界范围内推广。

知识点 2

社区发展的目标与原则☆

1. 社区发展的目标具有双重性

一是社区发展的任务目标，即通过开发社区内的各种资源，寻求各种援助，以满足社区成员的共同需要，提高社区居民的物质文化生活水平。

二是社区发展的过程目标，即促进社区居民的社会参与，培养社区居民的互助合作精神，提高社区居民自力更生和共同合作解决问题的能力。

2. 社区发展的原则

（1）民主的原则，即社区发展过程中应充分发扬民主。

有关社区发展的具体目标以及实现目标的具体方法、措施和步骤，都应该经过社区成员的广泛讨论，然后根据多数人的意愿来决定。

（2）民众需要的原则，即应以满足社区居民的共同需求为重点，特别应从解决社区面临的迫切问题入手。

社区发展是一个持续不断的过程，以改善社区居民的生活，因此必须鼓励社区居民自己来判断和认定其自身需要，而不是简单地由政府或其他专家来界定。

（3）自力原则，即要求社区居民挖掘自身潜力、自力更生，而不是一味地依靠外部的和国家的投入。

（4）自下而上与自上而下相结合的原则。社区发展过程中的具体要求，应是来自社区基层群众，然后由政府有关部门加以引导和支持。

（5）物质文明、精神文明和政治文明建设并重的原则。社区发展包括物质经济上的发展和精神文化上的发展。

知识解读

本知识点的考查题型一般为客观题和主观题。

着重注意社区发展的原则。

真题小练

单选题

1.（2017 年 10 月全国）有关社区发展的具体目标以及实现目标的具体方法、措施和步骤，都应该经过社区成员的广泛讨论，并根据多数人的意愿来决定，这体现了社区发展原则中的（　　）

A. 自力的原则　　B. 民众需要的原则

C. 自下而上与自上而下相结合的原则　　D. 民主原则

答案及解析：D。民主的原则，即社区发展过程中应充分发扬民主。有关社区发展的具体目标以及实现目标的具体方法、措施和步骤，都应该经过社区成员的广泛讨论，然后根据多数人的意愿来决定。

简答题

2.（2015 年 10 月全国）简述社区发展的原则。

答案：民主的原则；民众需要的原则；自力原则；自下而上与自上而下相结合的原则；物质文明、精神文明和政治文明建设并重的原则。

小试牛刀

单选题

1. 社区发展的经费要在社区内自筹集资，社区发展的人才和骨干要在社区内物色、培养，社区发展的物质资源要尽量就地利用和开发，这体现了社区发展原则中的（　　）

A. 自力原则　　B. 民众需要原则

C. 自下而上与自上而下相结合的原则　　D. 民主的原则

答案及解析：A。自力原则：即要求社区居民挖掘自身潜力、自力更生，而不是一味地依靠外部的和国家的投入。社区发展的经费，要在社区内自筹集资，社区发展的人才和骨干，要在社区内物色、培养，社区发展的物质资源，要尽量就地利用和开发。

2. 社区发展是一个持续不断的过程，以改善社区居民的生活，鼓励社区居民自己来判断和认定其自身需要，而不是简单地由政府或其他专家来界定，这体现了社区发展原则中的（　　）

A. 自力原则　　B. 民众需要的原则

C. 自下而上与自上而下相结合的原则　　D. 民主的原则

答案及解析：B。本题考查的是社区发展的原则。本题干中“鼓励社区居民自己来判断和认定其自身需要，而不是简单地由政府或其他专家来界定”体现的是民众需要的原则。民众需要的原则，即应以满足社区居民的共同需求为重点，特别应从解决社区面临的迫切问题入手。

知识点 3

中国城市的社区建设☆

1. 中国城市社区建设的基本进程

（1）概念：社区建设，就是以人们日常居住和生活的基层社区为载体，通过社区居民自治，社区与政府、企业和其他社会组织共同合作，来建立一个和现代社会保障体系、现代城市管理制度和社会化服务网络相适应的社区支持系统。

（2）中国的社区建设始自 20 世纪 80 年代中期。

尚考通

2. 社区建设的原因及其本质

（1）社区建设在中国的提出和广泛开展，其根本原因在于原来计划经济体制下的城市社区的管理体制和运行机制已经不能适应社会主义市场经济和现代化发展的新变化、新情况和新要求。

（2）具体表现在以下三方面。

①在计划经济体制下的城市中，国家通过占支配地位的国有经济以及在很大程度上依附于国有经济的集体经济，建立起隶属于国家各个部门的企事业单位，这些单位基本上覆盖了整个城市社会，国家通过这些单位对社会成员实现直接的控制。这种管理体制我们称之为“单位制”。在单位制的城市管理体制和机制下，两个突出的表现是：城市的经济、政治和社会事务事实上是由政府进行着全方位的管理；政府及其下属的企事业单位包揽了几乎所有的社会服务。

②推行社会主义市场经济体制之后，单位制赖以存在的社会和经济基础发生了深刻的变化，单位制逐步消解。这表现在两方面：单位体制外人员的增加；传统单位的功能性转变。

③正是在这一体制背景下，我国政府和人民逐步认识到社区的重要作用，作为人们日常生活的居住地，社区可以承担从单位中剥离出来的许多社会功能，成为各项社会政策的实现场所。

（3）本质：中国社区建设是对传统城市社会管理模式的制度变革与创新。

3. 当前社区发展的基本任务

（1）促进城市治理体系的进一步完善。

（2）促进民主政治建设。

（3）减轻市场经济发展对社会生活带来的负面影响。

知识解读

本知识点的考查题型一般为主观题和客观题。

着重注意社区建设的概念和当前社区发展的基本任务。

真题小练

单选题

1.（2015 年 4 月全国）以人们日常居住和生活的基层社区为载体，通过社区居民自治，社区与政府、企业和其他社会组织共同合作，建立一个和现代社会保障体系、现代城市管理制度和社会化服务网络相适应的社区支持系统，这一过程被称为（　　）

A. 社区发展　　B. 社区建设　　C. 社区改革　　D. 社区变迁

答案及解析：B。社区建设，就是以人们日常居住和生活的基层社区为载体，通过社区居民自治，社区与政府、企业和其他社会组织共同合作，来建立一个和现代社会保障体系、现代城市管理制度和社会化服务网络相适应的社区支持系统。

简答题

2.（2014 年 10 月全国）简述当前我国社区发展的基本任务。

答案：当前社区发展的基本任务有，促进城市治理体系的进一步完善；促进民主政治建设；减轻市场经济发展对社会生活带来的负面影响。

小试牛刀

名词解释题

社区建设

答案：社区建设，就是以人们日常居住和生活的基层社区为载体，通过社区居民自治，社区与政府、企业和其他社会组织共同合作，来建立一个和现代社会保障体系、现代城市管理制度和社会化服务网络相适应的社区支持系统。

第十章 城镇化

城镇化是社会变迁的一种表现，是人类的物质与精神形态日益演进的过程。城镇化有不同的范畴。作为人口向城市输入、城市地域扩大与城市生活方式的发展演化过程，城市出现至今的整个城市发展史都可视为城镇化的客观过程。

一、【历年考情直击】

考　　点	考纲要求	考试题型	重要程度
城镇化概述	识记、领会、简单应用、综合应用	单选、多选、名词解释	★★★
中国城镇化进程	识记、领会、简单应用、综合应用	单选、简答	★
中国城镇化道路的选择与小城镇的建设	领会、简单应用、综合应用	单选、多选、论述	★

二、【本章思维导图】

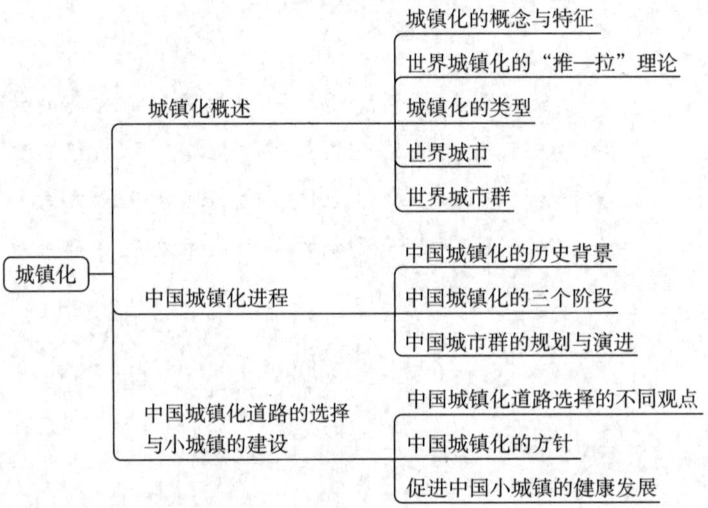

第一节　城镇化概述

本节内容提要

城镇化亦称城市化、都市化，指人口和社会职能向城市或城市聚集，生产方式、文化模式和社会角色发生变更，使城乡接近、融合的过程。

知识点 1

城镇化的概念与特征☆☆

1. 概念

城镇化亦称城市化、都市化，指人口和社会职能向城市或城市聚集，生产方式、文化模式和社会角色发生变更，使城乡接近、融合的过程。

2. 世界城镇化演进模式

世界城镇化进程中主要有两种模式，即欧美模式和墨印模式。

（1）欧美模式属于市场主导型城镇化，其起始和演进是产业革命引导的工业发展、社会分工和市场细化的自然结果。

（2）墨印模式，属于政治主导型城镇化。由于摆脱了殖民主义的统治，希望尽快发展经济，在政府主导下向发展工业和少数城市倾斜，工业化水平大大落后于城镇化的发展水平，这就是发展经济学中所谓的典型的"无工业化的城镇化"，是与西欧资本主义城镇化截然相反的低水准的城镇化。

3. 当代城镇化的特征

（1）城镇化进程速度加快，近年来发展中国家城镇化的速度超过了部分发达国家城镇化的速度。

（2）大城市发展速度明显，出现了"世界城市"和"城市群"。

（3）知识经济、科技、物流、信息、通信和其他活动领域的不断创新提升了城镇化的内涵。

（4）城市文化、城市生活方式、城市价值观念的进步及其扩散加速。

（5）发达国家郊区城镇化加速，已进入逆城镇化和再城镇化进程。

（6）发展中国家的城镇化已构成当今世界城镇化的主体，其城镇化仍以乡村向城市移民为主。

知识解读

本知识点的考查题型一般为主观题和客观题。

着重注意城镇化的概念和世界城镇化的两种模式。

真题小练

单选题

1.（2017 年 10 月全国）世界城镇化进程中，属于政治主导型城镇化的是（　　）

A. 欧美模式　　B. 东亚模式　　C. 非洲模式　　D. 墨印模式

答案及解析：D。墨印模式，属于政治主导型城镇化。欧美模式属于市场主导型城镇化，其起始和演进是产业革命引导的工业发展、社会分工和市场细化的自然结果。

2.（2015 年 4 月全国）世界城镇化进程主要有两种模式，其中属于市场主导型城镇化的是（　　）

A. 欧美模式　　B. 东亚模式　　C. 非洲模式　　D. 墨印模式

答案及解析：A。欧美模式属于市场主导型城镇化，其起始和演进是产业革命引导的工业发展、社会分工和市场细化的自然结果。

名词解释题

3.（2017 年 4 月全国）城镇化

答案：城镇化亦称城市化、都市化，指人口和社会职能向城市或城市聚集，生产方式、文化模式和社会角色发生变更，使城乡接近、融合的过程。

小试牛刀

单选题

1. 在世界城镇化演进模式中，市场主导型城镇化被称为（　　）

A. 墨印模式　　B. 北欧模式　　C. 欧美模式　　D. 南美模式

答案及解析：C。世界城镇化进程中主要有两种模式，即欧美模式和墨印模式。欧美模式属于市场主导型城镇化，其起始和演进是产业革命引导的工业发展、社会分工和市场细化的自然结果。

多选题

2. 世界城镇化进程中的主要模式有（　　）

A. 北欧模式　　B. 南美模式　　C. 墨印模式

D. 欧美模式　　E. 中国模式

答案及解析：CD。世界城镇化进程中主要有两种模式，即欧美模式和墨印模式。

知识点 2

世界城镇化的“推—拉”理论

（1）世界城镇化发轫于 18 世纪中叶，工业革命兴起之时。英国是工业革命的策源地，19 世纪末，它率先实现了城镇化。第二次世界大战后，城镇化开始形成世界规模。

（2）“推—拉”理论最简单的表述就是人口流动过程中迁出地的推力和迁入地的拉力相

互作用形成的合力理论。19 世纪末，这一理论最早由英国人口学家雷文斯坦“人口迁移的规律”的著述中提出。雷文斯坦侧重用经济因素探索农村人口向城市迁移的推—拉力规律，认为城市的拉力强于农村的推力是迁移的基本动因，而形成拉力的主要因素则是资本主义的城市工业化。

（3）20 世纪 50 年代，美国人口学家唐纳德・博格从运动学角度提出人口转移有两种方向，即积极因素和消极因素两种力的相互作用促使或阻碍人口向城市转移。

小试牛刀

单选题

1.“推—拉”理论最早由英国人口学家（　　）“人口迁移的规律”的著述中提出。

A. 唐纳德　B. 雷文斯坦　C. 斯内克　D. 席尔瓦

答案及解析：B。“推—拉”理论最简单的表述就是人口流动过程中迁出地的推力和迁入地的拉力相互作用形成的合力理论。19 世纪末，这一理论最早由英国人口学家雷文斯坦“人口迁移的规律”的著述中提出。

2. 20 世纪 50 年代，美国人口学家（　　）从运动学角度提出人口转移有两种方向，即积极因素和消极因素两种力的相互作用促使或阻碍人口向城市转移。

A. 雷文斯坦　B. 索利德・斯内克

C. 唐纳德・博格　D. 托达罗

答案及解析：C。20 世纪 50 年代，美国人口学家唐纳德・博格从运动学角度提出人口转移有两种方向，即积极因素和消极因素两种力的相互作用促使或阻碍人口向城市转移。

知识点 3

城镇化的类型☆☆

从城镇化与工业化发展水平关系来考察，城镇化可分同步城镇化、过度城镇化、滞后城镇化、低度城镇化和逆城镇化五种类型。

（1）同步城镇化指城镇化的进程与工业化和经济发展的水平趋于一致的城镇化。

（2）过度城镇化，又称超前城镇化，是指城镇化水平明显超过工业化和经济发展水平的城镇化。

过度城镇化形成的主要原因是二元经济结构下形成的农村推力和城市拉力的不平衡（主要是推力作用大于拉力作用），而政府又没有及时采取必要的宏观调控措施。

（3）滞后城镇化是指城镇化水平落后于工业化和经济发展水平的城镇化。

滞后的原因主要是政府为了避免城乡对立和“城市病”的发生，采取种种措施来限制城镇化的发展，结果不仅使城市的集聚效益和规模效益得不到很好的发挥，而且还引发了诸如离农人口“两栖化”和城镇发展无序化等“农村病”现象。

这是一种违背工业化和现代化发展的城镇化。

（4）低度城镇化指以农业产业为主导，工业基础薄弱的城镇化。

（5）逆城镇化指城市市区人口尤其是大城市市区人口郊区化，大城市外围的卫星城镇布局分散化的城镇化。

知识解读

本知识点的考查题型一般为客观题和主观题。

着重注意城镇化的五种类型及其定义。

真题小练

单选题

1.（2016 年 4 月全国）城镇化的进程与工业化和经济发展的水平趋于一致的城镇化被称为（　　）

A. 过度城镇化　　B. 滞后城镇化　　C. 同步城镇化　　D. 低度城镇化

答案及解析：C。本题考查城镇化的类型。本题中关键词“趋于一致”体现的是同步城镇化。选项 A 过度城镇化，又称超前城镇化，是指城镇化水平明显超过工业化和经济发展水平的城镇化。选项 B 滞后城镇化，是指城镇化水平落后于工业化和经济发展水平的城镇化。选项 D 低度城镇化，指以农业产业为主导，工业基础薄弱的城镇化。

多选题

2.（2018 年 4 月全国）从城镇化与工业化发展水平关系考察，城镇化可分为（　　）

A. 同步城镇化　　B. 过度城镇化　　C. 滞后城镇化

D. 低度城镇化　　E. 逆城镇化

答案及解析：ABCDE。从城镇化与工业化发展水平关系来考察，城镇化可分同步城镇化、过度城镇化、滞后城镇化、低度城镇化和逆城镇化五种类型。

名词解释题

3.（2016 年 10 月全国）逆城镇化

答案：逆城镇化指城市市区人口尤其是大城市市区人口郊区化，大城市外围的卫星城镇布局分散化的城镇化。

小试牛刀

单选题

1. 城镇化水平落后于工业化和经济发展水平的城镇化被称为（　　）

A. 过度城镇化　　B. 滞后城镇化　　C. 同步城镇化　　D. 低度城镇化

答案及解析：B。滞后城镇化是指城镇化水平落后于工业化和经济发展水平的城镇化。

2. 城市市区人口尤其大城市市区人口郊区化、大城市外围的卫星城镇布局分散化的城镇化被称为（　　）

A. 过度城镇化　　B. 反城镇化　　C. 逆城镇化　　D. 低度城镇化

答案及解析：C。逆城镇化指城市市区人口尤其是大城市市区人口郊区化、大城市外围的卫星城镇布局分散化的城镇化。

知识点 4

世界城市

（1）世界城市是国际城市的高端形态，是指在城市国际化进程中处于最高层次，能够在世界经济、政治、文化等领域发挥全球性影响的国际城市，又称全球城市。

（2）世界城市包括跨国企业总部基地、国际金融中心、全球的产业中心、全球性信息中枢、交通运输枢纽、技术和咨询服务等基本要素。

（3）纽约、伦敦、东京是国际公认的三个世界城市，它们都拥有世界级的股市，而且各个之间正好相隔八小时的时区，三个城市绕地球一周形成 24 小时不间断的世界股市链。

（4）从世界城市网络体系看，国际城市大致分为三个层次：第一层次是世界城市，也被称为全球性国际城市，如纽约、伦敦、东京等；第二层次是区域性国际城市，如巴黎、香港等；第三层次是国家性国际城市，也被称为国家中心城市，如北京、上海等。

知识点 5

世界城市群☆☆

1. 城市群概念

（1）城市群，又称“都市圈”“都市带”“都市丛”“大都市连绵区”等，是指人口规模在 2500 万以上和人口密度超过每平方公里 250 人的城市集聚区。

（2）提出者：琼・戈特曼。

（3）城市群是工业化、城市化进程中一种新的城市空间组织形式，由若干大中小城市和特大城市集聚而成，彼此相对独立，在经济、社会、文化上又紧密联系，有分工有合作有竞争，是多核心、多层次、庞大的大都市区的有机联合体，对国家和世界经济社会发展产生着巨大的影响。

2. 城市群分类

划分标准	类　型
规模和层次角度	超级城市群（顶级城市群、特级城市群、超大城市群）、一级城市群（大型城市群）、二级城市群（中型城市群）和三级城市群（小型城市群）
形态和结构角度	星系城市群、带状城市群、扇形城市群、葡萄串城市群
中心城市的角度	单核城市群、双核城市群和多核城市群

3. 城市群研究

（1）田园城市。1898 年，英国城市学家 E. 霍华德出版《明天：通往真正改革的平和之路》一书，提出了田园城市的理论。

他主张田园城市应该兼有城市和乡村各自的优点，城乡交融和群体组合型城市。

（2）组合城市。1915 年，英国生物学家、社会学家、教育家和现代城市研究与区域规划理论先驱帕特里克·格迪斯创造了“城市学”的概念。

他编著的《进化中的城市——城市规划与城市研究导论》一书，运用哲学、社会学、生物学对城市地区进行综合研究，将城市和乡村的规划纳入同一的体系中，使规划包括若干个城市以及它们周围所影响的整个区域。

（3）区域整体发展理论。美国学者刘易斯·芒福德继承了格迪斯区域规划思想，创造性地提出区域整体发展理论。

他指出城市并非孤立的空间存在，它与其所在的区域是相互联系、相互促进、相互制约的辩证关系，用一句话可以概括城市与区域的关系——城市是区域的核心，区域是城市的基础；区域产生城市，城市反作用于区域。

（4）城市集中发展理论。法国建筑学家和城市理论家勒·柯布西耶从城市规划视觉角度提出了城市集中发展理论。

这一理论把工业化的思想带入了城市研究领域，主张用全新的规划与建筑方式改造城市。其理论基础在于经济活动的聚集，人口在这种聚集效应的推动下不断向城市集中，城市的中心优势将得到进一步的体现。

（5）城市群理论。20 世纪 40 年代初，琼·戈特曼首先对美国东北部海岸波士顿、纽约、费城、巴尔的摩和华盛顿五个较大都市区进行了研究。

1957 年，戈特曼发表了著名的《城市群：东北海岸的城市化》论文，将其研究对象称为“连绵的大城市链条”或“城市链”。

（6）城乡融合区。20 世纪 80 年代，麦吉等人对印度尼西亚、泰国、印度、中国大陆和中国台湾等亚洲国家和地区的大都市周边地区进行了研究，发现中心城市主体及周边地区一起形成了“扩展大都市区”。

1985 年麦吉在美国阿克隆大学关于亚洲城市化的国际研讨会上把这种新型空间形态称之为“城乡融合区”。城乡融合区包括核心城市、边缘区、远郊区、卫星城和扩展的介于高密度人口和集约的农业地区。

知识解读

本知识点的考查题型一般为客观题和主观题。

着重注意城市群的概念及城市群研究理论。

真题小练

单选题

1.（2018 年 4 月全国）琼·戈特曼创立了（　　）

A. 田园城市理论　　B. 城市群理论

C. 区域整体发展理论　　D. 城市集中发展理论

答案及解析：B。城市群，又称“都市圈”“都市带”“都市丛”“大都市连绵区”等，是指人口规模在 2500 万以上和人口密度超过每平方公里 250 人的城市集聚区。这是牛津大学地理学学院主任、国际著名城市地理学家琼·戈特曼最早提出的概念。

2.（2016 年 10 月全国）20 世纪 80 年代，麦吉等人发现中心城市主体及周边地区共同形成了“扩展大都市区”，他将这种新型空间形态称为（　　）

A. 田园城市　　B. 城乡接合部　　C. 组合城市　　D. 城乡融合区

答案及解析：D。20 世纪 80 年代，麦吉等人对印度尼西亚、泰国、印度、中国大陆和中国台湾等亚洲国家和地区的大都市周边地区进行了研究，发现中心城市主体及周边地区一起形成了“扩展大都市区”。1985 年麦吉在美国阿克隆大学关于亚洲城市化的国际研讨会上把这种新型空间形态称之为“城乡融合区”。

3.（2016 年 4 月全国）在城市群研究的理论中，主张城市应该兼有城市和乡村各自的优点，城乡交融和群体组合型城市，这种理论是（　　）

A. 田园城市理论　　B. 组合城市理论

C. 区域整体发展理论　　D. 城市集中发展理论

答案及解析：A。1898 年，英国城市学家 E. 霍华德出版《明天：通往真正改革的平和之路》一书，提出了田园城市的理论。他主张田园城市应该兼有城市和乡村各自的优点，城乡交融和群体组合型城市。

名词解释题

4.（2014 年 4 月全国）城市群

答案：城市群，又称“都市圈”“都市带”“都市丛”“大都市连绵区”等，是指人口规模在 2500 万以上和人口密度超过每平方公里 250 人的城市集聚区。

小试牛刀

单选题

1. 在城市群研究的理论中，刘易斯·芒福德提出的是（　　）

A. 田园城市理论　　B. 组合城市理论

C. 区域整体发展理论　　D. 城市集中发展理论

答案及解析：C。美国学者刘易斯·芒福德继承了格迪斯区域规划思想，创造性地提出区域整体发展理论。

多选题

2. 从中心城市的角度，城市群可分为（　　）

A. 星系城市群　　B. 扇形城市群

C. 单核城市群　　D. 双核城市群

E. 多核城市群

答案及解析：CDE。从中心城市的角度，城市群可分为单核城市群、双核城市群和多核城市群。

第二节　中国城镇化进程

本节内容提要

中国是世界四大文明古国之一，城市具有悠久的历史，但现代意义的中国城镇化始于西方资本主义的入侵。自1840年鸦片战争后，中国在东西方列强的武力胁迫下，先后对外开放了七十多处通商口岸。随着资本主义侵略势力的步步深入，中国的封建经济开始解体，近代工业萌芽，商品经济开始取代自然经济，中国的城镇化开始起步。

知识点 1

中国城镇化的历史背景

（1）中国是世界四大文明古国之一，城市具有悠久的历史，但现代意义的中国城镇化始于西方资本主义的入侵。

（2）以“推—拉”理论检验中国近代城市化的发展道路，可以看到：第一，从城市的拉力看，西方以工业化为主，城市拉力大于农村的推力，而中国则以商业化为主，农村的推力大于城市的拉力。第二，从农村的推力看，中西之间也存在着根本的不同。

（3）民国时期城镇化呈现出如下四个特征：①商业化强于工业化，工商业和城市及城市人口高度集中于沿海；②大城市寥寥无几，城市发展畸形、臃肿；③城市道路设施极其落后；④城市性质多为消费寄生，成为帝国主义、官僚买办和封建地主阶级压榨人民的据点，形成严重的城乡对立、沿海与内地的对立；等等。

（4）中华人民共和国成立后，中国城镇化在经济全球化的背景下，走上了新的发展道路。

知识点 2

中国城镇化的三个阶段☆☆

中华人民共和国成立后六十余年来，城镇化道路跌宕起伏，大体经历了平稳起步、大起大落和加速发展三个阶段。

平稳起步阶段（1949—1957）：中国城镇化在这个阶段有了良好的起步，成效显著。

大起大落阶段（1958—1977）：这 20 年，国家几经动荡，国民经济时起时落，城镇化进程历经曲折。

加速发展阶段（1978 年至今）：1978 年 12 月十一届三中全会将党的工作重心转向经济建设，实行改革开放，社会主义商品经济和市场经济蓬勃发展，为加速中国城镇化创造了良好条件。

总而言之，城市数量、规模获得了很大发展。旧的城市得到了不同程度的改造，一些落后的历史名城得到了复兴，涌现了大量新兴城市。

知识解读

本知识点的考查题型一般为客观题。

着重注意中国城镇化三个阶段的起止时间。

真题小练

单选题

（2017 年 10 月全国）中国城镇化发展中的加速发展阶段是（　　）

A. 1949—1957 年　　B. 1958—1977 年

C. 1978—2000 年　　D. 1978 年至今

答案及解析：D。1978 年至今为加速发展阶段。1978 年 12 月十一届三中全会将党的工作重心转向经济建设，实行改革开放，社会主义商品经济和市场经济蓬勃发展，为加速中国城镇化创造了良好条件。

小试牛刀

单选题

在中国城镇化的三个阶段中，平稳起步阶段是（　　）

A. 1949—1952 年　　B. 1949—1954 年

C. 1949—1955 年　　D. 1949—1957 年

答案及解析：D。1949—1957 年为平稳起步阶段；1958—1977 年为大起大落阶段；1978 年至今为加速发展阶段。

知识点 3

中国城市群的规划与演进☆

（1）中国城镇化进程中的一个显著变化，是从城市单一发展向城市集群发展。

（2）中国学术界较早地关注城市群问题是在 20 世纪 80 年代末 90 年代初。

（3）中国城市群演进中面临的主要问题：第一，城市群形成过程的人为因素过大，行政干预过高，缺乏市场机制的自然发育期；第二，城市群的形成和发展依然受限于现存行政体制的束缚，彼此求大求全，缺乏产业分工，利益的矛盾和冲突易发，降低了整体和各自的效率和效益；第三，城市群的人口和经济总量在全国的比重还不高，对全国城乡协调发展和经济社会协调发展的拉动还有限；第四，城市群内部结构还不完善，大中小城市还比较少，缺乏连接中心城市与众多小城镇和广大农村之间的中间环节；第五，城市群空间分布不均衡，特别是人口和经济分布不协调，产业结构重叠严重；等等。

知识解读

本知识点的考查题型一般为主观题。

着重注意中国城市群演进中面临的主要问题。

真题小练

简答题

（2015 年 4 月全国）简述中国城市群演进中面临的主要问题。

答案：（1）城市群形成过程的人为因素过大，行政干预过高，缺乏市场机制的自然发育期；（2）城市群的形成和发展依然受限于现存行政体制的束缚，彼此求大求全，缺乏产业分工，利益的矛盾和冲突易发，降低了整体和各自的效率和效益；（3）城市群的人口和经济总量在全国的比重还不高，对全国城乡协调发展和经济社会协调发展的拉动还有限；（4）城市群内部结构还不完善，大中小城市还比较少，缺乏连接中心城市与众多小城镇和广大农村之间的中间环节；（5）城市群空间分布不均衡，特别是人口和经济分布不协调，产业结构重叠严重；等等。

小试牛刀

单选题

中国城镇化进程中的一个显著变化，是从城市单一发展向（　　）发展。

A. 城市集群　　B. 城市多元化　　C. 农村集群　　D. 郊区集群

答案及解析：A。中国城镇化进程中的一个显著变化，是从城市单一发展向城市集群发展。

第三节　中国城镇化道路的选择与小城镇的建设

本节内容提要

以城镇发展规模为基础的城镇化道路的讨论有四种观点：大中城市论、均衡发展论、多元模式论和小城镇重点论。小城镇作为一种社会经济形态，在中国已有五千多年的历史。在近现代社会中，小城镇是联结城乡的桥梁和纽带。

知识点 1

中国城镇化道路选择的不同观点☆

中国城镇化选择什么道路，一直是国内理论界讨论的一个热点。其中以城镇发展规模为基础的城镇化道路的讨论有四种观点：大中城市论、均衡发展论、多元模式论和小城镇重点论。

理　论	观　点
大中城市论	根据中国经济发展的现状，在相当长时期内，城镇化的主要动力将来源于大中城市的扩张
均衡发展论	又称城市体系网络论。其主要观点是，中国的城镇化应该建立以大城市为领导，以中等城市为骨干，以各类小城镇为基础的多层次、多功能的网络系统
多元模式论	主张城镇化道路应该考虑到巨大的地域差异性
小城镇重点论	中国建设社会主义，从根本上看，首先要把 2/3 的农村剩余劳动力转移到工业方面去，使整个国家的多数人口成为非农业劳动者 根据中国的具体实际国情，中国城市应大力发展小城镇

这四种观点，彼此并非完全对立，实际上存在不少兼容，只是强调的侧重点不同而已。

知识解读

本知识点的考查题型一般为客观题。

着重注意中国城镇化道路选择的四种观点。

真题小练

多选题

（2017 年 10 月全国）有关我国城镇化发展道路的讨论，主要观点有（　　）

A. 大中城市论　　B. 均衡发展论

C. 多元模式论　　D. 小城镇重点论

E. 城市分散发展论

答案及解析：ABCD。中国城镇化选择什么道路，一直是国内理论界讨论的一个热点。其中以城镇发展规模为基础的城镇化道路的讨论有四种观点：大中城市论、均衡发展论、多元模式论和小城镇重点论。

小试牛刀

单选题

（　　）主要观点是，中国的城镇化应该建立以大城市为领导，以中等城市为骨干，以各类小城镇为基础的多层次、多功能的网络系统。

A. 大中城市论　　B. 多元模式论

C. 均衡发展论　　　　　　　　　　　　　D. 小城镇重点论

答案及解析：C。均衡发展论，又称城市体系网络论。其主要观点是，中国的城镇化应该建立以大城市为领导，以中等城市为骨干，以各类小城镇为基础的多层次、多功能的网络系统。

知识点 2

中国城镇化的方针☆

（1）改革开放初期，国家针对大城市社会问题严重、小城镇长期发展缓慢的状况，于1978年提出"控制大城市，多搞小城镇"的城镇化方针。

（2）1980年10月，全国城镇化工作会议提出了"控制大城市规模，合理发展中等城市，积极发展小城镇"的城镇建设方针。

（3）党的十六大指明了要坚持大中小城市和小城镇协调发展，走中国特色的城镇化道路。这预示着作为建设小康社会的载体，中国的小城镇建设又将迎来新的大发展时期。

（4）根据党的十六届五中全会通过的决议制定的《中华人民共和国国民经济和社会发展第十一个五年（2006—2010）规划纲要》中指出："坚持大中小城市和小城镇协调发展，提高城镇综合承载能力，按照循序渐进、节约土地、集约发展、合理布局的原则，积极稳妥地推进城镇化，逐步改变城乡二元结构。"这一城镇化方针在"十二五"规划纲要中得到了进一步加强，给城镇化道路的可持续发展指明了方向。

（5）中国城镇化更要注重城乡协调关系和人与自然相协调，为经济发展水平、环境优美水平、居民分享水平和公共服务水平等方面的协调发展做出不懈的努力。

知识解读

本知识点的考查题型一般为客观题。

着重注意各个阶段中国城镇化方针的内容及提出时间。

真题小练

单选题

（2016年10月全国）改革开放初期，国家针对大城市社会问题严重、小城镇长期发展缓慢的状况，提出了"控制大城市，多搞小城镇"的城镇化方针，其时间为（　　）

A. 1978年　　B. 1979年　　C. 1980年　　D. 1981年

答案及解析：A。改革开放初期，国家针对大城市社会问题严重、小城镇长期发展缓慢的状况，于1978年提出"控制大城市，多搞小城镇"的城镇化方针。

小试牛刀

单选题

1980年全国城镇化工作会议提出的城镇建设方针不包括（　　）

A. 控制大城市规模　　　　　　　　　　B. 积极发展大城市

C. 合理发展中等城市　　　　　　　　D. 积极发展小城镇

答案及解析：B。1980 年 10 月，全国城镇化工作会议提出了“控制大城市规模，合理发展中等城市，积极发展小城镇”的城镇建设方针。

知识点 3

促进中国小城镇的健康发展☆

（1）小城镇作为一种社会经济形态，在中国已有五千多年的历史。在近现代社会中，小城镇是联结城乡的桥梁和纽带。

（2）发展小城镇的同时，要注重和加强城镇的规划。《国民经济和社会发展第十一个五年规划的建议》给城镇化道路的可持续发展指明了方向。

①小城镇建设要有科学规划。在小城镇的数量布局、规模把握、功能定位上要很好地规划，防止遍地开花，盲目铺摊子，搞低水平的重复建设。

②小城镇建设规模要适度。小城镇建设规模大小、占地多少、基础设施布局等应当严格地进行论证。

③小城镇建设要重视生态环境保护。现代化的小城镇建设，必须考虑环境科学要求，把环境保护列为小城镇建设的一项重要内容通盘考虑，把小城镇建设为环境优美、交通便利、居住安康、设施相对完善、文明程度较高的生产和生活社区。

④建立健全健康发展的体制机制。

第一，建立与城镇化健康发展相适应的财税、征地、行政管理和公共服务等制度；第二，加快小城镇住房、就业、医疗、教育和社会保障制度的市场化改革；第三，加大对小城镇建设的投入，在政府引导下主要通过发挥市场机制的作用，引导社会资金投入小城镇开发；第四，在保护耕地和保障农民合法权益的前提下，妥善解决小城镇建设用地；第五，改革小城镇管理体制，尽快形成符合小城镇经济社会特点的行政管理体制；第六，特别要加强小城镇居民的市民素质教育，使之尽可能地适应城镇文化，承担起城镇建设者的责任。

知识解读

本知识点的考查题型一般为主观题。

着重注意促进我国小城镇健康发展的对策。

真题小练

论述题

（2017 年 10 月全国）论述如何促进我国小城镇的健康发展。

答案：

（1）小城镇建设要有科学规划。建立起布局合理的城镇体系，把小城镇发展的重点放到现有的县城和部分基础条件好、发展潜力大的建制镇，使之尽快完善功能，集聚人口，发挥农村地域性经济、文化中心的作用。

（2）小城镇建设规模要适度。小城镇建设规模大小、占地多少、基础设施布局等应当严格地进行论证。一要根据在区域城镇体系中的地位及其经济社会发展状况，以及第二、三产业发展前景来考虑其规模大小。二要依据所在地乡村剩余劳动力转移的前景来考虑小城镇建设发展规模。三要依据小城镇对工业品的需求量，小城镇对城乡贸易的集聚量，从农村市场的拓展、农村经济发展前景规模上考虑小城镇发展规模。

（3）小城镇建设要重视生态环境保护。小城镇建设与环境保护有机结合，是实施经济社会可持续发展战略中的一个根本问题。

（4）建立健全健康发展的体制机制。建立与城镇化健康发展相适应的财税、征地、行政管理和公共服务等制度；加快小城镇住房、就业、医疗、教育和社会保障制度的市场化改革；在政府引导下主要通过发挥市场机制的作用，引导社会资金投入小城镇开发；妥善解决小城镇建设用地；尽快形成符合小城镇经济社会特点的行政管理体制；加强小城镇居民的市民素质教育。

小试牛刀

单选题

联结城乡的桥梁和纽带的是（　　）

A. 城区　　B. 郊区　　C. 农村　　D. 小城镇

答案及解析：D。小城镇作为一种社会经济形态，在中国已有五千多年的历史。在近现代社会中，小城镇是联结城乡的桥梁和纽带。

第十一章　社会分层与社会流动

社会不平等、社会分层、社会流动是社会学分析的重要主题。三者之间，存在着密切关联。社会不平等的根源在于私有制与社会分工。阶级分析与分层研究，构成了研究社会不平等的两个传统。

一、【历年考情直击】

考　　点	考 纲 要 求	考 试 题 型	重 要 程 度
社会不平等	识记、领会、简单应用、综合应用	单选、简答	★
社会分层	识记、领会、简单应用、综合应用	单选、多选、名词解释、简答	★★
社会流动	识记、领会、简单应用、综合应用	单选、名词解释、简答、论述	★★★

二、【本章思维导图】

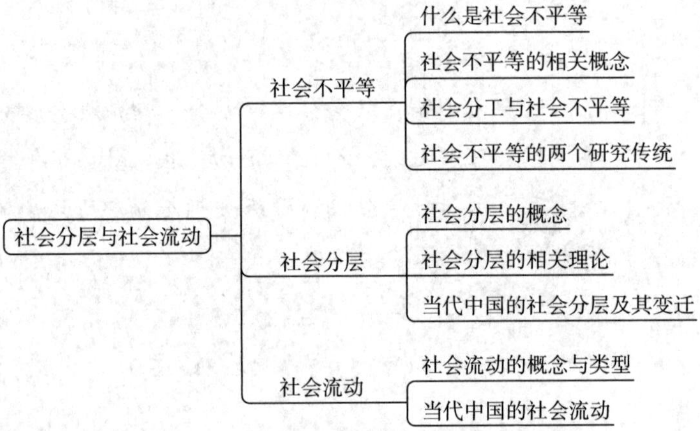

第一节　社会不平等

本节内容提要

关于什么是社会不平等，存在着广义和狭义两种不同的回答。对社会不平等持广义意见者认为：社会不平等即社会差别，指个人或群体间的任何差异。卢梭认为人类存在两种不平等：一种是自然或生理上的不平等；另一种是精神上或政治上的不平等，如某些人通过损害别人而得以享受的各种特权。

知识点 1

什么是社会不平等

（1）社会不平等即社会差别，指个人或群体间的任何差异。

（2）法国社会思想家让－雅克·卢梭是这种意见的代表。

知识点 2

社会不平等的相关概念☆☆

1. 性别和年龄

（1）性别是指男女两性在生理和心理上的差别。男性和女性不仅存在基因、荷尔蒙、生理结构等差异，且存在着行为、智力和个性上的差异。

（2）年龄是一种自然产生的生命过程，是一种先赋地位。依据一个人的年龄而确定的地位，称为“年龄地位”。对占据某年龄地位的人的行为期望，称为“年龄角色”。

2. 种姓、种族和等级

（1）种姓：种姓或种姓制度是以血统、血缘和职业为标准，将社会成员划分为不同群体或社会集团的社会等级制度。

（2）种族：种族亦称人种，指在体质形态上具有共同生活遗传特征（肤色、发色、面容、体格、血型、头型等）的人群。

（3）等级：等级指按经济地位和政治法律地位不同而互相区别的群体或社会集团。

3. 阶级与阶层

（1）阶级：因为在历史上一定社会生产体系中所处的地位不同、对生产资料的关系不同、在社会劳动组织中所起的作用不同，从而领得自己所支配的那份社会财富的方式和多寡也不同的一些集团。

（2）阶层：一是指阶级内部的层次划分；二是泛指具有不同社会地位的群体。

知识解读

本知识点的考查题型一般为客观题。

着重注意种族、等级及阶级的概念。

真题小练

单选题

1.（2018 年 4 月全国）按经济地位和政治法律地位不同而相互区别的群体或社会集团被称为（　　）

A. 种族　　B. 种姓　　C. 等级　　D. 阶级

答案及解析：C。等级指按经济地位和政治法律地位不同而互相区别的群体或社会集团。

2.（2014 年 4 月全国）在体质形态上具有共同生活遗传特征的人群被称为（　　）

A. 等级　　B. 种族　　C. 阶层　　D. 种姓

答案及解析：B。种族亦称人种，指在体质形态上具有共同生活遗传特征（肤色、发色、面容、体格、血型、头型等）的人群。

小试牛刀

单选题

以血统、血缘和职业为标准，将社会成员划分为不同群体和社会集团的社会等级制度，被称为（　　）

A. 等级　　B. 种族　　C. 阶层　　D. 种姓

答案及解析：D。种姓或种姓制度是以血统、血缘和职业为标准，将社会成员划分为不同群体或社会集团的社会等级制度。

知识点 3

社会分工与社会不平等☆

1. 私有制与人类不平等的产生

（1）早在 1775 年年初，卢梭便在《论人类不平等的起源和基础》一书中，鲜明地论证了人类不平等的产生是随着私有制而来的，是建立在私有制确立的唯一基础之上的。

（2）1776 年亚当·斯密在《国民财富的性质和原因的研究》一书中，最先创立了“分工”概念，并对社会分工与阶级产生的关系进行了阐述。

2. 马克思和恩格斯的社会分工理论

（1）分工有“自然分工”和“真实分工”之别。从物质劳动和精神劳动分离的时候起，

“分工”才开始成为真实的分工。

（2）从“自然分工”到“真实分工”是一个质的飞跃，社会从无阶级社会进入阶级社会。

（3）在“真实分工”出现的同时，产生了产品的不平等分配和私有制。

（4）分工的发展导致了物质劳动和精神劳动相分离。

（5）“物质劳动和精神劳动的最大一次分工，就是城市和乡村的分离。”

（6）在阶级对立的社会中，分工的发展具有矛盾的性质。社会不平等根源于社会的物质生产方式中，其实质是以生产资料占有关系为核心的生产关系的不平等。

知识解读

本知识点的考查题型一般为主观题。

着重注意马克思和恩格斯的社会分工理论。

真题小练

简答题

（2011年7月全国）简述马克思和恩格斯关于社会分工的思想。

答案：第一，分工有“自然分工”和“真实分工”之别。从物质劳动和精神劳动分离的时候起，“分工”才开始成为真实的分工。第二，从“自然分工”到“真实分工”是一个质的飞跃，社会从无阶级社会进入阶级社会。第三，在“真实分工”出现的同时，产生了产品的不平等分配和私有制。第四，分工的发展导致了物质劳动和精神劳动相分离。第五，“物质劳动和精神劳动的最大一次分工，就是城市和乡村的分离。”第六，在阶级对立的社会中，分工的发展具有矛盾的性质。社会不平等根源于社会的物质生产方式中，其实质是以生产资料占有关系为核心的生产关系的不平等。

小试牛刀

单选题

分工理论最早的阐述者是（　　）

A. 卢梭　　B. 亚当·斯密　　C. 法约尔　　D. 孟德斯鸠

答案及解析：B。作为“分工理论最早的阐发者”，1776年亚当·斯密在《国民财富的性质和原因的研究》一书中，最先创立了“分工”概念，并对社会分工与阶级产生的关系进行了阐述。

知识点 4

社会不平等的两个研究传统☆

（1）阶级分析与分层研究构成了社会不平等的两个研究传统。

（2）阶级分析传统把阶级斗争作为理解人类历史发展（包括社会不平等的演变）的

关键所在，其关于社会不平等的冲突论假设，鲜明地体现在《共产党宣言》的第一句话里："至今一切社会的历史都是阶级斗争的历史。"在阶级分析传统看来，社会不平等既是阶级斗争的结果，也是阶级斗争的原因，关于社会不平等的研究就是关于阶级斗争的研究，反之亦然。

（3）分层研究，指的是以"生活机会"的分配和获得为核心内容的社会不平等研究传统。

（4）分层研究和阶级分析的根本区别在于，二者对"社会不平等是什么"的本体论假设不同。

知识解读

本知识点的考查题型一般为客观题。

着重注意分层研究的概念。

真题小练

单选题

（2016年10月全国）以"生活机会"的分配和获得作为核心内容的社会不平等研究传统被称为（　　）

A. 等级研究　　B. 阶级分析　　C. 种族分析　　D. 分层研究

答案及解析：D。分层研究，指的是以"生活机会"的分配和获得为核心内容的社会不平等研究传统。

小试牛刀

单选题

阶级分析传统把（　　）作为理解人类历史发展的关键所在。

A. 生活机会　　B. 阶级斗争　　C. 社会变革　　D. 内部矛盾

答案及解析：B。阶级分析传统把阶级斗争作为理解人类历史发展（包括社会不平等的演变）的关键所在，其关于社会不平等的冲突论假设，鲜明地体现在《共产党宣言》的第一句话里："至今一切社会的历史都是阶级斗争的历史。"

第二节　社会分层

本节内容提要

社会分层的实质，是社会资源在社会中的不均等分配。社会分层包含社会分层结构和社会流动两方面的基本内容。

知识点 1

社会分层的概念☆

（1）概念：社会分层的实质，是社会资源（财富、收入、声望、教育机会等）在社会中的不均等分配。

（2）社会分层包含社会分层结构和社会流动两方面的基本内容。

（3）一般认为，马克思的阶级模式和马克斯·韦伯的多元社会分层模式，为社会分层提供了两种不同而最基本的理论模式和分析框架。谁得到了什么？是怎样得到的？它们构成了社会分层研究的两个最重要的问题。其中，分层模式主要回答的是前一个问题，而阶级模式则主要回答后一个问题。

知识解读

本知识点的考查题型一般为主观题。

着重注意社会分层的概念。

真题小练

名词解释题

（2017 年 4 月全国）社会分层

答案：社会分层的实质，是社会资源（财富、收入、声望、教育机会等）在社会中的不均等分配。

小试牛刀

单选题

社会分层的实质是（　）

A. 政治地位不同的人群的划分　　B. 经济地位不同的社会集团的划分

C. 社会资源在社会中的不均等分配　　D. 体质形态不同的人群的划分

答案及解析：C。社会分层的实质，是社会资源（财富、收入、声望、教育机会等）在社会的不均等分配。

知识点 2

社会分层的相关理论☆☆

1. 古典社会学家的社会分层理论

（1）马克思主义的社会分层理论。

阶级理论是马克思主义的核心组成部分。马克思对阶级分析的新贡献，主要表现在三个方面：①阶级的存在，仅仅同生产发展的一定历史阶段相联系；②阶级斗争，必然导致无产阶级专政；③这个专政本身不过是达到消灭一切阶级和达到无阶级社会的过渡。

马克思的贡献，实际上分别对应着阶级分析的两大研究主题：关于统治阶级剥削的研究以及关于被统治阶级反抗的研究。

马克思阶级学说的最重要贡献，是将阶级的存在同生产发展的一定历史阶段，即所有制联系起来，从生产过程的工人与资本家占有生产资料的关系，来揭示阶级的本质。

（2）韦伯的社会分层理论。

①两个标准：财产占有状况和市场处境。

②三个维度：阶级范畴，提供了社会分层的经济标准；地位范畴，提供了社会分层的社会标准；政党范畴，提供了社会分层的政治标准。韦伯认为，经济的、政治的和社会的这三个维度对社会分层的影响是相对独立的，并有着各自不同的来源，因此我们考察社会分层现象的时候，需要采取多元化的标准。

③四种社会阶级：上层有产阶级、优势职业阶级、小资产阶级、工人阶级。

（3）帕累托的精英理论。

①意大利社会学家帕累托于1916年出版了《普通社会学总论》一书，系统地阐述了精英阶级理论，帕累托是开创西方社会分层研究的另一位先驱。

②精英阶级可以分为两种：执政的精英阶级和不执政的精英阶级。

③帕累托同时提出了精英循环理论。

2. 当代社会分层理论

（1）功能主义的社会分层理论。

①1945年，美国社会学家K. 戴维斯和W. 摩尔发表《分层的若干原理》一文，阐述了功能主义的社会分层观。

②观点：社会分层是社会不平等的体现；社会分层之所以在各个时代、各个社会中普遍存在，是因为社会运行过程的需要。

（2）冲突论的社会分层理论。

①达伦多夫认为：社会分层的起源在于这样的事实，即在任何一个社会中，个人或群体都要强制奖惩，这种实施能力意味着权力关系的存在。因此，“我们称作社会分层的不平等体系，只不过是社会权力结构的派生物”。

②观点：强调冲突在不平等形成过程中的作用。冲突论者并不认为社会是一个各种特征都有助于整个社会稳定的系统，而认为人们在社会价值标准和集团利益上的冲突，是各种社会所固有的。

（3）折中的社会分层理论。

①代表是格尔哈特·伦斯基。

②在《权力与特权：社会分层的理论》一书中，伦斯基认为：功能主义和冲突论两家的社会分层理论，未必一定是水火不相容的。在社会分层制度的发展过程中，既有整合，又有竞争，两者可以结合起来对社会分层做更准确的分析。

知识解读

本知识点的考查题型一般为客观题和主观题。

着重注意古典社会学家的社会分层理论和当代社会分层理论的代表人物及其观点。

真题小练

单选题

1.（2013 年 7 月全国）在社会分层的相关理论中，帕累托提出的是（　　）

A. 阶级论　　B. 社会分工论　　C. 社会系统论　　D. 精英理论

答案及解析：D。意大利社会学家帕累托于 1916 年出版了《普通社会学总论》一书，系统地阐述了精英阶级理论，帕累托是开创西方社会分层研究的另一位先驱。

2.（2013 年 4 月全国）戴维斯和摩尔的社会分层理论是（　　）

A. 功能主义的社会分层理论　　B. 冲突论的社会分层理论

C. 互动论的社会分层理论　　D. 结构主义的社会分层理论

答案及解析：A。1945 年，美国社会学家 K. 戴维斯和 W. 摩尔发表《分层的若干原理》一文，阐述了功能主义的社会分层观。

简答题

3.（2012 年 4 月全国）简述马克思主义的阶级理论。

答案：

（1）阶级理论是马克思主义的核心组成部分。

（2）马克思对阶级分析的新贡献，主要体现在三方面：①阶级的存在，仅仅同生产发展的一定历史阶段相联系；②阶级斗争，必然导致无产阶级专政；③这个专政本身不过是达到消灭一切阶级和达到无阶级社会的过渡。

（3）马克思的贡献，实际上分别对应着阶级分析的两大研究主题：关于统治阶级剥削的研究以及关于被统治阶级反抗的研究。

（4）马克思阶级学说的最重要贡献，是将阶级的存在同生产发展的一定历史阶段，即所有制联系起来，从生产过程的工人与资本家占有生产资料的关系，来揭示阶级的本质。

小试牛刀

单选题

1. 社会分层是社会不平等的体现，它之所以在各个时代、各个社会中普遍存在，是因为社会运行过程的需要。这是哪个学派的观点？（　　）

A. 功能主义　　B. 结构主义　　C. 马克思主义　　D. 后现代主义

答案及解析：A。功能主义认为，社会分层是社会不平等的体现；社会分层之所以在各个时代、各个社会中普遍存在，是因为社会运行过程的需要。

2. 功能主义的社会分层理论的代表性人物是（　　）

A. 马克思　　B. 戴维斯和摩尔　　C. 伦斯基　　D. 达伦多夫

答案及解析：B。1945 年，美国社会学家 K. 戴维斯和 W. 摩尔发表《分层的若干原理》一文，阐述了功能主义的社会分层观。

知识点 3

当代中国的社会分层及其变迁☆☆

1. 中华人民共和国成立前的阶级阶层结构

根据毛泽东撰写的《中国社会各阶级的分析》一文的分析框架，当时中国社会各阶级、阶层可划分为：地主阶级和买办阶级、民族资产阶级、小资产阶级、半无产阶级、无产阶级、游民无产者阶层、农民阶级。

毛泽东把农民阶级分为四个阶层：富农，即农村中的资产阶级；自耕农（中农），即农村中的小资产阶级；半自耕农、贫农，即农村中的半无产阶级；雇农，即农村中的无产阶级。

2. 改革开放前的阶级阶层结构

时　间	结　构
1949—1952 年（国民经济恢复时期）	工人阶级、农民阶级、小资产阶级、资产阶级
1953—1956 年（社会主义改造时期）	工人阶级、农民阶级、知识分子阶层
1977 年	工人阶级、农民阶级、知识分子阶层

3. 改革开放以来中国社会阶级阶层结构

1978 年之后，中国实行改革开放，开始了由计划经济体制向社会主义市场经济体制转变。

根据《当代中国社会阶层结构研究报告》（2002）一书以职业分类为基础，以组织资源、经济资源、文化资源的占有状况为标准，可将全国成年社会成员划分成十个阶层：国家与社会管理者阶层，经理人员阶层，私营企业主阶层，专业技术人员阶层，办事人员阶层，个体工商户阶层，商业服务业员工阶层，产业工人阶层，农业劳动者阶层和城乡无业、失业、半失业者阶层。

知识解读

本知识点的考查题型一般为客观题。

着重注意每个时间段的阶级阶层结构。

真题小练

单选题

1.（2018 年 4 月全国）毛泽东把农民阶级分为（　　）

A. 三个阶层　　B. 四个阶层　　C. 五个阶层　　D. 六个阶层

答案及解析：B。毛泽东把农民阶级分为四个阶层：富农，即农村中的资产阶级；自耕农（中农），即农村中的小资产阶级；半自耕农、贫农，即农村中的半无产阶级；雇农，即农村中的无产阶级。

2.（2017 年 4 月全国）根据《当代中国社会阶层结构研究报告》（2002），以职业分类为基础，以组织资源、经济资源、文化资源的占有状况为标准，可将全国成年社会成员划分为（　　）

A. 七个阶层　　B. 八个阶层　　C. 九个阶层　　D. 十个阶层

答案及解析：D。根据《当代中国社会阶层结构研究报告》（2002）一书以职业分类为基础，以组织资源、经济资源、文化资源的占有状况为标准，可将全国成年社会成员划分成十个阶层。

多选题

3.（2014 年 10 月全国）1977 年，中国社会的阶级、阶层结构可分为（　　）

A. 小资产阶级　　B. 工人阶级　　C. 农民阶级

D. 知识分子阶层　　E. 无产阶级

答案及解析：BCD。1977 年，中国社会的阶级、阶层状况可分为工人阶级、农民阶级和知识分子阶层。

小试牛刀

单选题

1. 根据毛泽东撰写的《中国社会各阶级的分析》一文的分析框架，中华人民共和国成立前的阶级阶层结构可划分为（　　）

A. 五个阶级　　B. 六个阶级　　C. 七个阶级　　D. 八个阶级

答案及解析：C。根据毛泽东撰写的《中国社会各阶级的分析》一文的分析框架，中华人民共和国成立前社会各阶级、阶层可划分为地主阶级和买办阶级、民族资产阶级、小资产阶级、半无产阶级、无产阶级、游民无产者阶层、农民阶级。

2.1949—1952 年中国的基本阶级格局包括（　　）

A. 两个阶级　　B. 三个阶级　　C. 四个阶级　　D. 五个阶级

答案及解析：C。1949—1952 年，史称国民经济恢复时期，形成了工人阶级、农民阶级、小资产阶级、资产阶级四个基本阶级的格局。

第三节　社会流动

本节内容提要

社会流动，指社会成员从一种社会地位或职业向另一种社会地位或职业的变动。这种变动可能是从一个社会阶级（或社会阶层）向另一个社会阶级（或社会阶层）的转移，也可能是同一阶级或阶层内部在职业、活动空间上的变动。

知识点 1

社会流动的概念与类型☆☆☆

1. 社会流动的概念

（1）概念：社会流动，指社会成员从一种社会地位或职业向另一种社会地位或职业的变动。

（2）索罗金于 1927 年发表的《社会流动》一书，被社会学界认为是第一部用现代观点论述社会流动的著作。

（3）合理的社会流动是现代社会生存和发展所必需的。

2. 社会流动的类型

类　型	含　义
垂直流动	在社会分层体系当中的不同层次之间的上下流动，又称纵向流动（如农民成为企业家）
水平流动	在同一个社会分层的层次当中，在同一个层内部的流动，又称横向流动（如农民因拆迁离开了原来的村子，迁到另一个村庄继续务农）
代内流动	个人一生中特别是其工作生涯中的社会地位变化
代际流动	子女相对于父母的地位的变动
结构式流动	由于生产技术或社会体制变革而引起的规模较大的社会流动
自由流动	那种不是由于体制的变化而是由于个人特殊的原因（如个人努力，偶然的机遇等）而导致的社会流动，是在整个社会阶层结构不发生变化的情况下，某些社会成员阶层地位的变化
竞争式流动	在竞争式流动中，作为公开竞争目标的较高的社会地位，需通过追求者自身努力去获得
赞助式流动	较高的社会地位不是个人通过竞争可以直接获得，而由已经获得了较高地位的人根据某种既定的标准来授予

知识解读

本知识点的考查题型一般为主观题和客观题。

着重注意社会流动的概念及社会流动的类型。

真题小练

单选题

1.（2017年10月全国）在社会分层体系中的不同层次之间的上下流动称作（　　）

A. 垂直流动　　B. 代际流动　　C. 自由流动　　D. 竞争式流动

答案及解析：A。垂直流动指在社会分层体系当中的不同层次之间的上下流动，又称纵向流动。

2.（2016年10月全国）在社会流动的类型中，子女相对于父母的地位的变动被称为（　　）

A. 垂直流动　　B. 代际流动　　C. 结构式流动　　D. 竞争式流动

答案及解析：B。本题考查的是社会流动的类型。其中，代内流动指个人一生中特别是其工作生涯中的社会地位变化，代际流动指的是子女相对于父母的地位的变动。

名词解释题

3.（2015年10月全国）社会流动

答案：社会流动，指社会成员从一种社会地位或职业向另一种社会地位或职业的变动。

小试牛刀

单选题

1. 农民因拆迁离开了原来的村子，迁到另一个村庄继续务农，这种流动属于（　　）

A. 水平流动　　B. 结构流动　　C. 自由流动　　D. 竞争流动

答案及解析：A。水平流动是指在同一个社会分层的层次当中，在同一个层内部的流动，又称横向流动。如农民因拆迁离开了原来的村子，迁到另一个村庄继续务农，就是一种水平流动。

2. 由已经获得了较高地位的人根据某种既定的标准来授予社会地位的社会流动形式是（　　）

A. 结构式流动　　B. 赞助式流动　　C. 代际流动　　D. 自由流动

答案及解析：B。赞助式流动，指较高的社会地位不是个人通过竞争可以直接获得，而由已经获得了较高地位的人根据某种既定的标准来授予。

知识点 2

当代中国的社会流动☆☆

1. 中华人民共和国成立以来五次大规模的社会流动

时　　间	特　　点
第一次大规模社会流动（1949—1956 年）	以对中华人民共和国成立以前的社会阶级阶层结构进行重塑为标志
第二次大规模社会流动（1957—1965 年）	多维二元身份体系之间的界限是相对确定的，跨越身份边界的流动即使有可能，也十分困难
第三次大规模社会流动（1966—1977 年）	整个社会的社会流动严重偏离了正常轨道
第四次大规模社会流动（1978—1991 年）	社会分化与流动模式发生初步转换
第五次大规模社会流动（1992 年至今）	不同阶层所处的等级位序初步被确立起来

2. 影响中国社会流动的因素与机制

（1）社会流动的影响因素包括先赋因素与自致因素。就中国的现实情况而言，人们发生何种的社会流动，大致受三个层面因素的影响：在宏观层面，受制于社会结构和国家的制度安排（如户籍制度）；在中观层面，则依赖于工作单位和家庭；在微观层面，则取决于个人后天努力（如党员身份）。前两种因素属于先赋因素，后一种属于自致因素，即个人努力的结果。

（2）从理论上将导致社会流动的机制划分为四种主要类型：其一，制度安排本身导致的社会流动；其二，制度安排与先赋因素、自致因素混合导致的社会流动；其三，制度安排抑制先赋因素或自致因素而导致的社会流动；其四，制度安排中的某些漏洞或偏向，被一部分社会成员利用而导致的社会流动。

3. 当前中国社会流动的特点

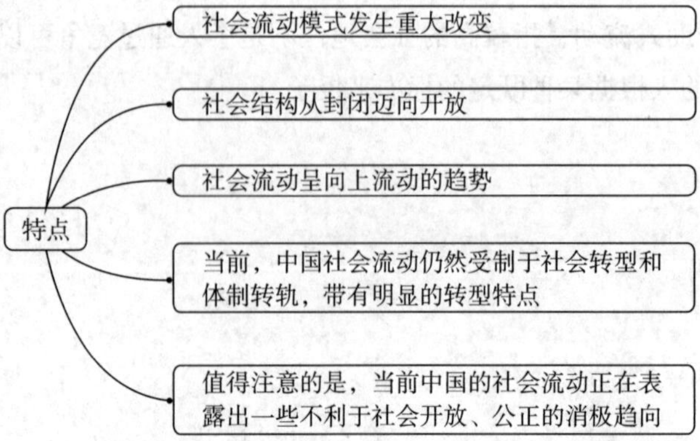

知识解读

本知识点的考查题型一般为主观题和客观题。

着重注意中国社会流动的因素、机制、特点以及中华人民共和国成立以来五次大规模的社会流动。

真题小练

单选题

1.（2015 年 4 月全国）中华人民共和国成立以来发生的大规模社会流动的次数是（　　）

A. 三次　　B. 四次　　C. 五次　　D. 六次

答案及解析：C。中华人民共和国成立以来发生过五次大规模的社会流动。

论述题

2.（2018 年 4 月全国）试述影响中国社会流动的因素与机制。

答案：

社会流动的影响因素包括先赋因素与自致因素。就中国的现实情况而言，人们发生何种的社会流动，大致受三个层面因素的影响：在宏观层面，受制于社会结构和国家的制度安排（如户籍制度）；在中观层面，则依赖于工作单位和家庭；在微观层面，则取决于个人后天努力（如党员身份）。

社会流动的机制可以划分为四种主要类型：其一，制度安排本身导致的社会流动；其二，制度安排与先赋因素、自致因素混合导致的社会流动；其三，制度安排抑制先赋因素或自致因素而导致的社会流动；其四，制度安排中的某些漏洞或偏向，被一部分社会成员利用而导致的社会流动。

小试牛刀

简答题

简述中华人民共和国成立以来五次大规模社会流动的典型特征。

答案：

（1）1949—1956 年，以对中华人民共和国成立以前的社会阶级阶层结构进行重塑为标志。

（2）1957—1965 年，多维二元身份体系之间的界限是相对确定的，跨越身份边界的流动十分困难。

（3）1966—1977 年，整个社会的社会流动严重偏离了正常轨道。

（4）1978—1991 年，社会分化与流动模式发生初步转换。

（5）1992 年至今，不同阶层所处的等级位序初步被确立起来。

第十二章　偏差行为与社会控制

社会前进的过程中人类有各种社会行为，偏离社会规范的行为也总是存在的。有偏差行为，就需要进行社会控制，以保证正常的社会关系和人们的正常生活，以及正常的社会运行。

一、【历年考情直击】

考　　点	考纲要求	考试题型	重要程度
什么是偏差行为	识记、领会、简单应用	单选、多选、名词解释、简答	★★
偏差行为的理论解释	识记、领会、简单应用、综合应用	单选、论述	★★
社会控制	识记、领会、综合应用	单选、多选、名词解释、简答、论述	★★★

二、【本章思维导图】

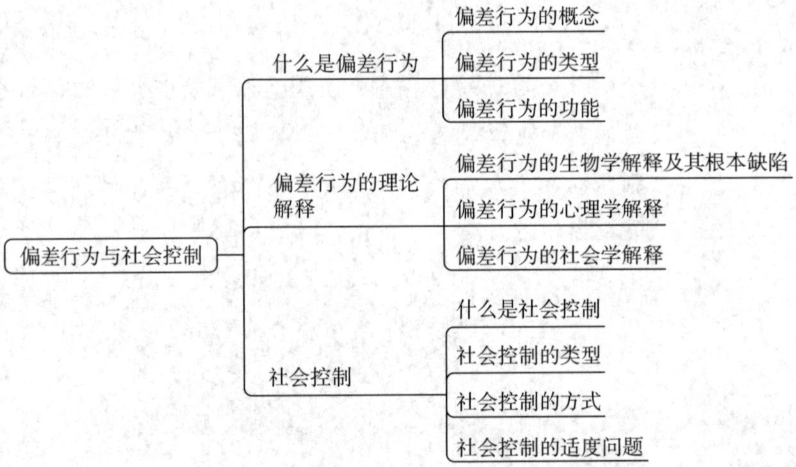

第一节　什么是偏差行为

本节内容提要

偏差行为是指在特定社会中社会成员不同程度地偏离或违反了既有的社会规范的行为，也被称为越轨行为、离轨行为或差异行为等。

知识点1

偏差行为的概念☆

（1）概念：偏差行为是指在特定社会中社会成员不同程度地偏离或违反了既有的社会规范的行为，也被称为越轨行为、离轨行为或差异行为等。

（2）社会规范：在任何社会，都会存在一套对其社会成员行为具有约束力的行为准则，用以调节人们之间和个人与社会的社会关系，指导社会成员的社会行为，这就是社会规范。

（3）偏差行为的相对性源于社会规范本身的相对性。社会规范是相对于特定的社会、特定的历史时期而言的；在不同的社会、同一社会在不同的历史时期，社会规范会有所不同，因此人们对偏差行为的认识也是不同的。

知识解读

本知识点的考查题型一般为主观题。

着重注意偏差行为的概念。

真题小练

名词解释题

（2014年10月全国）偏差行为

答案：偏差行为是指在特定社会中社会成员不同程度地偏离或违反了既有的社会规范的行为，也被称为越轨行为、离轨行为或差异行为等。

小试牛刀

多选题

偏差行为又称（　　）

A. 越轨行为　　B. 离轨行为　　C. 差异行为
D. 失范行为　　E. 违法行为

答案及解析：ABC。偏差行为是指在特定社会中社会成员不同程度地偏离或违反了既有的社会规范的行为，也被称为越轨行为、离轨行为或差异行为等。

知识点 2

偏差行为的类型☆

1. 按照偏差行为的表现方式分类

（1）偏差习惯：指个人行为嗜好因不为社会所认可而表现出来的行为。

（2）偏差心理：指因为心理或精神的原因导致无法进行常规的社会交往或社会活动所表现出来的行为。

（3）偏差文化：指以与社会主流或主导文化所不同的文化表现出来的行为。

2. 按行为所偏离的社会行为准则的标准分类

（1）违法行为：指违反国家法律条文的行为，包括犯罪和未构成犯罪的违法行为。

（2）违章行为：是指违反有关维护社会治安和公共秩序的规章条例的行为。

（3）违规行为：泛指一切违反既定的生活方式、风俗习惯的行为。

知识解读

本知识点的考查题型一般为客观题。

着重注意偏差行为的类型及各类型的定义。

真题小练

单选题

1.（2011 年 7 月全国）个人行为嗜好因不被社会所认可而表现出来的偏差行为，被称为（　　）

A. 偏差行动　　B. 偏差心理　　C. 偏差习惯　　D. 偏差文化

答案及解析：C。偏差习惯是指个人行为嗜好因不为社会所认可而表现出来的行为。

多选题

2.（2014 年 10 月全国）按照偏差行为的表现方式，可将其分为（　　）

A. 违法行为　　B. 违规行为　　C. 偏差习惯

D. 偏差心理　　E. 偏差文化

答案及解析：CDE。按照偏差行为的表现方式可将其分为三大类型：偏差习惯、偏差心理和偏差文化。

小试牛刀

单选题

1. 违反有关维护社会治安和公共秩序的规章条例的行为是（　　）

A. 违例行为　　B. 违法行为　　C. 违规行为　　D. 违章行为

答案及解析：D。违章行为是指违反有关维护社会治安和公共秩序的规章条例的行为。

2. 以与社会主流或主导文化所不同的文化表现出来的偏差行为，被称为（　　）

A. 偏差行动　　B. 偏差习惯　　C. 偏差文化　　D. 偏差心理

答案及解析：C。偏差文化是指以与社会主流或主导文化所不同的文化表现出来的行为。

知识点 3

偏差行为的功能☆

1. 偏差行为的负功能

偏差行为是人类社会不可避免的现象，但如果各种偏差行为大量出现，无疑会严重影响社会的正常运行，妨碍人们正常的生产和生活。偏差行为的负功能主要有：干扰正常的社会生活秩序；损害个人和社会的利益；减弱他人遵从规范的意愿；破坏社会成员间的相互信任。

2. 偏差行为的正功能

偏差行为并非仅仅对社会起消极的作用，偏差行为也有其正功能，即对社会的运行和发展具有积极的意义，主要有：有助于人们进一步认识社会规范；有助于加强社会团结；有助于社会预警；有助于促进社会进步。

知识解读

本知识点的考查题型一般为主观题和客观题。

着重注意偏差行为的正、负功能。

真题小练

多选题

1.（2016 年 4 月全国）偏差行为的负功能的主要表现有（　　）

A 干扰正常的社会生活秩序　　B. 破坏社会成员间的相互信任

C. 减弱他人遵从规范的意愿　　D. 加强社会团结

E. 有利于社会预警

答案及解析：ABC。偏差行为的负功能主要有：干扰正常的社会生活秩序；损害个人和社会的利益；减弱他人遵从规范的意愿；破坏社会成员间的相互信任。

简答题

2.（2017 年 4 月全国）简述偏差行为的正功能。

答案：有助于人们进一步认识社会规范；有助于加强社会团结；有助于社会预警；有助于促进社会进步。

小试牛刀

简答题

简述偏差行为的负功能。

答案：干扰正常的社会生活秩序；损害个人和社会的利益；减弱他人遵从规范的意愿；破坏社会成员间的相互信任。

第二节　偏差行为的理论解释

本节内容提要

偏差行为的理论解释主要从生物学、心理学、社会学的角度进行解释。

知识点 1

偏差行为的生物学解释及其根本缺陷☆

（1）生物学解释是从个人的生物性和生理性特征来解释偏差行为发生的原因，它假定有些人天生就是不守规矩的人，因而主要着重于寻找偏差行为者的个人生理特质，尤其强调遗传因素的作用。

（2）最早的生物学解释是由意大利军医隆布罗索在 19 世纪后期提出的。

（3）根本缺陷：无法区分产生偏差行为的生理因素影响和社会文化影响的界限，也无法指出生理特征和偏差行为之间的实际联系。

知识解读

本知识点的考查题型一般为客观题。

着重注意生物学解释的含义。

真题小练

单选题

（2011 年 7 月全国）假定有些人天生就是不守规矩的人，在这一假定基础上形成的关于偏差行为的解释是（　　）

A. 生理学解释　　B. 生物学解释　　C. 心理学解释　　D. 社会学解释

答案及解析：B。生物学解释是从个人的生物性和生理性特征来解释偏差行为发生的原因，它假定有些人天生就是不守规矩的人，因而主要着重于寻找偏差行为者的个人生理特质，尤其强调遗传因素的作用。

小试牛刀

单选题

最早的生物学解释是意大利军医（　　）在 19 世纪后期提出的。

A. 谢尔顿　　B. 查理斯・戈林　　C. 隆布罗索　　D. 默顿

答案及解析：C。最早的生物学解释是由意大利军医隆布罗索在 19 世纪后期提出的。

知识点 2

偏差行为的心理学解释☆

（1）解释：心理学解释重视个人的精神、情绪、性格等心理因素对行为的影响，认为偏差行为是因为个人心理方面没有能力去学习和遵守有关的社会规范。

（2）类别：精神分析理论和行为理论。

知识解读

本知识点的考查题型一般为客观题。

着重注意偏差行为的心理学解释。

真题小练

单选题

（2013 年 7 月全国）偏差行为的心理学解释有（　　）

A. 标签理论　　B. 失范理论　　C. 精神分析理论　　D. 文化传递理论

答案及解析：C。心理学解释重视个人的精神、情绪、性格等心理因素对行为的影响，认为偏差行为是因为个人心理方面没有能力去学习和遵守有关的社会规范。心理学解释主要有精神分析理论和行为理论。

小试牛刀

单选题

在关于偏差行为的理论解释中，重视个人的精神、情绪、性格等心理因素对行为的影响的观点属于（　　）

A. 生物学解释　　B. 心理学解释　　C. 社会学解释　　D. 文化学解释

答案及解析：B。心理学解释重视个人的精神、情绪、性格等心理因素对行为的影响，认为偏差行为是因为个人心理方面没有能力去学习和遵守有关的社会规范。心理学解释主要有精神分析理论和行为理论。

知识点 3

偏差行为的社会学解释☆☆☆

1. 失范理论

（1）提出者：默顿。

（2）观点：一种是社会对个人所追求目标的规范；另一种是对个人追求目标所使用手段的规范。

（3）五种适应方式如下表所示。

适应方式	含义
遵从	以社会允许的方法获得社会鼓励的目标
革新	为了追求社会鼓励的目标，采用了不被社会认可的手段，甚至是违法的手段
形式主义	拒绝社会提供的目标，但仍然遵守社会规范的手段行事
退缩主义	既放弃了社会鼓励的目标，也抛弃了社会认可的手段
反叛	不仅拒绝社会认可的目标和手段，而且甘于试图从个人观念出发，以新的目标和手段来替代

除了遵从者是以社会允许的方法获得社会鼓励的目标以外，其他四种适应方式都可以被视为偏差行为。

2. 文化传递理论

（1）观点：文化传递理论，也称为亚文化理论。这个理论认为偏差行为者表现出来的偏差行为是从其所处的文化环境中习得的，他们不是偏离了社会规范，而是遵循着所在团体的社会规范，他们的行为之所以被视为偏差行为，只是因为他们所在团体的规范和主流的社会规范不一致，甚至是矛盾的。

（2）两种类型：主流文化和亚文化。

3. 标签理论

（1）观点：标签理论认为，一种行为之所以被视为偏差行为，是因为社会的权力集团给这种行为贴上了偏差的标签，偏差行为只是一种被社会定义为偏差的行为。

（2）代表：莱蒙特。

（3）类型：初级偏差和次级偏差。

知识解读

本知识点的考查题型一般为客观题和主观题。

着重注意失范理论、文化传递理论、标签理论的主要内容。

真题小练

单选题

1.（2015年10月全国）拒绝社会提供的目标，但仍然遵守社会规范的手段行事，在默顿的失范理论中被称为（　　）

A. 退缩主义　　B. 形式主义　　C. 反叛　　D. 革新者

答案及解析：B。形式主义是拒绝社会提供的目标，但仍然遵守社会规范的手段行事。

2.（2016 年 10 月全国）偏差行为只是一种被社会定义为偏差的行为，这种观点来自（　　）

A. 标签理论　　B. 生物学解释　　C. 文化传递理论　　D. 失范理论

答案及解析：A。标签理论认为，一种行为之所以被视为偏差行为，是因为社会的权力集团给这种行为贴上了偏差的标签，偏差行为只是一种被社会定义为偏差的行为。

论述题

3.（2018 年 4 月全国）试述失范理论的基本观点。

答案：

（1）默顿认为存在两种社会规范，一种是社会对个人所追求目标的规范，比如获得财富和好名声等，另一种是对个人追求目标所使用手段的规范，比如经商或从政等。当社会成员经过社会化接受了社会规范的目标后，社会同时又为其提供了追求这些目标的手段，这时目标和手段之间就是平衡的。问题在于社会在提供目标和提供手段二者上有可能是断裂的，即社会成员接受了社会规范的目标，但无法获得实现这些目标的合乎规范的手段，这时就产生了失范。

（2）社会失范会使人们处于失范性紧张状态，为缓解这种紧张，默顿认为人们可能有五种适应方式，它们是遵从、革新、形式主义、退缩主义、反叛。

小试牛刀

单选题

1. 文化传递理论把社会文化分为（　　）

A. 主流文化和亚文化　　B. 积极文化和消极文化

C. 正向文化和反向文化　　D. 政治文化和经济文化

答案及解析：A。文化传递理论把社会文化分为两种类型：主流文化和亚文化。

2. 在默顿的失范理论中，为了追求社会鼓励的目标，采用了不被社会认可的手段，甚至是违法的手段，这是（　　）

A. 退缩主义　　B. 形式主义　　C. 反叛　　D. 革新者

答案及解析：D。所谓革新者，即为了追求社会鼓励的目标，采用了不被社会认可的手段，甚至是违法的手段。

第三节　社会控制

本节内容提要

社会控制最早是由美国社会学家罗斯在其《社会控制》（1901）一书中所提出并加以阐述的。

知识点 1

什么是社会控制☆☆

1. 社会控制的概念

（1）提出者：美国社会学家罗斯在其《社会控制》（1901）一书中提出。

（2）广义的社会控制：是指社会组织通过社会规范以及相应的方式和手段，对社会成员的社会行为进行指导和限制，对各类社会关系加以调节和制约，对社会成员的价值观进行引导和约束的过程。

（3）狭义的社会控制则主要指对偏差行为给予惩处和重新教育的过程。

2. 社会控制的特点

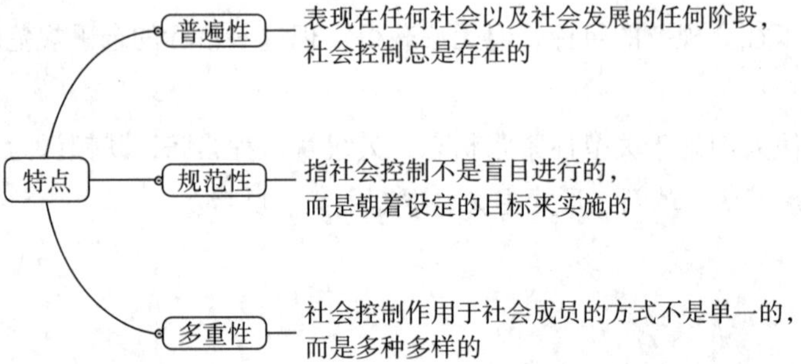

3. 社会控制的必要性

（1）社会控制的必要性首先表现在社会生活中个人与个人之间、个人与社会之间的目标不一致上。

（2）其次，社会控制的必要性表现在稳定各种社会关系上。

（3）最后，社会控制的必要性还体现在制止社会生活中各种失控现象的方面。

知识解读

本知识点的考查题型一般为客观题和主观题。

着重注意社会控制的特点及广义的社会控制概念。

真题小练

多选题

1.（2015 年 4 月全国）社会控制的特点包括（　　）

A. 有限性　　B. 人为性　　C. 普遍性

D. 规范性　　E. 多重性

答案及解释：CDE。社会控制的特点包括普遍性、规范性、多重性。

名词解释题

2.（2016 年 10 月全国）社会控制（广义）

答案：广义的社会控制是指社会组织通过社会规范以及相应的方式和手段，对社会成员的社会行为进行指导和限制，对各类社会关系加以调节和制约，对社会成员的价值观进行引导和约束的过程。

小试牛刀

简答题

社会控制的必要性表现在哪些方面？

答案：

（1）表现在社会生活中个人与个人之间、个人与社会之间的目标不一致上。

（2）表现在稳定各种社会关系上。

（3）体现在制止社会生活中各种失控现象的方面。

知识点 2

社会控制的类型☆☆☆

类　型	含　义
宏观控制	指社会利用政权、法律、政策、条令等手段对整个社会在总体上加以控制，包括政治、经济、文化和意识形态等方面的控制
微观控制	是相对于宏观控制而言，在社会生活的各个具体领域所实现的控制，这些领域涉及人们最基本的社会生活需求
制度化控制	指按照一整套条文规定，有某种组织体系加以推行的一种社会控制形式
非制度化控制	指社会控制的形式并不以明文规定的条文来实现，而是通过社会成员日常互动所形成的共识来实现
外在控制	指利用外部社会力量促使社会成员遵从社会规范
内在控制	指行为者个人将社会规范内化为自己持有的观念，从而自觉地按照社会规范的要求约束自己的社会行为
积极性控制	指利用奖赏性手段来鼓励社会成员按照社会规范行事，这些手段包括物质性奖励和精神性奖励（例如学校为了促使学生努力学习，建立奖学金、跳级等激励机制来奖励学习成绩优秀的学生，同时也鼓励其他学生迎头赶上）
消极性控制	指利用惩罚性手段来防治社会成员的偏差行为（例如学校会设置一些惩罚机制，比如记过、开除学籍等手段防治学生违反学校的规章制度）

知识解读

本知识点的考查题型一般为客观题。

着重注意社会控制各类型的概念。

真题小练

单选题

1.（2017 年 4 月全国）社会控制的形式并不以明文规定的条文来实现，而是通过社会成员日常互动所形成的共识来实现，这种社会控制的类型是（　　）

A. 消极性控制　　B. 微观控制　　C. 非制度化控制　　D. 内在控制

答案及解析：C。非制度化控制是指社会控制的形式并不以明文规定的条文来实现，而是通过社会成员日常互动所形成的共识来实现。

2.（2015 年 4 月全国）行为者个人将社会规范内化为自己持有的观念，从而自觉地按照社会规范的要求约束自己的社会行为，这种社会控制是（　　）

A. 积极性控制　　B. 微观控制　　C. 制度化控制　　D. 内在控制

答案及解析：D。内在控制是指行为者个人将社会规范内化为自己持有的观念，从而自觉地按照社会规范的要求约束自己的社会行为。

3.（2012 年 7 月全国）对涉及人们最基本的社会生活需求的各个具体领域实现控制的形式是（　　）

A. 微观控制　　B. 制度化控制　　C. 外在控制　　D. 习俗控制

答案及解析：A。所谓微观控制，是相对于宏观控制而言，在社会生活的各个具体领域所实现的控制，这些领域涉及人们最基本的社会生活需求。

小试牛刀

单选题

1. 按照一整套条文规定，有某种组织体系加以推行的一种社会控制形式是（　　）

A. 宏观控制　　B. 外部控制　　C. 制度化控制　　D. 内在控制

答案及解析：C。所谓制度化控制，是指按照一整套条文规定，有某种组织体系加以推行的一种社会控制形式。

2. 学校通过记过、开除等手段防治学生违反学校的规章制度，这种控制形式是（　　）

A. 宏观控制　　B. 非制度化控制

C. 道德控制　　D. 消极性控制

答案及解析：D。消极性控制是指利用惩罚性手段来防治社会成员的偏差行为。学校会设置一些惩罚机制，比如记过、开除学籍等手段防治学生违反学校的规章制度。

3. 某学校为了促使学生努力学习，建立奖学金、跳级等激励机制来奖励学生，这一社会控制形式属于（　　）

A. 积极性控制　　B. 消极性控制　　C. 内在控制　　D. 非制度化控制

答案及解析：A。积极性控制是指利用奖赏性手段来鼓励社会成员按照社会规范行事，这些手段包括物质性奖励和精神性奖励。例如学校为了促使学生努力学习，建立奖学金、跳级等激励机制来奖励学习成绩优秀的学生，同时也鼓励其他学生迎头赶上。

知识点 3

社会控制的方式☆

1. 法律控制

法律是由国家制定或认可，以强制力保证其实施的一种社会规范。法律控制是给予强制执行的一种社会控制方式。

2. 道德控制

道德是人们在集体生活中约定俗成的一套辨别是非、辨别善恶、辨别正义与非正义的价值标准。

3. 习俗控制

习俗是人们在集体生活中逐渐形成并共同遵守的行为准则，是人类生活中最基本的也是最原始的一种社会控制方式。

4. 宗教控制

宗教也是一种重要的社会控制方式。由于宗教的教规往往是通过宗教教育内化为教徒的自觉行为，因此其约束教徒社会行为的能力甚至比道德控制更强。

知识解读

本知识点的考查题型一般为客观题。

着重注意社会控制的方式。

真题小练

多选题

（2017 年 10 月全国）社会控制的方法包括（　　）

A. 经济控制　　B. 法律控制　　C. 道德控制

D. 习俗控制　　E. 宗教控制

答案及解析：BCDE。社会控制的方式有法律控制、道德控制、习俗控制和宗教控制。

小试牛刀

单选题

社会控制的方法不包括（　　）

A. 经济控制　　B. 宗教控制　　C. 习俗控制　　D. 法律控制

答案及解析：A。社会控制的方式有法律控制、道德控制、习俗控制和宗教控制。

知识点 4

社会控制的适度问题☆

（1）社会控制是对人们的社会行为加以指导和约束的过程，因而涉及个人和社会的关系问题。美国学者罗斯在其名著《社会控制》中就提出了这么一个问题：社会控制过强会牺牲个人的利益，而社会控制过弱会牺牲社会的利益。由此社会控制的适度问题就摆在我们的面前，也就是说，要避免社会“失控”或社会“过控”。

（2）社会过控，是指过分强调了社会控制的一面，忽视了社会成员的个性表达及自由要求的一面。社会失控，是指社会控制相对削弱，社会成员的自由散漫性提高。这两种情况都不利于社会关系的协调，不利于社会整体效应的发挥，应当努力避免，一旦发现就要及时克服和矫正。

（3）但是，什么情况属于过控，什么情况属于失控，并没有一个绝对的标准。要理解这个问题，必须看到社会控制和个人自由之间的辩证关系。从绝对意义上看，社会控制和个人自由似乎是水火不容的一对矛盾，社会控制总是制约和限制了个人的自由。但是必须认识到，任何社会中个人的自由都不是绝对的，个人的绝对自由也是不可能实现的。因此社会控制仅仅是限制和制约了个人的绝对自由，而并没有限制和制约个人的相对自由。

（4）合理适度的社会控制有助于人的个性全面发展以及创造性的发挥，也有助于社会稳定繁荣；反之，则是对个性的压抑，不利于社会进步。

知识解读

本知识点的考查题型一般为主观题。

着重注意社会控制的适度问题。

真题小练

论述题

（2016 年 10 月全国）试述社会控制的适度问题。

答案：

（1）社会控制是对人们的社会行为加以指导和约束的过程，因而涉及个人和社会的关系问题。美国学者罗斯在其名著《社会控制》中就提出了这么一个问题：社会控制过强会牺牲个人的利益，而社会控制过弱会牺牲社会的利益。由此社会控制的适度问题就摆在我们的面前，也就是说，要避免社会“失控”或社会“过控”。

（2）社会过控，是指过分强调了社会控制的一面，忽视了社会成员的个性表达及自由要求的一面。社会失控，是指社会控制相对削弱，社会成员的自由散漫性提高。这两种情况都不利于社会关系的协调，不利于社会整体效应的发挥，应当努力避免，一旦发现就要及时克服和矫正。

（3）但是，什么情况属于过控，什么情况属于失控，并没有一个绝对的标准。要理解这个问题，必须看到社会控制和个人自由之间的辩证关系。从绝对意义上看，社会控制和个人自由似乎是水火不容的一对矛盾，社会控制总是制约和限制了个人的自由。但是必须认识到，任何社会中个人的自由都不是绝对的，个人的绝对自由也是不可能实现的。因此社会控制仅仅是限制和制约了个人的绝对自由，而并没有限制和制约个人的相对自由。

（4）合理适度的社会控制有助于人的个性全面发展以及创造性的发挥，也有助于社会稳定繁荣；反之，则是对个性的压抑，不利于社会进步。

小试牛刀

填空题

________是对个人的社会行为的控制和引导，并非对个人所有行为的控制和引导。

答案及解析：社会控制。社会控制是对人们的社会行为加以指导和约束的过程，因而涉及个人和社会的关系问题。

第十三章　社会问题

社会问题是社会学研究的重要领域。社会学在 19 世纪末和 20 世纪初传入中国，其主要原因是中国现实社会矛盾加剧，社会问题丛生。中国社会学者在社会学传入、发展进程中，就十分重视社会问题的研究，在实践和理论上做了许多有益的探索。

本章首先介绍社会问题的一般知识和社会问题研究的几种理论，然后概述当代社会问题，分析部分社会问题，并阐述社会问题防治的性质、意义及其战略思想和战略措施。

一、【历年考情直击】

考　　点	考纲要求	考试题型	重要程度
什么是社会问题	识记、领会、简单应用	单选、多选、名词解释、简答	★★★
当代社会问题	识记、领会、简单应用、综合应用	单选、多选	★
社会问题的防治	领会、综合应用	单选、简答、论述	★

二、【本章思维导图】

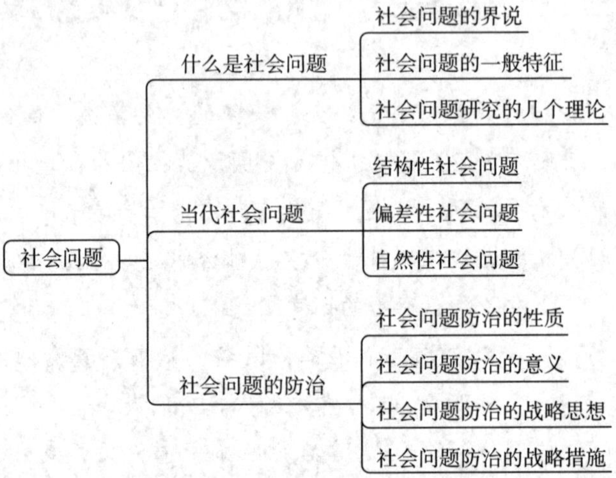

第一节　什么是社会问题

本节内容提要

社会问题是指因个人与社会关系在社会进程中发生了障碍或社会结构与社会环境失调，造成了影响社会全体或部分成员正常生活的问题。

知识点 1

社会问题的定义☆☆

1. 社会问题的含义与构成条件

（1）概念：社会问题是指因个人与社会关系在社会进程中发生了障碍或社会结构与社会环境失调，造成了影响社会全体或部分成员正常生活的问题。

（2）1941 年，美国社会学家理查·富勒和理查·麦尔兹在《社会问题的发展》一文中指出，所有社会问题都要经过警觉、政策制定和改革三个阶段。

（3）社会问题的构成要素：某些社会现象产生了失调情况；这种失调影响了许多人正常的社会生活；这种失调引起了相当多社会成员的关注；这种失调需要动员社会力量进行综合治理。

2. 社会问题与个人困扰的区别

（1）个人困扰必须和个人的自我联系在一起，只关系到个人直接体验的有限的社会生活领域；而"社会问题所牵涉的事情超出个人的局部环境，超出个人的生活领域"。

（2）困扰只涉及个人，即个人感到自己所珍重的价值受到威胁；而社会问题涉及的是公众，即公众所共同珍重的某个价值受到威胁。

（3）"个人困扰具有个人的特点，它只发生在个人与他人直接构成的关系区域里"；而社会问题具有公众的特点，它常常包含着制度上、结构上的危机，也常常包含着马克思所说的"矛盾"和"斗争"。

知识解读

本知识点的考查题型一般为客观题和主观题。

着重注意社会问题的含义及社会问题与个人困扰的区别。

真题小练

多选题

1.（2017 年 4 月全国）1941 年，美国社会学家富勒和麦尔兹在《社会问题的发展》一文中指出，所有社会问题都要经过的阶段包括（　　）

A. 调整　　B. 警觉　　C. 政策制定　　D. 改革　　E. 建构

答案及解析：BCD。1941 年，美国社会学家理查·富勒和理查·麦尔兹在《社会问题的发展》

一文中指出，所有社会问题都要经过警觉、政策制定和改革三个阶段。

名词解释题

2.（2016 年 4 月全国）社会问题

答案：社会问题是指因个人与社会关系在社会进程中发生了障碍或社会结构与社会环境失调，造成了影响社会全体或部分成员正常生活的问题。

简答题

3.（2018 年 4 月全国）简述社会问题与个人困扰的区别。

答案：

（1）个人困扰必须和个人的自我联系在一起，只关系到个人直接体验的有限的社会生活领域；而“社会问题所牵涉的事情超出个人的局部环境，超出个人的生活领域”。

（2）困扰只涉及个人，即个人感到自己所珍重的价值受到威胁；而社会问题涉及的是公众，即公众所共同珍重的某个价值受到威胁。

（3）“个人困扰具有个人的特点，它只发生在个人与他人直接构成的关系区域里”；而社会问题具有公众的特点，它常常包含着制度上、结构上的危机，也常常包含着马克思所说的“矛盾”和“斗争”。

小试牛刀

单选题

因人与社会的关系的失调或社会结构与环境的失调而影响相当数量社会成员的生活，妨碍社会协调发展的状况称为（　　）

A. 社会失范　　B. 社会偏差　　C. 社会矛盾　　D. 社会问题

答案及解析：D。社会问题是指因个人与社会关系在社会进程中发生了障碍或社会结构与社会环境失调，造成了影响社会全体或部分成员正常生活的问题。

知识点 2

社会问题的一般特征☆

（1）特征是指一事物区别于其他事物的显著的征象、标志。

（2）社会问题的特征。

①社会性。社会问题的社会性可从三个方面理解：社会问题的产生；社会问题的影响；社会问题的消除。

②普遍性。社会问题无所不在，无时不有。

③特殊性。虽然社会问题时时刻刻存在，但是在特定的时间、特定的地区，可能会产生特定的社会问题。

④集群性。集群性是指社会问题往往不是单个独立地出现，而是呈群状出现，这时的社会问题的破坏性程度更大。

⑤复杂性。任何一个社会问题的出现都不是一个单一的孤立的现象，其复杂性表现为问题的产生原因、表现形式、社会后果及解决条件的复杂多样。

知识解读

本知识点的考查题型一般为客观题和主观题。

着重注意社会问题的五个特征。

真题小练

多选题

（2014 年 10 月全国）社会问题的一般特征有（　　）

A. 社会性　　B. 普遍性　　C. 特殊性　　D. 集群性　　E. 复杂性

答案及解析：ABCDE。社会问题的一般特征有社会性、普遍性、特殊性、集群性和复杂性。

小试牛刀

简答题

简述社会问题的一般特征。

答案：（1）社会性；（2）普遍性；（3）特殊性；（4）集群性；（5）复杂性。

知识点 3

社会问题研究的几个理论☆☆☆

1. 社会病理学

（1）理论基础：社会有机体理论。

（2）观点：社会有机体理论将社会比作生物有机体，并按照医学模式，把符合自然法则因而也符合人们道德期望的社会安排视为“健康的”，而把违背道德期望的人和事物视为“病态的”，也就是社会问题。

（3）对于社会病理学来说，社会问题产生的直接原因都是人的社会化的失败，个人的社会化结果违背了社会的道德期望。

2. 社会解组理论

（1）侧重从社会结构角度解释社会问题。

（2）代表：库利、奥格本、托马斯、兹纳尼茨基。

（3）观点。

①社会解组是指社会中的各种规则对约束个人的行为失去了效力，社会既不能提供给人们以预期的奖赏和回报，也不能对违规的行为加以惩罚。社会问题就是由此造成的人们违背社会期望的一系列行为。社会解组的三种形式：无序状态、文化冲突、价值崩溃。

②社会解组理论认为，社会解组源于社会变迁。

③该理论还认为，社会问题最有效的解决方法是尽快建立社会规范和秩序，重建社会的均衡体系。

3. 价值冲突理论

（1）理论基础：马克思主义著作。

（2）观点：价值冲突理论认为，由于所处的社会经济地位和既得利益的不同，人们对同一问题可能会有不同的价值评判标准和不同的立场、态度，因此在采取某种行为措施改变某一社会现象时，常常会引起矛盾和冲突，而这种矛盾和冲突往往发生在群体之间。而所谓社会问题，是一种被相当多的人认为是偏离于他们所持有的价值观念的社会状况。

（3）这一理论的持有者认为，文化价值或兴趣上的冲突是造成社会问题的根本原因，提倡研究社会实际存在的利益关系。

（4）解决方法：交涉、达成协议、使用权力。

4. 行为偏差理论

（1）行为偏差理论把社会问题看作偏离社会规范的偏差行为的结果。

（2）20 世纪 50 年代开始美国社会学家更注重从韦伯、涂尔干等的社会学经典理论出发重新思考社会问题的形成原因。

（3）其中失范理论、亚文化理论和标签理论是解释偏差行为的几个重要理论。

5. 社会建构理论

（1）20 世纪 60 年代兴盛的标签理论在 70 年代中期受到批评，人们质疑是否偏差行为只是标签的结果而没有其客观性。作为对批评的回应，80 年代形成了更加强调主观性的社会建构理论。

（2）观点：社会建构理论认为，不存在客观意义上的社会问题，所谓社会问题是人们主观建构出来的，社会问题仅仅是人们对某种社会情况的界定过程的主观产物，因此研究社会问题的社会学家真正面对的研究对象不是社会问题本身，而是某种情况如何被定义为社会问题的社会建构过程及其客观条件。

▶ 知识解读

本知识点的考查题型一般为客观题。

着重注意社会问题研究的五个理论及其内容。

▶ 真题小练

单选题

1.（2017 年 10 月全国）社会问题产生的直接原因都是人的社会化的失败，因此，解决社会问题的途径在于加强社会对个人的道德教育，这一观点来自（　　）

A. 价值冲突理论　B. 社会解组理论　C. 社会建构理论　D. 社会病理学

答案及解析：D。对于社会病理学来说，社会问题产生的直接原因都是人的社会化的失败，个人的社会化结果违背了社会的道德期望。

2.（2016年10月全国）社会问题是由于社会中的各种规则对约束个人的行为失去了效力，最有效的解决方法是尽快建立社会规范和秩序，重建社会的均衡体系。这种观点来自（　　）

A. 价值冲突理论　B. 社会解组理论　C. 社会建构理论　D. 社会病理学

答案及解析：B。社会解组是指社会中的各种规则对约束个人的行为失去了效力，社会既不能提供给人们以预期的奖赏和回报，也不能对违规的行为加以惩罚。社会问题就是由此造成的人们违背社会期望的一系列行为。社会解组理论还认为，社会问题最有效的解决方法是尽快建立社会规范和秩序，重建社会的均衡体系。

小试牛刀

单选题

1. 社会问题仅仅是人们对某种社会情况的界定过程的主观产物，这种观点来自社会问题研究理论中的（　　）

A. 社会解组理论　B. 社会建构理论　C. 社会病理学　D. 价值冲突理论

答案及解析：B。社会建构理论认为，不存在客观意义上的社会问题，所谓社会问题是人们主观建构出来的，社会问题仅仅是人们对某种社会情况的界定过程的主观产物，因此研究社会问题的社会学家真正面对的研究对象不是社会问题本身，而是某种情况如何被定义为社会问题的社会建构过程及其客观条件。

2. 社会病理学的理论基础主要是（　　）

A. 社会整合理论　B. 社会有机体理论

C. 社会分层与流动理论　D. 社会冲突理论

答案及解析：B。社会病理学的理论基础主要是社会有机体理论。

第二节　当代社会问题

本节内容提要

当代社会问题主要包括：结构性社会问题、偏差性社会问题、自然性社会问题。

知识点 1

结构性社会问题☆

1. 概念

结构性社会问题指社会制度或社会政策失调诱发的社会问题，如人口问题、失业问题、贫困问题、老龄化问题、城乡差距问题、社会福利问题、劳资纠纷问题、腐败问题、环境污染问题、教育不平等问题、种族问题、民族问题、恐怖主义问题等。

2. 腐败问题

（1）含义：腐败是权力的滥用，即国家工作人员利用政府和公众所赋予的权力和权威，侵吞、窃取、骗取或以其他手段为个人或个人所效忠的某个集团非法占有公共财物的行为。

（2）原因。

①封建主义的特权观念、“官本位”观念、宗法观念、等级观念、裙带观念、人身依附观念等积习是党政干部以权谋私、腐化变质的思想病灶。

②资本主义的腐朽思想和生活方式在改革开放大潮中乘隙而入，部分党员和干部经不起诱惑。

③新旧体制转换过程中，由于制度和机制改革迟缓或不彻底，为权钱交易和权权交易等腐败现象的滋长蔓延提供了土壤和条件。

④拜金主义、享乐主义和极端个人主义在一部分党员和干部中滋长，是腐败得以蔓延的一个重要原因。

3. 贫困问题

（1）概念：是指人们在相应的社会历史条件下，由于种种原因无法获得基本生活资料的能力和机会的一种生存状态。

（2）中国农村的贫困问题。

①状况：我国长期处于社会主义初级阶段，经济社会发展总体水平不高，区域发展不平衡问题突出，农村扶贫对象规模大，相对贫困问题凸显。

②原因：历史因素、自然因素、地区发展不平衡制约、制度政策影响、家庭及个人原因、社会生产力水平低（根本原因）。

（3）中国城市的贫困问题。

①状况：城市贫困问题是我国社会转型、经济改革过程中伴生的现象。

②构成：下岗失业人员、低收入群体、老弱病残和“三无”人员、在校生和其他未成年人、进城务工的贫困农民工、在城市化进程中失地的贫困农民。

③原因：历史因素、社会经济原因、收入分配原因、失业原因、个人及家庭原因。

知识解读

本知识点的考查题型一般为客观题。

着重注意结构性社会问题包括哪些问题。

真题小练

单选题

（2014 年 10 月全国）结构性社会问题是指社会制度或社会政策失调诱发的社会问题，属于结构性问题的是（　　）

A. 食品安全问题　B. 腐败问题　C. 毒品问题　D. 自然灾害问题

答案及解析：B。结构性社会问题指社会制度或社会政策失调诱发的社会问题，如人口问题、失业问题、贫困问题、老龄化问题、城乡差距问题、社会福利问题、劳资纠纷问题、腐败问题、环境污染问题、教育不平等问题、种族问题、民族问题、恐怖主义问题等。

小试牛刀

单选题

贫困问题属于（　　）

A. 文化性问题　　B. 结构性社会问题

C. 自然性社会问题　　D. 偏差性社会问题

答案及解析：B。结构性社会问题指社会制度或社会政策失调诱发的社会问题，如人口问题、失业问题、贫困问题、老龄化问题、城乡差距问题、社会福利问题、劳资纠纷问题、腐败问题、环境污染问题、教育不平等问题、种族问题、民族问题、恐怖主义问题等。

知识点 2

偏差性社会问题☆

1. 概念

偏差性社会问题一般指个体偏离或违反一定社会行为规范造成的社会问题，如斗殴问题、酗酒问题、吸毒问题、艾滋病问题、赌博问题、自杀问题、贪污问题、投机作弊问题、抢劫问题、走私问题等。其中有的是违纪违法问题，有的是违法犯罪问题。

2. 毒品问题

（1）毒品是指鸦片、海洛因、冰毒、吗啡、大麻、可卡因以及国家规定管制的其他使人形成瘾癖的麻醉药品和精神药品。迷幻药也是毒品。

（2）国际禁毒日（每年的 6 月 26 日）。

（3）危害：危害身体健康，破坏家庭和睦，败坏社会风气，腐蚀政权组织，妨碍社会主义经济建设和国防建设。

3. 食品安全问题

（1）食品安全指食品无毒、无害，符合应当有的营养要求，对人体健康不造成任何急性、亚急性或慢性危害。

（2）危害：①严重威胁消费者的生命安全和健康，引发人们对食品安全的信任危机；②造成生产经营企业重大的经济损失，对行业发展带来沉重打击；③食品安全问题关系到经济的发展，又关系到社会的稳定。

知识解读

本知识点的考查题型一般为客观题。

着重注意偏差性社会问题包括哪些。

真题小练

单选题

1.（2017 年 4 月全国）偏差性社会问题是指个体偏离或违反一定社会行为规范造成的社会问题，属于偏差性社会问题的是（　　）

A. 食品安全问题　B. 腐败问题　C. 贫困问题　D. 自然灾害问题

答案及解析:A。偏差性社会问题一般指个体偏离或违反一定社会行为规范造成的社会问题，如斗殴问题、酗酒问题、吸毒问题、艾滋病问题、赌博问题、自杀问题、贪污问题、投机作弊问题、抢劫问题、走私问题等。其中有的是违纪违法问题，有的是违法犯罪问题。教材里重点讲解了毒品问题和食品安全问题。

多选题

2.（2015 年 10 月全国）偏差性社会问题包括（　　）

A. 贫困问题　B. 毒品问题　C. 贪污问题

D. 食品安全问题　E. 自然灾害

答案及解析: BCD。偏差性社会问题一般指个体偏离或违反一定社会行为规范造成的社会问题，如斗殴问题、酗酒问题、吸毒问题、艾滋病问题、赌博问题、自杀问题、贪污问题、投机作弊问题、抢劫问题、走私问题等。其中有的是违纪违法问题，有的是违法犯罪问题。教材里重点讲解了毒品问题和食品安全问题。

小试牛刀

单选题

偏差性社会问题是指个体偏离或违反一定社会行为规范造成的社会问题，属于偏差性社会问题的是（　　）

A. 毒品问题　B. 腐败问题　C. 贫困问题　D. 自然灾害问题

答案及解析:A。偏差性社会问题一般指个体偏离或违反一定社会行为规范造成的社会问题，如斗殴问题、酗酒问题、吸毒问题、艾滋病问题、赌博问题、自杀问题、贪污问题、投机作弊问题、抢劫问题、走私问题等。其中有的是违纪违法问题，有的是违法犯罪问题。教材里重点讲解了毒品问题和食品安全问题。

知识点 3

自然性社会问题

（1）概念: 自然性社会问题也就是自然灾害问题，指一种人类无法控制的力量造成的社会问题。

（2）自然灾害是自然界的部分物质以特殊的方式进行的自然运动，通常称为“自然变异”或“自然事件”。其形式有缓变和突变两种。

（3）区分: 自然灾害是对人和社会而言的，只有那些造成人员伤亡和社会财产毁损的自然变异或自然事件才称为“灾害”。海底地震、深海暗流、无人荒岛的沉降、北极圈内的风暴等，属自然现象，不能称为“灾害”。

（4）自然灾害具有潜在性、突发性和有限性三个特征。

第三节　社会问题的防治

本节内容提要

社会问题防治，指对显露或潜在的社会问题进行科学分析，采取相应的对策和手段，避免、减少社会问题的发生或使社会问题得以缓解和解决的综合治理过程。

知识点 1

社会问题防治的性质

社会问题防治，指对显露或潜在的社会问题进行科学分析，采取相应的对策和手段，避免、减少社会问题的发生或使社会问题得以缓解和解决的综合治理过程。

这个界定的内涵是：第一，社会问题防治的目的，一是对潜在的社会问题做出预警，并进行防范，二是对显露的社会问题加以缓解和解决；第二，有各种性质的社会问题，需要从实际情况出发，有针对性地采取相应的防治对策和手段；第三，社会问题防治的手段不是单一的，而是多种手段的综合运用；第四，社会问题防治的依靠力量是人民群众和社会上的一切积极因素；第五，社会问题关系国家的安危和稳定，在我国其防治的主导力量是党和政府及其相关职能部门；第六，社会问题的防治是一个过程，要有组织有计划有步骤地进行。

知识点 2

社会问题防治的意义☆

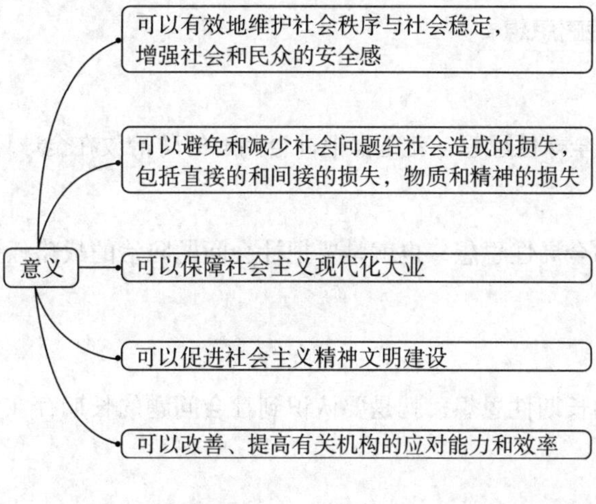

知识解读

本知识点的考查题型一般为主观题。

着重注意社会问题防治的意义。

真题小练

简述题

（2017 年 10 月全国）简述社会问题防治的意义。

答案：

（1）做好社会问题防治，可以有效地维护社会秩序与社会稳定，增强社会和民众的安全感。

（2）做好社会问题防治，可以避免和减少社会问题给社会造成的损失，包括直接的和间接的损失，物质和精神的损失。

（3）做好社会问题防治，可以保障社会主义现代化大业。

（4）做好社会问题防治，可以促进社会主义精神文明建设。

（5）做好社会问题防治，可以改善、提高有关机构的应对能力和效率。

小试牛刀

单选题

下列关于社会问题防治的意义，错误的是（　　）

A. 做好社会问题防治，可以保障社会主义现代化大业

B. 做好社会问题防治，只能避免和减少社会问题给社会造成的物质损失

C. 做好社会问题防治，可以促进社会主义精神文明建设

D. 做好社会问题防治，可以有效地维护社会秩序与社会稳定

答案及解析：B。做好社会问题防治，可以避免和减少社会问题给社会造成的损失，包括直接的和间接的损失，物质和精神的损失。

知识点 3

社会问题防治的战略思想☆

1. 全球性思想

社会问题防治的全球性思想，就是要把社会问题的防治放在全球环境中进行考察。

2. 全局性思想

社会问题防治的全局性思想，也就是要把社会问题防治的战略任务纳入国家经济和社会发展规划。

3. 长期性思想

社会问题防治的长期性思想，就是要认识到社会问题的长期存在和反复性，要有持久战的意志与毅力。

知识解读

本知识点的考查题型一般为客观题。

着重注意社会问题防治的战略思想的具体内容。

真题小练

单选题

1.（2011 年 7 月全国）要认识到社会问题的长期存在和反复性，要有持久战的意志和毅力，这是社会问题防治的（　　）

A. 全球性思想　　B. 全局性思想　　C. 长期性思想　　D. 整体性思想

答案及解析：C。社会问题防治的长期性思想，就是要认识到社会问题的长期存在和反复性，要有持久战的意志与毅力。

2.（2010 年 7 月全国）要把社会问题的防治放在全球环境中进行考察，这是社会问题防治的（　　）

A. 长期性思想　　B. 整体性思想　　C. 全球性思想　　D. 全局性思想

答案及解析：C。社会问题防治的全球性思想，就是要把社会问题的防治放在全球环境中进行考察。

小试牛刀

单选题

把社会问题防治的战略任务纳入国家经济和社会发展规划，这是社会问题防治的（　　）

A. 长期性思想　　B. 整体性思想　　C. 全球性思想　　D. 全局性思想

答案及解析：D。本题考查社会问题防治的战略思想，包括：全球性思想、全局性思想和长期性思想。社会问题防治的全局性思想，也就是要把社会问题防治的战略任务纳入国家经济和社会发展规划。

知识点 4

社会问题防治的战略措施☆

（1）解放和发展生产力。缓解和解决我国当代社会问题的根本途径是解放和发展生产力。

（2）改革上层建筑和意识形态。我们在改革和完善社会主义经济体制与结构的同时，必须改革不相适应的上层建筑和意识形态。

（3）发展科学技术。社会问题防治需要相应的科学技术。

（4）完善社会保障制度，缓解后顾之忧。各级人民政府都应完善相应的社会保障制度，减轻民众教育、医疗、养老等的负担。

（5）建立社会预警系统。社会预警系统包括调查研究机构、监测系统、社会干预中心、社会支持网、社会保障体系和警示教育体系等。

（6）发挥舆论监督的作用。舆论监督的任务主要是揭露时弊和社会问题，鞭挞假、丑、恶。它在社会问题的防治中，弘扬正气、打击歪风，发挥着其他方式不可替代的作用。

知识解读

本知识点的考查题型一般为主观题。

着重注意社会问题防治的战略措施。

真题小练

论述题

（2016 年 4 月全国）联系实际论述我国社会问题防治的战略措施。

答案：

（1）解放和发展生产力。缓解和解决我国当代社会问题的根本途径是解放和发展生产力。

（2）改革上层建筑和意识形态。我们在改革和完善社会主义经济体制与结构的同时，必须改革不相适应的上层建筑和意识形态。

（3）发展科学技术。社会问题防治需要相应的科学技术。

（4）完善社会保障制度，缓解后顾之忧。各级人民政府都应完善相应的社会保障制度，减轻民众教育、医疗、养老等的负担。

（5）建立社会预警系统。社会预警系统包括调查研究机构、监测系统、社会干预中心、社会支持网、社会保障体系和警示教育体系等。

（6）发挥舆论监督的作用。舆论监督的任务主要是揭露时弊和社会问题，鞭挞假、丑、恶。它在社会问题的防治中，弘扬正气、打击歪风，发挥着其他方式不可替代的作用。

小试牛刀

多选题

社会问题防治的战略措施主要有（　　）

A. 改革上层建筑和意识形态　　B. 发展科学技术

C. 完善社会保障制度，缓解后顾之忧　　D. 建立社会预警系统

E. 发挥舆论监督的作用

答案及解析：ABCDE。社会问题的防治必须通过多种途径，采取多种战略措施。第一，解放和发展生产力；第二，改革上层建筑和意识形态；第三，发展科学技术；第四，完善社会保障制度，缓解后顾之忧；第五，建立社会预警系统；第六，发挥舆论监督的作用。

第十四章　社会变迁

人类从野蛮社会进入文明社会、从传统社会走向现代社会和全球化新阶段，经历了几个大的跃进。不论是什么形态与规模的社会都在一定的秩序下运行，都处在一种不断变化的过程中。进入21世纪的中国，正处在快速的社会变迁进程中，为世界所瞩目。

一、【历年考情直击】

考　　点	考纲要求	考试题型	重要程度
什么是社会变迁	识记、领会、简单应用、综合应用	单选、多选、名词解释、简答	★★★
社会现代化	识记、领会、简单应用、综合应用	单选、多选、名词解释、简答	★★
全球化	识记、领会、综合应用	单选、名词解释、简答、论述	★

二、【本章思维导图】

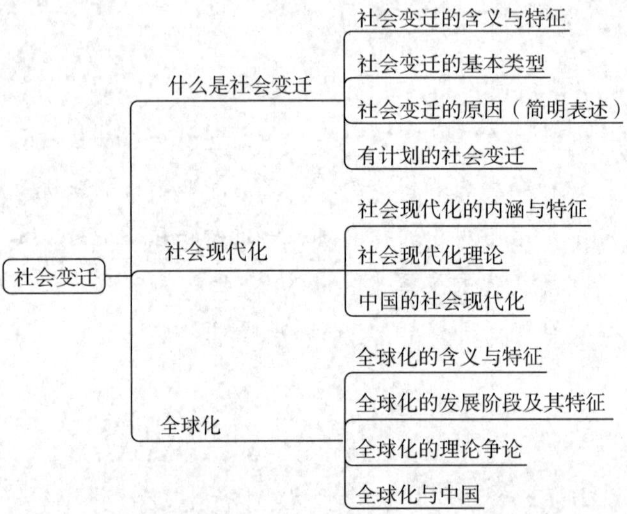

第一节　什么是社会变迁

本节内容提要

社会变迁，是个人与社会的关系基本形态的变异。社会变迁是一种客观自在的过程，影响和推动社会变迁的因素有很多。

知识点 1

社会变迁的含义与特征☆☆

1. 概念

社会变迁，是个人与社会的关系基本形态的变异，包括四类内容：社会关系的基本制度，即社会行为的基本规范体系；社会的基本结构，包括组织结构、阶级结构、职业结构；社会关系的基本面貌，即人们的生活方式与行为方式；人与自然，即聚落环境、地理环境、地质环境、星际环境与人类活动系统的安全和可持续发展。

2. 社会变迁的特点

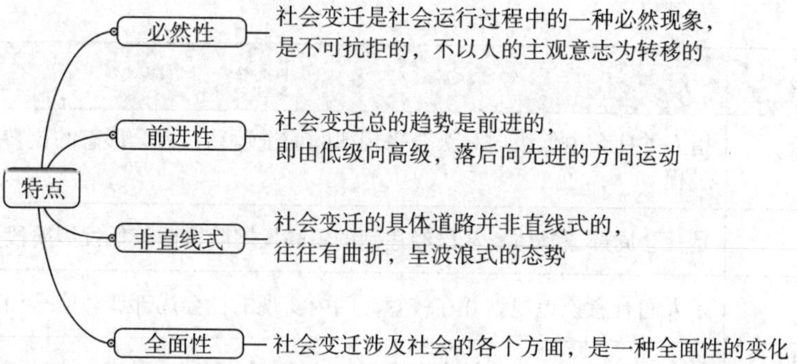

知识解读

本知识点的考查题型一般为主观题。

着重注意社会变迁的特征、含义。

真题小练

多选题

1.（2018 年 4 月全国）社会变迁的特点有（　　）

A. 系统性　　B. 必然性　　C. 前进性

D. 非直线式　　E. 全面性

答案及解析：BCDE。社会变迁的特点有：必然性、前进性、非直线式和全面性。

简答题

2.（2016年10月全国）简述社会变迁的特点。

答案：

（1）必然性。社会变迁是社会运行过程中的一种必然现象，是不可抗拒的，不以人的主观意志为转移的。

（2）前进性。社会变迁总的趋势是前进的，即由低级向高级、落后向先进的方向运动。

（3）非直线式。社会变迁的具体道路并非直线式的，往往有曲折，呈波浪式的态势。

（4）全面性。社会变迁涉及社会的各个方面，是一种全面性的变化。

小试牛刀

名词解释题

社会变迁

答案：社会变迁，是个人与社会的关系基本形态的变异。

知识点 2

社会变迁的基本类型☆☆☆

类　型	含　义
社会进步	指人类社会由低级向高级合乎规律的前进运动，社会形态的更替是社会进步的过程
社会倒退	是社会局部或整体，从已经达到的较高发展阶段向较低发展阶段变化的过程
社会改革	是人们有意识地规划并在较短时间内实现的社会局部调整或全面改良的过程
社会革命	是一种急剧的、对全社会进行根本改造的社会变迁形式
整体变迁	是整个社会体系的变化，是各个社会要素变化合力的结果。社会形态的更替就属于整体变迁
局部变迁	是社会要素及它们之间相互关系的变化，如经济体制、政治体制和文化体制等方面发生的变化
自发变迁	是指被动地参与或盲目地顺从社会变迁
有计划变迁	是指人类有意识、有目的地参与或控制社会变迁。现代社会变迁的主要形式就是人类参与的有计划的社会变迁

知识解读

本知识点的考查题型一般为客观题。

着重注意社会变迁各基本类型的概念。

真题小练

单选题

1.（2017 年 4 月全国）在社会变迁的基本类型中，人类有意识、有目的地参与或控制的社会变迁称为（　　）

A. 社会革命　　B. 有计划变迁　　C. 社会改革　　D. 整体变迁

答案及解析：B。有计划变迁，是指人类有意识、有目的地参与或控制社会变迁。

2.（2016 年 10 月全国）在社会变迁的基本类型中，人们有意识地规划并在较短时间内实现的社会局部调整或全面改良的过程，被称为（　　）

A. 社会革命　　B. 自发变迁　　C. 社会改革　　D. 整体变迁

答案及解析：C。社会改革，是人们有意识地规划并在较短时间内实现的社会局部调整或全面改良的过程。

小试牛刀

单选题

社会要素及它们之间相互关系的变化是（　　）

A. 整体变迁　　B. 体制变迁　　C. 社会形态更替　　D. 局部变迁

答案及解析：D。局部变迁是社会要素及它们之间相互关系的变化，如经济体制、政治体制和文化体制等方面发生的变化。

知识点 3

社会变迁的原因（简明表述）☆

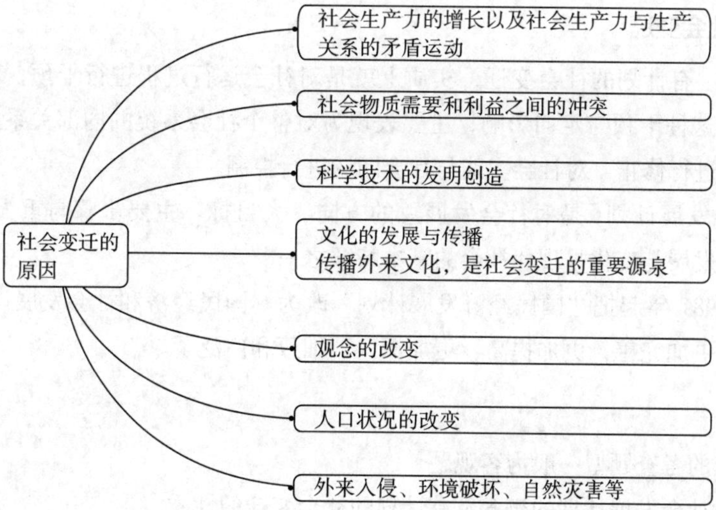

知识解读

本知识点的考查题型一般为客观题。

着重注意社会变迁的原因。

真题小练

多选题

（2014年4月全国）社会变迁的原因有（　　）

A. 文化的发展与传播　　B. 观念的改变

C. 社会生产力的增长　　D. 外来入侵

E. 人口状况的改变

答案及解析：ABCDE。社会变迁的原因有：社会生产力的增长以及社会生产力与生产关系的矛盾运动；社会物质需要和利益之间的冲突；科学技术的发明创造；文化的发展与传播；观念的改变；人口状况的改变；外来入侵、环境破坏、自然灾害等。

小试牛刀

单选题

社会变迁的重要源泉是（　　）

A. 科学技术　　B. 传播外来文化

C. 外来入侵　　D. 人口状况的改变

答案及解析：B。传播外来文化，是社会变迁的重要源泉。

知识点 4

有计划的社会变迁☆

（1）性质：有计划的社会变迁，实质上就是对社会运行过程进行干预，对社会系统施加定向影响。这种干预与定向影响，主要表现为对整个社会系统的内部关系进行调整，对社会发展方向进行修正，对社会实践与社会问题进行控制。

（2）社会发展计划：是对社会发展总的方向、大目标、主要步骤与重大措施的设想。社会有计划地发展与变化是现代社会的基本特征之一。

（3）从1981年起把“国民经济发展计划”改为“国民经济和社会发展计划”，表明计划工作比以前更加完善，更加提高，更加深入、细致和广泛了。

知识解读

本知识点的考查题型一般为客观题。

着重注意社会发展计划的概念及有计划的社会变迁的性质。

真题小练

单选题

1.（2016 年 4 月全国）对社会运行过程进行干预，对社会系统施加定向影响的社会变迁形式是（　　）

A. 社会改革　　B. 社会革命　　C. 自发变迁　　D. 有计划变迁

答案及解析：D。有计划的社会变迁，实质上就是对社会运行过程进行干预，对社会系统施加定向影响。这种干预与定向影响，主要表现为对整个社会系统的内部关系进行调整，对社会发展方向进行修正，对社会实践与社会问题进行控制。

2.（2015 年 4 月全国）对社会发展总的方向、大目标、主要步骤与重大措施的设想，被称为（　　）

A. 社会发展设计　　B. 社会发展计划

C. 社会发展规划　　D. 社会发展战略

答案及解析：B。社会发展计划是对社会发展总的方向、大目标、主要步骤与重大措施的设想。社会有计划地发展与变化是现代社会的基本特征之一。

小试牛刀

单选题

我国把"国民经济发展计划"改为"国民经济和社会发展计划"的时间是（　　）

A.1982 年　　B.1983 年　　C.1981 年　　D.1984 年

答案及解析：C。从 1981 年起把"国民经济发展计划"改为"国民经济和社会发展计划"，表明计划工作比以前更加完善，更加提高，更加深入、细致和广泛了。

第二节　社会现代化

本节内容提要

社会现代化，是指由传统农业社会向现代工业社会的变迁过程，是在社会分化的基础上，以科学技术进步为先导，以工业化、城市化、民主化和知识化等为主要内容，经济与社会协调发展的社会变迁过程。

知识点 1

社会现代化的内涵与特征☆☆

1. 概念

社会现代化是指由传统农业社会向现代工业社会的变迁过程，是在社会分化的基础上，以科学技术进步为先导，以工业化、城市化、民主化和知识化等为主要内容，经济与社会协调发展的社会变迁过程。

2. 构成（子系统）

社会现代化由以下一系列子系统组成：工业化、城市化、民主化、管理科层化、社会结构分化、人的现代化、生活方式的世俗化。

3. 社会现代化的特征

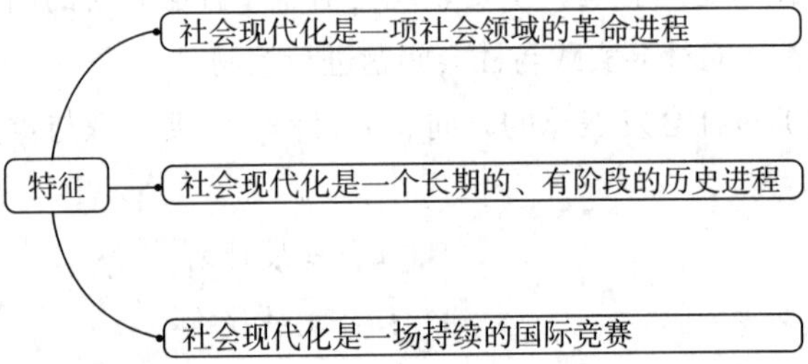

知识解读

本知识点的考查题型一般为客观题和主观题。

着重注意社会现代化的含义与特征。

真题小练

单选题

1.（2017 年 10 月全国）由传统农业社会向现代工业社会的变迁过程称作（　　）

A. 知识现代化　　B. 社会现代化　　C. 政治现代化　　D. 经济现代化

答案及解析：B。社会现代化，是指由传统农业社会向现代工业社会的变迁过程，是在社会分化的基础上，以科学技术进步为先导，以工业化、城市化、民主化和知识化等为主要内容，经济与社会协调发展的社会变迁过程。

简答题

2.（2016 年 4 月全国）简述社会现代化的特征。

答案：（1）社会现代化是一项社会领域的革命进程；（2）社会现代化是一个长期的、有阶段的历史进程；（3）社会现代化是一场持续的国际竞赛。

小试牛刀

多选题

1. 社会现代化包括（　　）

A. 工业化　　B. 城市化　　C. 民主化

D. 社会结构分化　　E. 生活方式的世俗化

答案及解析：ABCDE。社会现代化作为一个大系统，它是由以下一系列子系统组成的：工业化、城市化、民主化、管理科层化、社会结构分化、人的现代化、生活方式的世俗化。

名词解释题

2. 社会现代化

答案：社会现代化是指由传统农业社会向现代工业社会的变迁过程，是在社会分化的基础上，以科学技术进步为先导，以工业化、城市化、民主化和知识化等为主要内容，经济与社会协调发展的社会变迁过程。

知识点 2

社会现代化理论☆☆☆

1. 经典现代化理论

（1）经典现代化理论是第二次世界大战以后以西方发达国家现代化进程为研究对象形成的理论成果的统称。

（2）主要代表人物：帕森斯、列维、勒纳、摩尔、英格尔斯、麦克勒兰德、布莱克、艾森斯塔德等。

（3）基本的理论主张：①采用“传统—现代”两分法划分社会类型，认为现代化就是从传统社会转变为现代社会的过程；②现代化的动力来自社会内部；③趋同假设，认为发展中国家也将逐渐转变为现代社会。

2. 依附理论

（1）产生的背景：主要在于第二次世界大战以后独立的发展中国家没有像经典现代化理论说的那样实现现代化，要么是不发达，要么是严重依附于发达国家。

（2）主要代表人物：霍布森、普雷维什、弗兰克、阿明、费尔南多·卡多索和恩佐·法莱图等学者。

（3）主要观点：①应当从世界系统里考察一个社会的发展，而不是以一个社会为分析单位；②对当前社会发展的境遇分析应该重视外因的分析；③以“中心—边陲”为标准划分国家类型，西方发达国家处于中心位置，发展中国家处于边缘位置；④发展中国家要想取得发展应该摆脱对发达国家的依附地位。

3. 世界体系理论

（1）20 世纪 70 年代兴起的一种有广泛影响的理论。

（2）代表人物：美国社会学家沃勒斯坦。

（3）主要观点：①发达国家和发展中国家之间的依附是双向的；②把世界体系划分成“中心”“半边缘”“边缘”三个等级；③世界体系理论指出，目前的这个世界体系是变动着的。

4.“信息社会论”

（1）系统论述信息化社会的代表著作有：法国让－雅克·塞尔旺－施赖贝尔根据巴黎小组研究成果写出的《世界面临挑战》、美国学者托夫勒的《第三次浪潮》和美国学者奈斯比特的《大趋势》。

（2）“信息社会论”认为，人类社会由工业社会进入信息社会是一个重要的转折。

（3）信息社会的主要特征：①信息成为战略资源，在国民经济中占主要地位；②整个社会以知识价值论为基础，价值的增长主要依靠知识；③先进的通信与信息系统成为社会改革的手段，给人们的生活方式与工作方式带来一场变革。

5.“后工业社会论”

（1）美国社会学家丹尼尔·贝尔在其代表作《后工业社会的来临》中首先提出。

（2）“后工业社会”有五个方面的特征：经济方面从产品经济转变为服务性经济；专业与技术人员处于主导地位；理论知识处于社会中心地位；控制技术发展，对技术进行鉴定；创造新的“智能技术”。

知识解读

本知识点的考查题型一般为客观题。

着重注意各理论的时间、内容以及代表人物。

真题小练

单选题

1.（2018 年 4 月全国）以帕森斯、列维、勒纳、英格尔斯、麦克勒兰德、布莱克、艾森斯塔德等为主要代表的现代化理论属于（　　）

A. 依附理论　　B. 信息社会论　　C. 世界体系理论　　D. 经典现代化理论

答案及解析：D。经典现代化理论是第二次世界大战以后以西方发达国家现代化进程为研究对象形成的理论成果的统称。其主要代表人物有帕森斯、列维、勒纳、摩尔、英格尔斯、麦克勒兰德、布莱克、艾森斯塔德等。

2.（2013 年 7 月全国）在社会现代化理论中，以美国社会学家沃勒斯坦为代表的理论是（　　）

A. 世界体系理论　　B. 信息社会论

C. 依附理论　　D. 后工业社会论

答案及解析：A。世界体系理论 20 世纪 70 年代兴起的一种有广泛影响的理论，以美国社会学家沃勒斯坦为代表。

3.（2012 年 7 月全国）美国学者托夫勒的《第三次浪潮》中的研究属于（　　）

A. 模式变项论　　B. 信息社会论

C. 后工业社会论　　D. 风险社会论

答案及解析：B。第二次世界大战后西方社会的深刻变化使西方学者确信，人类正在面临信息社会的到来。1980 年法国让－雅克·塞尔旺－施赖贝尔根据巴黎小组研究成果写出的《世界面临挑战》、美国学者托夫勒的《第三次浪潮》和美国学者奈斯比特的《大趋势》是系统论述信息化社会的代表著作。

小试牛刀

单选题

1. 认为人类社会由工业社会进入信息社会是一个重要转折的论点是（　　）

A. 工业社会论　　B. 信息社会论　　C. 风险社会论　　D. 后工业社会论

答案及解析：B。“信息社会论”认为，人类社会由工业社会进入信息社会是一个重要的转折。

2. 美国社会学家贝尔提出的社会现代化理论是（　　）

A. 后工业社会论　　B. 信息社会论　　C. 世界体系理论　　D. 依附理论

答案及解析：A。“后工业社会论”由美国社会学家丹尼尔·贝尔在其代表作《后工业社会的来临》中首先提出。

知识点 3

中国的社会现代化☆

1. 现代化起步阶段（1840—1911）

1840 年鸦片战争，列强的“坚船利炮”促使晚清政府不得不放弃持续了数百年的“闭关锁国”政策，开始向西方学习科技、制度与文化，起步踏进社会现代化的门槛。

2. 局部现代化阶段（1912—1949）

1911 年辛亥革命的爆发，预示着中国进入局部现代化阶段。在 1912 年至 1927 年的北洋政府时期，民办工业兴起，共和制逐步成为政治领域的主流意识形态；1928 年至 1949 年的国民政府时期，官办工业日渐壮大，成为国民经济的主导。

3. 全面现代化探索期（1949—1977）

1949 年中华人民共和国成立标志着中国进入全面现代化时期，中国人民首次在不受帝国主义压迫的条件下，独立自主，自力更生，探索现代化之路。

4. 全面现代化发展期（1978 年至今）

1978 年开始的改革开放是中国全面现代化发展期的开始。

知识解读

本知识点的考查题型一般为客观题。

着重注意中国社会现代化各个阶段的起止时间。

真题小练

单选题

（2018 年 4 月全国）中国的局部现代化阶段开始于（　　）

A. 1840 年　　B. 1890 年　　C. 1912 年　　D. 1949 年

答案及解析：C。局部现代化阶段（1912—1949）：1911 年辛亥革命的爆发，预示着中国进入局部现代化阶段。在 1912 年至 1927 年的北洋政府时期，民办工业兴起，共和制逐步成为政治领域的主流意识形态。

▶ 小试牛刀

单选题

中国的现代化起步阶段开始于（　　）年。

A. 1837　　B. 1840　　C. 1912　　D. 1949

答案及解析：B。现代化起步阶段（1840—1911）：1840 年鸦片战争，列强的“坚船利炮”促使晚清政府不得不放弃持续了数百年的“闭关锁国”政策，开始向西方学习科技、制度与文化，起步踏进社会现代化的门槛。

第三节　全球化

▶ 本节内容提要

全球化是指在全球范围内展现的涉及政治、经济、文化、社会等各个领域的客观历史进程和趋势，同时也是世界共同体的各个国家和地区彼此之间的交往和交换关系进一步加强，彼此之间的依存性、关联性程度不断加深的过程。

知识点 1

▶ 全球化的含义与特征☆

1. 含义

全球化是指在全球范围内展现的涉及政治、经济、文化、社会等各个领域的客观历史进程和趋势，同时也是世界共同体的各个国家和地区彼此之间的交往和交换关系进一步加强，彼此之间的依存性、关联性程度不断加深的过程。

2. 全球化的特征

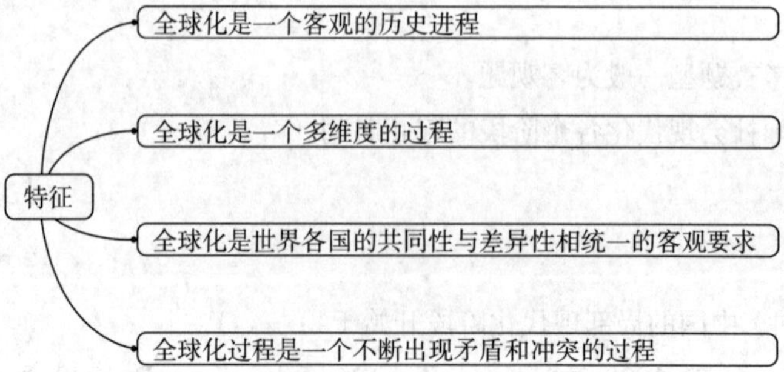

知识解读

本知识点的考查题型一般为客观题和主观题。

着重注意全球化的含义与特征。

真题小练

单选题

1.（2014年10月全国）在全球范围内展现的涉及政治、经济、文化、社会等各个领域的客观历史进程和趋势，同时也是世界共同体的各个国家和地区彼此之间的交往和交换关系进一步加强，彼此之间依存性、关联性程度不断加深的过程，被称为（　　）

A. 现代化　B. 世界化　C. 地球村　D. 全球化

答案及解析：D。全球化是指在全球范围内展现的涉及政治、经济、文化、社会等各个领域的客观历史进程和趋势，同时也是世界共同体的各个国家和地区彼此之间的交往和交换关系进一步加强，彼此之间的依存性、关联性程度不断加深的过程。

简答题

2.（2010年4月全国）简述全球化在一般意义上的特征。

答案：（1）全球化是一个客观的历史进程；（2）全球化是一个多维度的过程；（3）全球化是世界各国的共同性与差异性相统一的客观要求；（4）全球化过程是一个不断出现矛盾和冲突的过程。

小试牛刀

单选题

1. 对全球化表述错误的观点是（　　）

A. 全球化是一个客观的历史进程

B. 全球化是一个单维度的过程

C. 全球化是世界各国的共同性和差异性相统一的客观要求

D. 全球化过程是一个不断出现矛盾和冲突的过程

答案及解析：B。全球化的特征：（1）全球化是一个客观的历史进程；（2）全球化是一个多维度的过程；（3）全球化是世界各国的共同性与差异性相统一的客观要求；（4）全球化过程是一个不断出现矛盾和冲突的过程。

名词解释题

2. 全球化

答案：全球化是指在全球范围内展现的涉及政治、经济、文化、社会等各个领域的客观历史进程和趋势，同时也是世界共同体的各个国家和地区彼此之间的交往和交换关系进一步加强，彼此之间的依存性、关联性程度不断加深的过程。

知识点 2

全球化的发展阶段及其特征☆

1. 全球化的发展阶段

阶　　段	起止时间
萌芽阶段	从 15 世纪末期到 18 世纪中期
开始阶段	从 18 世纪中叶直到 19 世纪 70 年代
起飞阶段	从 19 世纪 70 年代到 20 世纪 60 年代中期
增强阶段	从 20 世纪 60 年代后期一直到现在

2. 当前全球化的表现

（1）金融全球化日益凸显；（2）以跨国公司为主导的经济全球化；（3）交通与通信的全球化；（4）信息全球化；（5）政治的多极化；（6）文化多元化。

3. 全球性问题

人口爆炸、资源和能源枯竭、生态恶化、艾滋病泛滥、贩毒、战乱、恐怖主义等。

知识解读

本知识点的考查题型一般为客观题。

着重注意全球化各发展阶段的起止时间。

真题小练

单选题

1.（2011 年 7 月全国）就全球化的发展进程看，从 15 世纪末期到 18 世纪中期属于（　　）

A. 增强阶段　　B. 萌芽阶段　　C. 开始阶段　　D. 起飞阶段

答案及解析：B。萌芽阶段：从 15 世纪末期到 18 世纪中期。

2.（2008 年 4 月全国）全球化的起飞阶段是在（　　）

A. 15 世纪末期到 18 世纪中期

B. 18 世纪中叶到 19 世纪 70 年代

C. 19 世纪 70 年代到 20 世纪 60 年代中期

D. 20 世纪 60 年代后期到现在

答案及解析：C。起飞阶段：从 19 世纪 70 年代到 20 世纪 60 年代中期。

小试牛刀

单选题

全球化的开始阶段是（　　）

A. 15 世纪末期到 18 世纪中期　　B. 18 世纪中叶直到 19 世纪 70 年代

C. 19 世纪 70 年代到 20 世纪初　　D. 20 世纪初到 20 世纪 60 年代

答案及解析：B。开始阶段：从 18 世纪中叶直到 19 世纪 70 年代，欧洲国家的殖民活动使亚洲、非洲、南北美洲的许多国家被迫纳入西方势力的控制范围，国际社会接纳非欧洲社会问题开始出现。

知识点 3

全球化的理论争论

围绕全球化产生的争议主要有以下五个方面：

（1）全球化真的发生了吗？

（2）全球化将会导致社会的趋同吗？

（3）全球化是否削弱了民族国家的主权？

（4）全球性与现代性有本质的区别吗？

（5）全球文化是否正在形成？

知识点 4

全球化与中国☆

1. 全球化对中国的冲击和挑战

（1）中国经济增长过于依赖贸易。

（2）在政治方面，由于中国是社会主义国家，经济的高速增长动摇了西方霸权的地位，引起它们的恐慌。

（3）随着中国对全球化参与程度的加深，中国的文化建设受到了两方面的挑战。

（4）国家安全方面，目前还存在着霸权主义、强权政治等影响世界和平的因素，我们所面临的国际安全环境并不太乐观。

2. 面对全球化的应对策略

（1）必须明确中国在全球化进程中的位置，以此为制定全球战略的前提。

（2）要不断解放思想、深化改革、发展自己。发展是当今时代一大主题。

（3）增强综合国力以确保国家安全。我们已进入一个不发展就不安全的时代，所以必须发展综合国力，以有效地维护自身稳定和国家安全。

总之，要以客观、务实的精神积极融入全球化的潮流，抓住机遇，积极推进社会主义现代化事业，促成更加公平、平等的全球化时代的来临。

知识解读

本知识点的考查题型一般为主观题。

着重注意全球化对中国的冲击和挑战以及应对策略。

真题小练

论述题

（2017 年 4 月全国）试述全球化对中国的冲击和挑战以及应对策略。

答案：

（1）全球化对中国的冲击和挑战主要表现在以下方面。①中国经济增长过于依赖贸易。②在政治方面，由于中国是社会主义国家，经济的高速增长动摇了西方霸权的地位，引起它们的恐慌。③随着中国对全球化参与程度的加深，中国的文化建设受到了两方面的挑战。④国家安全方面，目前还存在着霸权主义、强权政治等影响世界和平的因素，我们所面临的国际安全环境并不太乐观。

（2）面对全球化的应对策略主要有以下几个。①必须明确中国在全球化进程中的位置，以此为制定全球战略的前提。②要不断解放思想、深化改革、发展自己。发展是当今时代一大主题。③增强综合国力以确保国家安全。我们已进入到一个不发展就不安全的时代，所以必须发展综合国力，以有效地维护自身稳定和国家安全。

总之，要以客观、务实的精神积极融入全球化的潮流，抓住机遇，积极推进社会主义现代化事业，促成更加公平、平等的全球化时代的来临。

小试牛刀

单选题

面对全球化的冲击，我们要适应历史潮流，融入全球化的进程中去，勇敢地面对挑战，寻找与采用积极的应对策略，下列说法中不正确的是（　　）

A. 必须明确全球化进程中核心国家的意图，并以此为制定全球战略的前提

B. 要不断解放思想、深化改革、发展自己

C. 要增强综合国力以确保国家安全

D. 要以客观、务实的精神积极融入全球化的潮流，抓住机遇，积极推进社会主义现代化事业

答案及解析：A。面对全球化的冲击，我们要适应历史潮流，融入全球化的进程中去，勇敢地面对挑战，寻找与采用积极的应对策略：（1）必须明确中国在全球化进程中的位置，以此为制定全球战略的前提。（2）要不断解放思想、深化改革、发展自己。发展是当今时代一大主题。（3）增强综合国力以确保国家安全。我们已进入到一个不发展就不安全的时代，所以必须发展综合国力，以有效地维护自身稳定和国家安全。

总之，要以客观、务实的精神积极融入全球化的潮流，抓住机遇，积极推进社会主义现代化事业，促成更加公平、平等的全球化时代的来临。

模拟卷（一）

总分：100 分

第一部分　选择题

一、单选题（本大题共 30 小题，每小题 1 分，共 30 分）

1. 社会学研究中实验法的不足之处主要是（　　）

A. 实验过程的自然性　　B. 实验对象的重复性

C. 研究过程的广泛性　　D. 实验环境的人为性

2. 社会研究中文献法的优点之一是（　　）

A. 文献资料的客观真实性易于考证　　B. 文献法可直接获得第一手资料

C. 文献均有标准化的资料　　D. 文献法适于做纵贯分析

3. 人口的两重属性是指（　　）

A. 数量属性和质量属性　　B. 问题属性和发展属性

C. 自然属性和社会属性　　D. 结构属性和过程属性

4. 社会学符号互动论的主要代表人物之一是（　　）

A. 吉登斯　　B. 布鲁默　　C. 默顿　　D. 布劳

5. 将研究视角引入具体的教育场景之中，引入人与人的互动关系之中，这是教育社会学分析视角中的（　　）

A. 冲突论视角　　B. 互动论视角

C. 后现代论视角　　D. 功能论视角

6. 费孝通用“五脏六腑”来比喻社会学的建设，其中所谓六腑，是指一个社会学专业至少要有（　　）

A. 六门基础课程　　B. 六个学会组织

C. 六种出版物　　D. 六种学说

7. 根据角色追求的目标，可将社会角色划分为（　　）

A. 功利性角色与表现性角色　　B. 规定性角色与开放性角色

C. 先赋角色与自致角色　　D. 制度性角色与互动性角色

8. 有关社区发展的具体目标以及实现目标的具体方法、措施和步骤，都应该经过社区成员的广泛讨论，并根据多数人的意愿来决定，这体现了社区发展原则中的（　　）

A. 自力的原则　　B. 民众需要的原则

C. 自下而上与自上而下相结合的原则　　D. 民主原则

9. 在哈佛大学教授梅约和罗伊斯里斯伯格等人指导的著名的霍桑实验中逐步形成组织管理理论的是（　　）

A. 组织行为理论　　B. 权变理论

C. 科学管理理论　　D. 人际关系理论

10. 帕森斯认为，任何社会若要生存就必须具备维持系统所必需的一般条件，这些必要功能条件包括了（　　）

A. 两个方面　　B. 三个方面　　C. 四个方面　　D. 五个方面

11. 世界城镇化进程中，属于政治主导型城镇化的是（　　）

A. 欧美模式　　B. 东亚模式　　C. 非洲模式　　D. 墨印模式

12. 组织用各种规章制度和奖惩手段约束组织成员的行为，以保证组织的决策和指示能够有效地贯彻执行，维护组织的各项秩序，这一过程称为（　　）

A. 组织沟通　　B. 组织决策　　C. 组织控制　　D. 组织设计

13. 属于次级群体的是（　　）

A. 邻里　　B. 家庭　　C. 游戏伙伴　　D. 社团

14. 社会学者对社区的研究始于德国社会学家滕尼斯的（　　）

A. 同心圆理论　　B. 社区全貌研究

C. 类型学研究　　D. 人文区位学理论

15. 属于现代学校教育潜功能的是（　　）

A. 社会选拔的功能　　B. 社会控制的功能

C. 知识技术创新的功能　　D. 社会化的功能

16. 由传统农业社会向现代工业社会的变迁过程称作（　　）

A. 知识现代化　　B. 社会现代化

C. 政治现代化　　D. 经济现代化

17. 根据个人和社会网络的连接的紧密程度不同，可将社会网络分为（　　）

A. 互利形态和互补形态　　B. 稳固形态和松散形态

C. 个人形态和群体形态　　D. 封闭形态和开放形态

18. 文化交流中的文化杂交即（　　）

A. 文化融合　　B. 文化传播　　C. 文化冲突　　D. 文化采借

19. 在社会分层体系中的不同层次之间的上下流动称作（　　）

A. 垂直流动　　B. 代际流动　　C. 自由流动　　D. 竞争式流动

20. 在社会学的研究功能中，要提示将来的社会事件和状态是怎样的，这属于（　　）

A. 预测性功能　　B. 规范性功能　　C. 解释性功能　　D. 描述性功能

21. 在霍尔的个人空间理论中，为一些类似演说家等人物保留的距离称为（　　）

A. 个人距离　　B. 亲密距离　　C. 公众距离　　D. 社会距离

22. 在解释集体行为的理论中，斯梅尔瑟提出的是（　　）

A. 搭便车理论　　B. 价值累加理论　　C. 资源动员理论　　D. 乌合之众理论

23. 在社会互动的基本形式中，不同行动者之间相互反对或阻止对方意图的自觉行动称为（　　）

A. 竞争　　B. 交换　　C. 调适　　D. 冲突

24. 社会问题产生的直接原因都是人的社会化的失败，因此，解决社会问题的途径在于加强社会对个人的道德教育，这一观点来自（　　）

A. 价值冲突理论　　B. 社会解组理论

C. 社会建构理论　　D. 社会病理学

25. 由父母和多对已婚子女及孙（外孙）子女组成的家庭是（　　）

A. 联合家庭　　B. 重组家庭　　C. 主干家庭　　D. 核心家庭

26. 法兰克福学派所主张的理论道路是（　　）

A. 激进主义理论　　B. 社会批判理论

C. 后现代主义理论　　D. 社会有机体理论

27. 再社会化也称为（　　）

A. 反向社会化　　B. 重新社会化　　C. 继续社会化　　D. 基本社会化

28. 中国城镇化发展中的加速发展阶段是（　　）

A. 1949—1957 年　　B. 1958—1977 年

C. 1978—2000 年　　D. 1978 年至今

29. 功能上相互整合的一组文化特质结合起来共同发挥一项功能，以满足人的某种需要，这些文化特质组成一个（　　）

A. 文化集丛　　B. 文化模式　　C. 文化市场　　D. 文化产业

30. 在失业的类型中，人们在转换工作过程中的失业称作（　　）

A. 摩擦性失业　　B. 周期性失业　　C. 残余性失业　　D. 季节性失业

二、多选题（本大题共 5 小题，每小题 2 分，共 10 分）

31. 社会化的类型包括（　　）

A. 基本社会化　　B. 继续社会化　　C. 再社会化

D. 正向社会化　　E. 反向社会化

32. 有关我国城镇化发展道路的讨论，主要观点有（　　）

A. 大中城市论　　B. 均衡发展论　　C. 多元模式论

D. 小城镇重点论　　E. 城市分散发展论

33. 社会控制的方式包括（　　）

A. 经济控制　　B. 法律控制　　C. 道德控制

D. 习俗控制　　E. 宗教控制

34. 集体行为的特征包括（　　）

A. 群众性　　B. 自发性　　C. 结构性

D. 非组织化　　E. 非制度化

35. 斯宾塞的社会学理论包括（　　）

A. 失范理论　　B. 社会有机体论　　C. 社会进化论

D. 社会团结理论　　E. 功能分析论

第二部分　非选择题

三、简答题（本大题共 5 题，每小题 6 分，共 30 分）

36. 简述社会的特征。

37. 简述社会问题防治的意义。

38. 简述社区的内涵。

39. 简述初级群体的特征。

40. 简述家庭与婚姻观念的变化。

四、论述题（本大题共 3 题，每小题 10 分，共 30 分）

41. 联系实际阐述家庭的主要功能。

42. 论述科层制组织的优点和弊端。

43. 论述如何促进我国小城镇的健康发展。

模拟卷（一）答案及解析

一、单选题（本大题共 30 小题，每小题 1 分，共 30 分）

1. 答案及解析：D。实验法的不足主要是：实验环境的人为性；实验过程的反应性；实验对象的有限性；实验结果的适应性。

2. 答案及解析：D。文献法的优点：（1）文献法的资料信息恒存不变；（2）文献法的费用较低；（3）文献法可以研究其他方法不可及的历史现象；（4）文献法适于做纵贯分析。

3. 答案及解析：C。人口具有两重属性：自然属性和社会属性。

4. 答案及解析：B。符号互动论源于美国社会学家乔治・赫伯特・米德，主要代表人物有赫伯特・布鲁默和欧文・戈夫曼。

5. 答案及解析：B。在教育的社会学研究中，互动论传统被称为“人本主义”和微观取向。与之前的宏观社会制度思维不同，它将视角引入具体的教育场景之中，引入人与人的互动关系之中。

6. 答案及解析：A。“五脏六腑”是费孝通借用中医学的术语，比喻社会学的建设。所谓五脏，是指学会组织、专业研究机构、各大学的社会学系、图书资料中心和出版物。所谓六腑，是说一个社会学专业至少要有六门基础课程。它们是：社会学概论、社会调查研究方法、社会心理学、城乡社会学（社区概论）、文化人类学、国外社会学说。

7. 答案及解析：A。根据角色追求的目标，可以将社会角色划分为功利性角色和表现性角色。

8. 答案及解析：D。民主原则，即社区发展过程中应充分发扬民主。有关社区发展的具体目标以及实现目标的具体方法、措施和步骤，都应该经过社区成员的广泛讨论，然后根据多数人的意愿来决定。

9. 答案及解析：D。人际关系理论是在哈佛大学教授梅约和罗伊斯里斯伯格等人指导的著名的霍桑实验中逐步形成的。

10. 答案及解析：C。帕森斯认为任何社会若要生存就必须具备维持系统所必需的一般条件，这些必要功能条件包括了四个方面：适应、达鹄、整合、维模。

11. 答案及解析：D。墨印模式属于政治主导型城镇化。

12. 答案及解析：C。组织控制是指组织用各种规章制度和奖惩手段约束组织成员的行为，以保证组织的决策和指令能够有效地贯彻执行，维护组织的各项秩序。

13. 答案及解析：D。次级群体又称作次属群体，是用来表示与初级群体相对应的各种群体，如学校、职业群体、社团等。

14. 答案及解析：C。一般认为，社会学者对于社区的研究始于德国社会学家滕尼斯的类型学研究。

15. 答案及解析：B。现代学校教育的潜功能有：建立未来人际关系、减小就业压力、社会控制的功能。

16. 答案及解析：B。社会现代化是指由传统农业社会向现代工业社会的变迁过程。

17. 答案及解析：B。以个人和社会网络的连接的紧密程度不同来区分，社会网络为稳固形态和松散形态。

18. 答案及解析：D。文化采借又译为文化杂交，是指一种文化接受或吸收另一种文化的某些文化元素或文化集丛，融入本文化的过程。

19. 答案及解析：A。垂直流动指在社会分层体系当中的不同层次之间的上下流动，又称纵向流动。

20. 答案及解析：A。预测性功能是要提示将来的社会事件和状态是怎样的。

21. 答案及解析：C。公众距离是指相距 12 英尺（约 365 厘米）以上的距离。这是为一些类似演说家等公众人物保留的距离。

22. 答案及解析：B。在解释集体行为的理论中，斯梅尔瑟提出了价值累加理论。他认为不能单纯地从心理的角度来解释集体行为，而应该把集体行为的形成和社会结构联系起来。

23. 答案及解析：D。冲突是指不同行动者之间相互反对或阻止对方意图的自觉行动。

24. 答案及解析：D。对于社会病理学来说，社会问题产生的直接原因都是人的社会化的失败，个人的社会化结果违背了社会的道德期望，因此，解决社会问题的途径在于加强社会对个人的道德教育。

25. 答案及解析：A。联合家庭是指由父母和多对已婚子女以及孙（外孙）子女组成的家庭。

26. 答案及解析：B。社会批判理论是法兰克福学派所主张的理论道路。

27. 答案及解析：B。再社会化也称重新社会化，它是使个人改变以前的知识结构、价值标准和行为模式，建立起新的、符合社会要求和新的形势需要的知识结构、价值标准和行为模式的过程。

28. 答案及解析：D。中华人民共和国成立后六十余年来，城镇化道路跌宕起伏，大体经历了平稳起步、大起大落和加速发展三个阶段。其中第三阶段（1978 年至今）为加速发展阶段。

29. 答案及解析：A。功能上互相整合的一组文化特质，它们结合起来共同发挥一项功能，以满足人的某种需要，这些文化特质就组成一个文化集丛。

30. 答案及解析：A。摩擦性失业指人们在转换工作过程中的失业。

二、多选题（本大题共 5 小题，每小题 2 分，共 10 分）

31. 答案及解析：ABCDE。社会化的类型有基本社会化、继续社会化、再社会化、正向社会化和反向社会化。

32. 答案及解析：ABCD。中国城镇化选择什么道路，一直是国内理论界讨论的一个热点。

其中以城镇发展规模为基础的城镇化道路的讨论有四种观点：大中城市论、均衡发展论、多元模式论和小城镇重点论。

33. 答案及解析：BCDE。社会控制的方式有法律控制、道德控制、习俗控制和宗教控制。

34. 答案及解析：ABDE。集体行为具有群众性、自发性、非组织化和非制度化四个特征。

35. 答案及解析：BC。斯宾塞的社会学理论主要围绕社会有机体和社会进化两个方面展开，他认为社会学的主要目的是发现社会有机体的形态学和生理学原理。前者是社会结构的原理，后者是社会运动和发展的原理。

三、简答题（本大题共 5 题，每小题 6 分，共 30 分）

36. 答案：（1）社会以人为主体；（2）社会以人们的物质生产活动为基础；（3）社会以人与人的交往为纽带；（4）社会来源于自然又不同于自然。

37. 答案：（1）做好社会问题防治，可以有效地维护社会秩序与社会稳定，增强社会和民众的安全感；（2）做好社会问题防治，可以避免和减少社会问题给社会造成的损失，包括直接的和间接的损失，物质和精神的损失；（3）做好社会问题防治，可以保障社会主义现代化大业；（4）做好社会问题防治，可以促进社会主义精神文明建设；（5）做好社会问题防治，可以改善、提高有关机构的应对能力和效率。

38. 答案：（1）社区是一定的地理区域空间，人们在这个空间共同生活；（2）社区是一个社会关系网络，它的形成基于人们共同生活中的社会互动；（3）社区是集体认同的一个标志，人们由于共同生活而产生了对社区所在区域或群体在一定程度上的心理认同，视自己为社区的一分子。

39. 答案：（1）规模小；（2）有长期的、经常的面对面互动；（3）成员的人格特征可以得到比较全面的表现；（4）成员之间的角色位置难以替代；（5）习惯、伦理道德和感情在维系群体中发挥着重要作用。

40. 答案：（1）性观念多元化；（2）地位平等化；（3）行为理性化。

四、论述题（本大题共 3 题，每小题 10 分，共 30 分）

41. 答案：家庭的主要功能有以下几方面。（1）规范性行为功能。人类的性行为与动物不同，它要求在一定的社会形式下进行。家庭对两性生活的满足，不仅有利于个体的身心健康，而且在稳定社会秩序上也发挥着特殊作用。（2）经济生活功能。家庭的经济生活功能主要包括生产和消费两个方面。家庭的生产功能具有历史性。消费功能始终是家庭的重要功能。（3）人口再生产功能。从人类进入个体婚制以来，家庭一直承担着人类自身生产的功能。家庭是人类繁衍后代的唯一社会单位。（4）精神生活功能。家庭是人们休息娱乐的重要场所，人们的许多心理上、精神上的特殊需要，是在家庭中实现的。（5）教育功能。家庭是人生的第一课堂，担负着传授生活技能、灌输社会价值观念、训练和指导个人行为等促使个人社会化的责任，尤其是在儿童社会化过程中，发挥着特殊的作用。(6)抚养、赡养功能。家庭承担着为社会发展生育人口的职能。生和养是联系在一起的，父母承担抚养子女的责任。赡养功能是中国家庭的一项传统功能。

42. 答案：科层制最大的优点在于，相比较其他组织体系和管理方式，行政管理效率高。

科层制的弊端有：形式主义；繁文缛节；用人困境；人情味欠缺；对外界变化反应不灵敏。

43. 答案：（1）小城镇建设要有科学规划。建立起布局合理的城镇体系，把小城镇发展的重点放到现有的县城和部分基础条件好、发展潜力大的建制镇，使之尽快完善功能，集聚人口，发挥农村地域性经济、文化中心的作用。（2）小城镇建设规模要适度。小城镇建设规模大小、占地多少、基础设施布局等应当严格地进行论证。一要根据在区域城镇体系中的地位及其经济社会发展状况，以及第二、三产业发展前景来考虑其规模大小。二要依据所在地乡村剩余劳动力转移的前景来考虑小城镇建设发展规模。三要依据小城镇对工业品的需求量，小城镇对城乡贸易的集聚量，从农村市场的拓展、农村经济发展前景规模上考虑小城镇发展规模。(3)小城镇建设要重视生态环境保护。小城镇建设与环境保护有机结合，是实施经济社会可持续发展战略中的一个根本问题。（4）建立健全健康发展的体制机制。建立与城镇化健康发展相适应的财税、征地、行政管理和公共服务等制度；加快小城镇住房、就业、医疗、教育和社会保障制度的市场化改革；在政府引导下主要通过发挥市场机制的作用，引导社会资金投入小城镇开发；妥善解决小城镇建设用地；尽快形成符合小城镇经济社会特点的行政管理体制；加强小城镇居民的市民素质教育。

模拟卷（二）

总分：100 分

第一部分 选择题

一、单选题（本大题共 30 小题，每小题 1 分，共 30 分）

1. 马克思的代表著作是（　　）

A.《社会分工论》　　B.《资本论》

C.《社会学研究》　　D.《社会静力学》

2. 研究者通过有计划、有目的地与被研究者交流，进行调查和收集资料的方法是（　　）

A. 访谈法　　B. 典型调查　　C. 观察法　　D. 个案研究

3. 在中国社会学的恢复和重建过程中，“五脏六腑”被费孝通用来比喻社会学的建设，这一术语借用于（　　）

A. 哲学　　B. 中医学　　C. 生物学　　D. 物理学

4. 政府和社会组织为促进社会系统协调运行，对社会系统的组成部分、社会生活的不同领域以及社会发展的各个环节进行组织、协调、监督和控制的过程称为（　　）

A. 社会建设　　B. 社会管理　　C. 社会治理　　D. 社会整合

5. 教育能够为专门化的社会角色提供训练有素的能力，这种关于教育的社会学分析视角是（　　）

A. 冲突论视角　　B. 互动论视角　　C. 后现代视角　　D. 功能论视角

6. 在社会学研究的文献法中，文献的来源有（　　）

A. 三大类　　B. 四大类　　C. 五大类　　D. 六大类

7. 组织成员从两个以上的行动方案中进行选择决断，以期最优化地达到组织目标的过程称为（　　）

A. 组织沟通　　B. 组织决策　　C. 组织控制　　D. 组织设计

8. 偏差性社会问题是指个体偏离或违反一定社会行为规范造成的社会问题，属于偏差性社会问题的是（　　）

A. 食品安全问题　　B. 腐败问题　　C. 贫困问题　　D. 自然灾害问题

9. 统计调查的常用方式之一是（　　）

A. 问卷调查　　B. 文件法

C. 非介入性研究法　　D. 统计报表

10. 在一定的规则下，行为者为了获得回报而行动并获得回报的社会互动形式是（　　）

A. 暗示　　B. 交换　　C. 模仿　　D. 合作

11. 根据《当代中国社会阶层结构研究报告》（2002），以职业分类为基础，以组织资源、经济资源、文化资源的占有状况为标准，可将全国成年社会成员划分为（　　）

A. 七个阶层　　B. 八个阶层　　C. 九个阶层　　D. 十个阶层

12. 社会控制的形式并不以明文规定的条文来实现，而是通过社会成员日常互动所形成的共识来实现，这种社会控制的类型是（　　）

A. 消极性控制　　B. 微观控制

C. 非制度化控制　　D. 内在控制

13. 从社会心理学视角来解释集体行为的理论是（　　）

A. 乌合之众理论　　B. 价值累加理论

C. 理性选择理论　　D. 搭便车理论

14. 城乡基层社区中社区居民依靠社区自身力量，在政府和其他组织机构的支持下，推动社区有计划地社会变迁，改善社区的经济、社会和文化状况，提高社区居民的生活质量称为（　　）

A. 社区发展　　B. 社区建设　　C. 社区改革　　D. 社区变迁

15. 在霍尔的个人空间理论中，为熟人或朋友保留的距离是指（　　）

A. 个人距离　　B. 亲密距离　　C. 公众距离　　D. 社会距离

16. 根据人们获得角色方式的不同，社会角色可以划分为（　　）

A. 功利性角色与表现性角色　　B. 规定性角色与开放性角色

C. 先赋角色与自致角色　　D. 制度性角色与互动性角色

17. “生物人”通过社会文化教化，获得人的社会性，获得社会生活资格的过程称为（　　）

A. 再社会化　　B. 继续社会化

C. 重新社会化　　D. 基本社会化

18. 美国工程师泰罗提出的组织管理理论是（　　）

A. 组织行为理论　　B. 权变理论

C. 科学管理理论　　D. 人际关系理论

19. 在社会化的有关理论中，米德的理论认为（　　）

A. 自我分成“主我”和“客我”两个部分

B. 一个人的自我形象是别人看他是什么样子的反映

C. 儿童随着年龄的增长而找到自己的道德价值观

D. 人格由本我、自我和超我三个部分组成

20. 对收集到的资料进行归纳、分类、比较，进而对某个或某类现象的性质和特征做出概括的分析方法称为（　　）

A. 问卷分析　　B. 定量分析　　C. 实验分析　　D. 定性分析

21. 在社会变迁的基本类型中，人类有意识、有目的地参与或控制的社会变迁称为（　　）

A. 社会革命　　B. 有计划变迁　　C. 社会改革　　D. 整体变迁

22. 组成文化的最小单位是（　　）

A. 文化集丛　　B. 文化模式　　C. 文化特质　　D. 文化产业

23. 各个国家、各个民族常有一种倾向，常将自己的生活方式、信仰、价值观、行为规范看成是最好的，是优于其他民族的，这种现象称为（　　）

A. 文化中心主义　　B. 文化霸权主义

C. 文化绝对主义　　D. 文化相对主义

24. 社区向社区成员提供生活和交往的场所、设施和途径，帮助社区成员参与社区事务以及更大范围的社会事务，这体现了社区的（　　）

A. 社会控制功能　　B. 政治生活功能

C. 社会化功能　　D. 社会参与功能

25. 在中国城镇化的三个阶段中，加速发展阶段是（　　）

A. 从 1978 年至今　　B. 从 1980 年至今

C. 从 1984 年至今　　D. 从 1992 年至今

26. 以泰勒制原则和市场为导向的，以分工和专业化为基础的生产劳动方式称为（　　）

A. 新福特主义　　B. 福特主义

C. 后福特主义　　D. 前福特主义

27. 在体质形态上具有共同生活遗传特征的人群称为（　　）

A. 种族　　B. 等级　　C. 种姓　　D. 阶级

28. 某种文化元素随同社会交往而扩散，为其他社会所采借或吸收的过程称为（　　）

A. 文化融合　　B. 文化传播　　C. 文化磨合　　D. 文化杂交

29. 在失业的类型中，因无就业能力的失业是（　　）

A. 摩擦性失业　　B. 周期性失业　　C. 残余性失业　　D. 季节性失业

30. 由一对夫妇及其未婚子女生活在一起而组成的家庭称为（　　）

A. 丁克家庭　　B. 重组家庭　　C. 主干家庭　　D. 核心家庭

二、多选题（本大题共 5 小题，每小题 2 分，共 10 分）

31. 1941 年，美国社会学家富勒和麦尔兹在《社会问题的发展》一文中指出，所有社会问题都要经过的阶段包括（　　）

A. 调整　　B. 警觉　　C. 政策制定

D. 改革　　E. 建构

32. 社会学主要理论流派中，结构功能论的主要代表人物有（　　）

A. 帕森斯　　B. 马克思　　C. 科塞

D. 默顿　　E. 霍曼斯

33. 社会学的特征包括（　　）

A. 整体性　　B. 综合性　　C. 经验性

D. 应用性　　E. 特殊性

34. 群体的特征包括（　　）

A. 有一定数量的社会成员　　B. 有一定的为群体成员所接受的目标

C. 有明确的成员关系　　D. 有一定的行为准则

E. 时间上具有一定的持续性

35. 社会结构的类型包括（　　）

A. 制度性社会结构　　B. 文化性社会结构

C. 关系性社会结构　　D. 实体性社会结构

E. 规范性社会结构

第二部分　非选择题

三、简答题（本大题共 5 题，每小题 6 分，共 30 分）

36. 简述社会网络的特征。

37. 简述社会角色的扮演过程。

38. 简述偏差行为的正功能。

39. 简述社会学方法论探讨的主要问题。

40. 简述农村社区的特点。

四、论述题（本大题共 3 题，每小题 10 分，共 30 分）

41. 试述消费的社会学理论。

42. 试述科层制的特征并分析其优点和弊端。

43. 试述全球化对中国的冲击和挑战以及应对策略。

模拟卷（二）答案及解析

一、单选题（本大题共 30 小题，每小题 1 分，共 30 分）

1. 答案及解析：B。马克思的《资本论》是人类思想史上的一部划时代的经济学和社会学巨著，它深刻地剖析了资本主义社会产生、演变的过程及其社会结构和人与人的社会关系。

2. 答案及解析：A。访谈法，指研究者通过有计划、有目的地与被研究者交谈，进行调查和收集资料的方法。

3. 答案及解析：B。“五脏六腑”是费孝通借用中医学的术语，比喻社会学的建设。

4. 答案及解析：B。社会管理是政府和社会组织为促进社会系统协调运行，对社会系统的组成部分、社会生活的不同领域以及社会发展的各个环节进行组织、协调、监督和控制的过程。

5. 答案及解析：D。功能论视角下的教育：对教育的社会学考察首先应当关注其功能，即为专门化的社会角色提供训练有素的能力，具体表现为：社会化即让个体成为社会的；遴选即为分工后形成的不同社会角色提供适当人选。

6. 答案及解析：A。文献的来源有三大类：官方文献、个人文献、大众传播媒介。

7. 答案及解析：B。组织决策是指组织成员从两个以上的行动方案中进行选择决断，以期最优化地达到组织目标的过程。

8. 答案及解析：A。偏差性社会问题一般指个体偏离或违反一定社会行为规范造成的社会问题。食品安全指食品无毒、无害，符合应当有的营养要求，对人体健康不造成任何急性、亚急性或慢性危害。食品安全问题属于偏差性社会问题。

9. 答案及解析：D。统计调查的常用方式是普遍调查、抽样调查和统计报表。

10. 答案及解析：B。交换指的是在一定的规则下，行为者为了获得回报而行动并获得回报的社会互动形式。换言之，交换是不同行为者之间彼此通过转让自己所有物而获得对方所有物的行动。

11. 答案及解析：D。根据《当代中国社会阶层结构研究报告》（2002）一书以职业分类为基础，以组织资源、经济资源、文化资源的占有状况为标准，可将全国成年社会成员划分成十个阶层。

12. 答案及解析：C。所谓非制度化控制，是指社会控制的形式并不以明文规定的条文来实现，而是通过社会成员日常互动所形成的共识来实现。

13. 答案及解析：A。1896 年，古斯塔夫・勒庞出版了《乌合之众》一书，从社会心理学视角来解释集体行为。该书产生了深远的社会影响。

14. 答案及解析：A。社区发展指在城乡基层社区中社区居民依靠社区自身力量，在政府和其他组织机构的支持下，推动社区有计划地社会变迁，改善社区的经济、社会和文化状况，提高社区居民的生活质量。

15. 答案及解析：A。个人距离指相距 18 英寸（约 45 厘米）到 4 英尺（约 122 厘米）。这个空间是为熟人或朋友保留的。在这个距离内也有某种亲密关系，但是要有一定的限度。

16. 答案及解析：C。根据人们获得角色方式的不同，可以将角色划分为先赋角色与自致角色。

17. 答案及解析：D。所谓基本社会化，就是“生物人”通过社会文化教化，获得人的社会性，获得社会生活资格的过程。

18. 答案及解析：C。科学管理理论的观点认为，为了使组织更有效地实现它的目标，必须使组织的结构和过程科学化和合理化。其主要的代表人物有美国工程师泰罗和法国管理学家法约尔。

19. 答案及解析：A。乔治·赫伯特·米德将自我分为两个部分：“主我”和“客我”。

20. 答案及解析：D。定性分析是对收集到的资料进行归纳、分类、比较，进而对某个或某类现象的性质和特征做出概括的一种分析方法。

21. 答案及解析：B。有计划的社会变迁指人类有意识、有目的地参与或控制社会变迁。

22. 答案及解析：C。文化特质是组成文化的最小单位，也称文化元素。

23. 答案及解析：A。文化多样性的存在，使得人们对于文化产生了不同的态度。文化中心主义指各个国家、各个民族常有一种倾向，常将自己的生活方式、信仰、价值观、行为规范看成是最好的，是优于其他民族的。

24. 答案及解析：D。社区可以向社区成员提供生活和交往的场所、设施和途径，帮助社区成员参与社区事务以及更大范围的社会事务，这就是社区的社会参与功能。

25. 答案及解析：A。在中国城镇化的三个阶段中，第三阶段（1978 年至今）为加速发展阶段。

26. 答案及解析：B。“福特主义”一词起源于安东尼奥·葛兰西，指以泰勒制原则（一种使作业标准化、规范化的工业管理方法）和市场为导向，以分工和专业化为基础的生产劳动方式。

27. 答案及解析：A。种族亦称人种，指在体质形态上具有共同生活遗传特征（肤色、发色、面容、体格、血型、头型等）的人群。

28. 答案及解析：B。文化传播是指某种文化元素随同社会交往而扩散，为其他社会所采借或吸收的过程。

29. 答案及解析：C。残余性失业是指因无就业能力的失业。

30. 答案及解析：D。核心家庭一般指由一对夫妇及其未婚子女生活在一起而组成的家庭。

二、多选题（本大题共 5 小题，每小题 2 分，共 10 分）

31. 答案及解析：BCD。1941 年，美国社会学家理查·富勒和理查·麦尔兹在《社会问题的发展》一文中指出，所有社会问题都要经过警觉、政策制定和改革三个阶段。

32. 答案及解析：AD。结构功能论特别强调共识性道德基础对社会的重要性，认为人们得以共享共同的价值观有助于社会稳定和团结。结构功能论的主要代表人物是帕森斯（1902—

1979）和默顿（1910—2003）。

33. 答案及解析：ABCD。社会学的特征包括整体性、综合性、经验性、应用性。

34. 答案及解析：ABCDE。群体的特征包括：有一定数量的社会成员；有一定的为群体成员所接受的目标；有明确的成员关系；有一定的行为准则和时间上具有一定的持续性。

35. 答案及解析：CDE。社会结构的类型包括关系性社会结构、实体性社会结构、规范性社会结构。

三、简答题（本大题共 5 题，每小题 6 分，共 30 分）

36. 答案：（1）普遍性；（2）多重性；（3）滚珠性；（4）多向性；（5）隐蔽性。

37. 答案：（1）角色期待；（2）角色领悟；（3）角色实践。

38. 答案：（1）有助于人们进一步认识社会规范；（2）有助于加强社会团结；（3）有助于社会预警；（4）有助于促进社会进步。

39. 答案：（1）社会现象的性质；（2）社会学的研究方法和基本假设；（3）价值在社会研究中的作用。

40. 答案：（1）人口密度低；（2）经济活动相对简单；（3）社会结构相对简单；（4）传统农村社区的社会变迁比较缓慢。

四、论述题（本大题共 3 题，每小题 10 分，共 30 分）

41. 答案：（1）韦伯的生活风格理论。消费方式使潜在的阶级差别显性化，形成生活方式不同的地位群体。某种地位群体通过特定的生活风格限制他人进入，以此作为与他人区分或认同的标志。（2）凡勃伦的炫耀性消费理论。炫耀性消费是富裕的上层阶级通过对物品的超出实用和生存所必需的浪费性、奢侈性和铺张浪费，向他人炫耀和展示自己的金钱财力和社会地位，以及这种地位所带来的荣耀、声望和名誉。炫耀性消费中，消费的符号象征意义超过了实用性消费。（3）鲍德里亚的消费社会论。资本主义社会已经从生产社会进入了消费社会，消费构成了社会的主导性逻辑。消费本身已经构成了一个具有文化意义的自组织领域。消费社会带来了物质的丰裕和精神的贫困。

42. 答案：

所谓科层制，是指建立在法理型权威基础上的，以正式规则为管理主体的，具有职权分工和职位等级体系的组织形式和管理方式。

（1）作为理想类型，科层制组织一般具有以下特征：①明确规定的固定权限；②明确规定的职位等级。③执行职务建立在公文基础上；④职务的专业化和量才录用；⑤照章办事。

（2）科层制最大的优点在于，相比较其他组织体系和管理方式，行政管理效率高。一般认为，科层制组织在实际操作过程中存在以下一系列问题：①形式主义；②繁文缛节；③用人困境；④人情味欠缺；⑤对外界变化反应不灵敏。

43. 答案：

（1）全球化对中国的冲击和挑战主要表现在：①中国经济增长过于依赖贸易；②在政治方面，由于中国是社会主义国家，经济的高速增长动摇了西方霸权的地位，引起它们的恐慌；③随着中国对全球化参与程度的加深，中国的文化建设受到了挑战；④国家安全方面，目前还存在着霸权主义、强权政治等影响世界和平的因素，我们所面临的国际安全环境不太乐观。

（2）面对全球化的应对策略主要有：①必须明确中国在全球化进程中的位置，以此为制定全球战略的前提；②要不断解放思想、深化改革、发展自己；③增强综合国力以确保国家安全。